# Stefan Zweig

# Magellan

## Der Mann und seine Tat

„Eigentlich hatte er nur den Auftrag, eine Westroute zu den Gewürzinseln zu finden – statt dessen unternimmt er die erste historisch belegte Weltumseglung und beweist damit letztgültig die Kugelgestalt der Erde. Was für eine Geschichte! Es ist vielleicht vor allem Magellans Mut und brennendem Ehrgeiz zu verdanken, dass aus dem zunächst völlig unbekannten portugiesischen Kapitän eine der schillerndsten Figuren der Seefahrergeschichte wird. Stefan Zweig versteht es, uns in so lebhafter, mitreißender Sprache die Abenteuer von Ferdinand Magellan und seiner Crew zu schildern, dass man nicht umhin kommt, mitzufiebern.“ *Redaktion Gröls-Verlag* (Edition I Werke der Weltliteratur)

## Redaktionelle Hinweise und Impressum

Das vorliegende Werk wurde zugunsten der Authentizität sehr zurückhaltend bearbeitet. So wurden etwa ursprüngliche Rechtschreibfehler regelmäßig *nicht* behoben, denn kleine Unvollkommenheiten machen das Buch – wie im Übrigen den Menschen – erst authentisch. Mitunter wurden jedoch zum Beispiel Absätze behutsam neu getrennt, um den Lesefluss zu erleichtern.

Wir sind bemüht, ein ansprechendes Produkt zu gestalten, welches angemessenen Ansprüchen an das Preis/Leistungsverhältnis und vernünftigen Qualitätserwartungen gerecht wird. Um die Texte zu rekonstruieren, werden antiquarische Bücher von leistungsfähigen Lesegeräten gescannt und dann durch eine Software lesbar gemacht. Der so entstandene Text wird von Menschen gegen eine Aufwandsentschädigung gegengelesen und korrigiert – Hierbei können gelegentlich Fehler auftreten. Wenn Sie ebenfalls antiquarische Texte einreichen möchten, wenden Sie sich für weitere Informationen gerne an

**www.groels.de**

Informieren Sie sich dort auch gerne über die anderen Werke aus unserer

**Edition | Bedeutende Werke der Weltliteratur**

Sie werden es mit 96,091 %iger Wahrscheinlichkeit nicht bereuen.

Die Deutsche Nationalbibliothek verzeichnet dieses Werk in der Deutschen Nationalbibliografie.

Verleger: Marcel Hermann-Josef Gröls, Poelchaukamp 20, 22301 Hamburg.
Externer Dienstleister für Distribution und Herstellung: BoD, In de Tarpen 42, 22848 Norderstedt

# Inhalt

*Magellan. Bildnis in der Portraitsammlung des Erzherzogs Ferdinand von Tirol*

## Einleitung

Bücher können in Gefühlen verschiedenster Art ihren Ursprung haben. Man schreibt Bücher, angeschwungen von Begeisterung oder angeregt vom Gefühl einer Dankbarkeit, ebenso aber kann wiederum Erbitterung, Zorn und Ärger geistige Leidenschaft entzünden. Manchmal wird Neugier zum Antrieb, die psychologische Lust, sich selber im Schreiben Menschen oder Geschehnisse zu erklären, aber auch Motive bedenklicher Art wie Eitelkeit, Geldlust, Freude an der Selbstbespiegelung treiben allzu häufig – zur Produktion; eigentlich sollte sich darum ein Autor bei jedem Buche Rechenschaft geben, aus welchen Gefühlen, aus welchem persönlichen Bedürfnis er seinen Gegenstand gewählt hat. Bei dem vorliegenden Buche bin ich mir selber des innern Ursprungs vollkommen klar. Es entstand aus einem etwas ungewöhnlichen, aber sehr eindringlichen Gefühl: aus Beschämung.

Das kam so. Ich hatte im vergangenen Jahre zum erstenmal die langgewünschte Gelegenheit, nach Südamerika zu reisen. Ich wußte, daß mich in Brasilien einige der schönsten Landschaften der Erde erwarteten und in Argentinien ein unvergleichliches Zusammensein mit geistigen Kameraden. Schon dieses Vorgefühl machte die Fahrt wunderbar, und alles denkbar Freundliche kam während des Reisens hinzu, ein stilles Meer, die völlige Entspannung auf dem geschwinden und geräumigen Schiff, das Losgelöstsein von allen Bindungen und täglichen Vexationen. Unermeßlich genoß ich die paradiesischen Tage dieser Überfahrt. Aber plötzlich, es war am siebenten oder achten Tage, ertappte ich mich bei einer ärgerlichen Ungeduld. Immer wieder der blaue Himmel, immer wieder dies blaue, ruhende Meer! Zu langsam schienen mir in jener plötzlichen Aufwallung die Reisestunden. Ich wünschte innerlich, schon am Ziele zu sein, ich freute mich, wenn die Uhr jeden Tag unermüdlich vorrückte, und mit einemmal bedrückte mich dies laue, dies lässige Genießen des Nichts. Dieselben Gesichter derselben Menschen machten müde, die Monotonie des Bordbetriebs erregte gerade durch ihre gleichmäßig pulsende Ruhe die Nerven. Nur weiter, nur weiter, nur rascher, nur rascher! Mit einemmal war mir dieser schöne, dieser bequeme, dieser komfortable Schnelldampfer nicht mehr schnell genug.

Es bedurfte vielleicht nur dieser einen Sekunde, in der ich selbst meines ungeduldigen Zustands bewußt wurde, und schon schämte ich mich. Da reist du, sagte ich mir zornig, in dem denkbar sichersten aller Schiffe auf der denkbar schönsten Fahrt, und aller Luxus des Lebens steht dir zu Gebote. Ist dir abends zu kühl in deiner Kajüte, so brauchst du nur mit zwei Fingern einen Hahn zu drehen, und die Luft ist gewärmt. Du findest das Mittagslicht des Äquators zu heiß; sieh, nur einen Schritt hast du in den Raum mit den kühlenden Ventilatoren und zehn Schritte weiter steht ein Schwimmbad dir bereit. Bei Tisch kannst du jede Speise und jedes Getränk auf diesem vollkommensten aller Hotels dir wählen, alles ist zauberisch da, wie von Engeln hergetragen und im Überfluß. Du kannst allein sein und Bücher lesen oder hast Bordspiele und Musik und Geselligkeit, so viel du begehrst. Alle Bequemlichkeit ist dir gegeben und alle Sicherheit. Du weißt, wohin du fährst, weißt auf die Stunde genau, wann du ankommst, und weißt, daß du freundlichst erwartet bist. Und ebenso weiß man in London, in Paris, in Buenos Aires und New York in jeder Stunde, an welchem Punkte des Weltalls das Schiff sich eben befindet. Und nur eine kleine Treppe hinauf mußt du zwanzig rasche Schritte gehen, und ein gehorsamer Funke springt vom Apparat der drahtlosen Telegraphie weg und trägt deine Frage, deinen Gruß an jeden Ort der Erde, und in einer Stunde hast du von überall auf Erden Botschaft zurück. Erinnere dich, du Ungeduldiger, erinnere dich, du Ungenügsamer, wie dies vordem war! Vergleiche doch einen Augenblick diese Fahrt mit jenen von einst, vor allem mit den ersten Fahrten jener Verwegenen, welche diese riesigen Meere, welche die Welt erst für uns entdeckten, und schäme dich vor ihnen! Versuche es dir vorzustellen, wie sie damals auf ihren winzigen Fischerkuttern ausfuhren ins Unbekannte, unkund des Weges, ganz im Unendlichen verloren, ununterbrochen ausgesetzt der Gefahr, preisgegeben jeder Unbill des Wetters, jeder Qual der Entbehrung. Kein Licht des Nachts, kein Trank als das brackige und laue Wasser der Fässer und das aufgefangene des Regens, keine andere Speise als den verkrusteten Zwieback und den gepökelten ranzigen Speck und selbst dies Kärglichste der Nahrung oft durch Tage und Tage entbehrend.

Kein Bett und kein Raum des Rastens, teuflisch die Hitze, erbarmungslos die Kälte und dazu das Bewußtsein, allein zu sein, rettungslos allein, in dieser unbarmherzigen Wüste des Wassers. Niemand daheim wußte monatelang, jahrelang, wo sie waren, und sie selber nicht, wohin sie gingen. Not fuhr mit ihnen, Tod umstand sie in tausendfältigen Formen zu Wasser und zu Land, Gefahr erwartete sie von Mensch und Element, und monatelang, jahrelang, ewig umrundete sie auf ihren armen, erbärmlichen Schiffen die entsetzlichste Einsamkeit. Niemand, sie wußten es, konnte ihnen helfen, kein Segel, sie wußten es, würde ihnen durch Monate und Monate begegnen in diesen unbefahrenen Gewässern, niemand sie erretten können aus Not und Gefahr, niemand Bericht geben über ihren Tod, ihren Untergang. Und ich mußte nur anfangen, diese ersten Fahrten der Konquistadoren des Meeres mir innerlich auszudenken, und war schon tief beschämt über meine Ungeduld.

Dieses Gefühl der Beschämung, einmal erregt, wich nun während der ganzen Reise nicht mehr von mir, der Gedanke an diese namenlosen Helden gab mich keinen Augenblick frei. Es verlangte mich, mehr von jenen zu wissen, die als erste den Kampf gegen die Elemente wagten, zu lesen von jenen ersten Fahrten in die unerforschten Ozeane, deren Schilderung schon meine Knabenjahre erregt hatte. Ich ging in die Schiffsbibliothek und nahm mir auf gut Glück ein paar Bände. Und von allen Gestalten und Fahrten lernte ich eine am meisten bewundern, die Tat des Mannes, der meinem Empfinden nach das Großartigste geleistet in der Geschichte der Erderkundung, Ferdinand Magellan, er, der mit fünf winzigen Fischerkuttern von Sevilla ausfuhr, um die ganze Erde zu umrunden – die herrlichste Odyssee in der Geschichte der Menschheit vielleicht, diese Ausfahrt von zweihundertfünfundsechzig entschlossenen Männern, von denen dann einzig achtzehn heimkehrten auf zermorschtem Schiffe, aber die Flagge des größten Siegs gehißt auf dem Mast. Viel war in jenen Büchern über ihn nicht berichtet, jedenfalls mir nicht genug; so las und forschte ich, heimgekehrt, weiter, erstaunt, wie Weniges und wenig Verläßliches über diese heldenhafte Leistung bisher gesagt war.

Und wie schon mehrmals erkannte ich es als die beste und fruchtbarste Möglichkeit, etwas mir selbst Unerklärbares für mich zu erklären, indem ich es auch für andere gestaltete und darstellte. So entstand dieses Buch – ich darf ehrlich sagen: zu meiner eigenen Überraschung. Denn ich hatte, indes ich diese andere Odysseusfahrt nach allen erreichbaren Dokumenten möglichst der Wirklichkeit getreu darstellte, ununterbrochen das merkwürdige Gefühl, etwas Erfundenes zu erzählen, einen der großen Wunschträume, eines der heiligen Märchen der Menschheit. Doch nichts Besseres als eine Wahrheit, die unwahrscheinlich wirkt! Immer haftet den großen Heldentaten der Menschheit, weil sie sich so hoch über das mittlere irdische Maß erheben, etwas Unbegreifliches an; aber immer gewinnt nur an dem Unglaubhaften, das sie geleistet, die Menschheit ihren Glauben an sich selbst zurück.

Der Name des Mannes, der die erste Umrundung der Erde unternahm, ist in nicht weniger als vier oder fünf verschiedenen Formen der Geschichte überliefert. In den portugiesischen Dokumenten erscheint der große Seefahrer manchmal als Fernão de Magalhais, manchmal als Fernão de Magelhaes, er selbst unterzeichnete später, nachdem er in spanische Dienste übergetreten war, Schriftstücke bald Maghallanes, bald Maghellanes, und die Kartographen latinisierten dann diese spanische Form in Magellanus. Als es galt, für dieses Buch eine einheitliche Namensgebung zu wählen, entschied ich mich für die lateinische und international längst geläufige Form: Magellan, aus Analogie zu Columbus, den wir gleichfalls nicht Christoforo Colombo oder Cristobal Colon nennen. Ebenso ist der habsburgische Herrscher, der ihm die Reise ermöglichte, immer unter seinem berühmteren Namen Karl V. angeführt, obwohl er in jenem Jahr der Ausreise bloß Carlos I., König von Spanien, war und noch nicht zum deutschen Kaiser gekrönt.

## Navigare necesse est

***Segelschiff und fliegende Fische.***
***Kupferstich aus Bry's Reisewerk (1594).***

Im Anfang war das Gewürz. Seit die Römer bei ihren Fahrten und Kriegen zum erstenmal an den brennenden oder betäubenden, den beizenden oder berauschenden Ingredienzien des Morgenlandes Geschmack gefunden, kann und will das Abendland die „especeria", die indischen Spezereien, in Küche und Keller nicht mehr missen. Denn unvorstellbar schal und kahl bleibt bis tief ins Mittelalter die nordische Kost. Noch lange wird es dauern, ehe die heute gebräuchlichsten Feldfrüchte wie Kartoffel, Mais und Tomate in Europa dauerndes Heimatsrecht finden, noch nützt man kaum die Zitrone zum Säuern, den Zucker zur Süßung, noch sind die feinen Tonika des Kaffees, des Tees nicht entdeckt; selbst bei Fürsten und Vornehmen täuscht stumpfe Vielfresserei über die geistlose Monotonie der Mahlzeiten hinweg. Aber wunderbar: bloß ein einziges Korn indischen Gewürzes, ein paar Stäubchen Pfeffer, eine trockene Muskatblüte, eine Messerspitze Ingwer oder Zimt dem gröbsten Gerichte zugemischt, und schon spürt der geschmeichelte Gaumen fremden und schmackhaft erregenden Reiz. Zwischen dem krassen Dur und Moll von Sauer und Süß, von Scharf und Schal schwingen mit einmal köstliche kulinarische Obertöne und Zwischentöne; sehr bald können die noch barbarischen Geschmacksnerven des Mittelalters an diesen neuen Incitantien nicht genug bekommen. Eine Speise gilt erst dann als richtig, wenn toll überpfeffert und kraß überbeizt; selbst ins Bier wirft man Ingwer, und den Wein hitzt man derart mitzerstoßenem Gewürz, bis jeder Schluck wie Schießpulver in der Kehle brennt. Aber nicht nur für die Küche allein benötigt das Abendland so gewaltige Mengen der „especeria“; auch die weibliche Eitelkeit fordert immer mehr von den Wohlgerüchen Arabiens und immer neue, den geilen Moschus, das schwüle Ambra, das süße Rosenöl, Weber und Färber müssen chinesische Seiden und indische Damaste für sie verarbeiten, Goldschmiede die weißen Perlen von Ceylon und die bläulichen Diamanten aus Narsingar ersteigern.

Noch gewaltiger fördert die katholische Kirche den Verbrauch orientalischer Produkte, denn keines der Milliarden und Abermilliarden Weihrauchkörner, die in den tausend und abertausend Kirchen Europas der Mesner im Räucherfasse schwingt, ist auf europäischer Erde gewachsen; jedes einzelne dieser Milliarden und Abermilliarden muß zu Schiff und zu Lande den ganzen unübersehbaren Weg aus Arabien gefrachtet werden. Auch die Apotheker sind ständige Kunden der vielgerühmten indischen Specifica, als da sind Opium, Kampfer, das kostbare Gummiharz, und sie wissen aus guter Erfahrung, daß längst kein Balsam und keine Droge den Kranken wahrhaft heilkräftig scheinen will, wenn nicht auf dem porzellanenen Tiegel mit blauen Lettern das magische Wort „arabicum“ oder „indicum“ zu lesen ist. Unaufhaltsam hat durch seine Abseitigkeit, seine Rarität und Exotik und vielleicht auch durch seine Teuernis alles Orientalische für Europa einen suggestiven, einen hypnotischen Reiz gewonnen. Arabisch, persisch, hindostanisch, diese Attribute werden im Mittelalter (ähnlich wie im achtzehnten Jahrhundert die Ursprungsbezeichnung französisch) gleichbedeutend mit üppig, raffiniert, vornehm, höfisch, köstlich und kostbar. Kein Handelsartikel ist so begehrt wie die especeria; beinahe hat es den Anschein, als hätte der Duft dieser morgenländischen Blüten auf magische Weise die Seele Europas berauscht.

Aber gerade weil so modisch begehrt, bleibt die indische Ware teuer und wird immer teurer: kaum kann man die ständig steigenden Fieberkurven der Preise heute noch richtig nachrechnen, denn alle historischen Geldtabellen bleiben erfahrungsgemäß abstrakt; am ehesten gewinnt man noch eine optische Anschauung von der tollen Überwertung der Gewürze, wenn man sich erinnert, daß zu Anfang des zweiten Jahrtausends derselbe Pfeffer, der heute an jedem Wirtstisch offen steht und achtlos wie Sand verschüttet wird, Korn um Korn abgezählt wurde und im Gewicht fast gleichwertig dem Silber galt. So absolut war seine Wertbeständigkeit, daß manche Staaten und Städte mit Pfeffer kalkulierten wie mit einem Edelmetall: man konnte mit Pfeffer Grund und Boden erwerben, Mitgiften bezahlen, sich einkaufen ins Bürgerrecht; mit Pfeffergewicht setzten manche Fürsten und Städte ihre Zölle fest, und wenn man im Mittelalter einen Mann als schwerreich bezeichnen wollte, so schimpfte man ihn einen Pfeffersack. Auf Gold- und Apothekerwaagen wiederum wurden Ingwer und Zimt, Chinarinde und Kampfer ausgewogen und sorgfältig dabei Türen und Fenster verschlossen, damit nicht etwa ein Luftzug ein Quentchen des köstlichen Abfallstaubs verblase. Aber so absurd diese Überwertung unserem heutigen Blick erscheint, so selbstverständlich wird sie, sobald man die Schwierigkeiten und das Risiko des Transports in Rechnung zieht. Unermeßlich weit liegt in jenen Tagen das Morgenland vom Abendland, und welche Fährnisse und Hindernisse haben die Schiffe, die Karawanen und Wagen unterwegs zu überwinden!

Welche Odyssee jedes einzelne Korn, jede einzelne Blüte zu bestehen, ehe sie von ihrem grünen Strauch am Malaiischen Archipel bis an den letzten Strand, an den Verkaufstisch des europäischen Krämers gelangt! An sich wäre freilich keines dieser Gewürze eine Seltenheit. Unten auf der andern Fläche des Erdballs wachsen zwar die Zimtstangen Tidores, die Gewürznelken Amboinas, die Muskatnüsse Bandas, die Pfefferstauden Malabars genau so üppig und frei wie bei uns die Disteln, und ein Zentner gilt auf den Malaiischen Inseln nicht mehr als im Abendland eine Messerspitze voll. Aber das Wort Handel kommt von Hand, und durch wie viele Hände muß die Ware wandern, ehe sie durch Wüsten und Meere an den letzten Käufer, den Verbraucher, gelangt! Die erste Hand wird wie immer am schlechtesten entlohnt; der malaiische Sklave, der die frischen Blüten pflückt und im bastenen Bündel auf seinem braunen Rücken zu Markte schleppt, bekommt keinen andern Lohn als den eigenen Schweiß. Aber sein Herr profitiert schon; von ihm kauft ein mohammedanischer Händler die Last und paddelt sie auf winziger Prau durch glühenden Sonnenbrand von den Gewürzinseln acht Tage, zehn Tage und mehr nach Malacca (in die Nähe des heutigen Singapore). Hier sitzt schon die erste Saugspinne im Netz; der Herr des Hafens, ein mächtiger Sultan, fordert für das Umladen vom Händler Tribut. Erst wenn die Abgabe entrichtet ist, darf die duftende Fracht auf eine andere, eine größere Dschunke verladen werden, und wieder schleicht, von breitem Ruder oder viereckigem Segel langsam vorwärtsgetrieben, das kleine Fahrzeug von einem Küstenplatz Indiens zum andern weiter. Monate gehen so dahin, eintöniges Segeln und endloses Warten bei Windstille unter wolkenlos brennendem Himmel, und dann wieder jähe Flucht vor den Taifunen und den Korsaren. Unendlich mühsam und auch unsagbar gefahrvoll ist diese Verfrachtung durch zwei, durch drei tropische Meere; von fünf Schiffen fällt fast immer eines unterwegs den Stürmen oder Piraten zum Opfer, und der Kaufherr segnet Gott, wenn er Cambagda glücklich umfahren, endlich Ormudz oder Aden erreicht hat und damit den Zugang zu Arabia felix oder Ägypten. Aber die neue Art der Verfrachtung, die hier anhebt, ist nicht minder entbehrungsvoll und nicht minder gefährlich.

Zu Tausenden warten in langen, geduldigen Reihen in jenen Umschlagshäfen die Kamele, gehorsam beugen sie auf das Zeichen ihres Herrn sich in die Knie, Sack um Sack werden die verschnürten Bündel mit Pfeffer und Muskatblüten ihnen auf den Rücken geladen, und langsam schaukeln die vierbeinigen Schiffe ihre Fracht dann durch das Sandmeer. In monatelangem Zuge bringen arabische Karawanen die indische Ware – die Namen von Tausendundeine Nacht klingen auf – über Bassora und Bagdad und Damaskus nach Beyruth und Trebizonde oder über Dschidda nach Kairo; uralt sind diese langen Wanderstraßen durch die Wüste und seit den Jahren der Pharaonen und Bactrier schon den Händlern vertraut. Aber verhängnisvollerweise kennen sie die Beduinen, diese Piraten der Wüste, nicht minder genau; ein verwegener Überfall vernichtet oft mit einem Schlage die Fracht und Frucht unzähliger mühsamer Monate. Was dann glücklich den Sandstürmen entgeht und den Beduinen, kommt dafür andern Räubern zupaß: von jeder Kamelladung, von jedem Sack verlangen die Emire des Hedschas, die Sultane von Ägypten und Syrien Tribut, und zwar einen höchst ausgiebigen; auf hunderttausend Dukaten schätzt man, was jährlich allein nur der ägyptische Wegelagerer an Durchgangszoll vom Gewürzhandel erhob. Ist schließlich die Nilmündung nahe von Alexandria erreicht, so wartet dort noch ein allerletzter Nutznießer und nicht der geringste, die Flotte Venedigs. Seit der perfiden Vernichtung der Konkurrenzstadt Byzanz hat die kleine Republik das Monopol des abendländischen Gewürzhandels völlig an sich gerissen; statt direkt weiter verfrachtet zu werden, muß die Ware zuerst an den Rialto, wo die deutschen, die flandrischen, die englischen Faktoren sie ersteigern. Dann erst rollen in breiträdrigen Wagen durch Schnee und Eis der Alpenpässe dieselben Blüten, die tropische Sonne vor zwei Jahren geboren und gegoren, dem europäischen Krämer und damit dem Verbraucher zu.

Durch mindestens zwölf Hände, so schriftet es melancholisch Martin Behaim seinem Globus, seinem berühmten „Erdapfel" von 1492 ein, muß das indische Gewürz wucherisch wandern, ehe es an die letzte Hand, an den Verbraucher, gelangt. „Item ess ist zu wissen, dass die Spezerey die in den Insuln In Indien in Orienten in manicherley Hendt verkaufft wirdt, ehe sie herauss kumpt In unsere Landt." Aber wenn auch zwölf Hände in den Gewinn sich teilen, so preßt doch jede einzelne genug goldenen Safts aus dem indischen

Gewürz; trotz allen Risiken und Gefahren gilt der Spezereihandel als der weitaus einträglichste des Mittelalters, weil bei kleinstem Volumen der Ware mit der größten Marge an Gewinn verbunden. Mögen von fünf Schiffen – die Expedition Magellans beweist dieses Rechenexempel – vier mit ihrer Ladung zugrunde gehen, mögen zweihundert Menschen von zweihundertfünfundsechzig nicht wiederkehren, so haben zwar Matrosen und Kapitäne ihr Leben verloren, der Händler hat aber bei diesem Spiel noch immer gewonnen. Kehrt nur ein noch so kleines Schiff von den fünfen, gut mit Gewürz beladen, nach drei Jahren zurück, so macht die Ladung mit reichlichem Profit den Verlust wett, denn ein einziger Sack mit Pfeffer gilt im fünfzehnten Jahrhundert mehr als ein Menschenleben; kein Wunder, daß bei dem großen Angebot an wertlosen Menschenleben und der stürmischen Nachfrage nach wertvollem Gewürz die Rechnung immer wieder prächtig klappt. Die Paläste Venedigs und jene der Fugger und Welser sind fast einzig aus dem Gewinn an indischem Gewürz erbaut.

Aber unvermeidlich wie Rost an Eisen setzt sich scharfer Neid an großen Gewinn. Immer wird jedes Vorrecht von den andern als Unrecht empfunden, und wo eine einzelne kleine Gruppe sich übermäßig bereichert, formt sich selbsttätig eine Koalition der Benachteiligten. Mit scheelen Augen sehen längst die Genuesen, die Franzosen, die Spanier auf das geschicktere Venedig, das den goldenen Golfstrom an den Canal grande zu leiten gewußt, und mit noch ärgerer Erbitterung starren sie nach Ägypten und Syrien, wo der Islam eine undurchdringliche Sperrkette zwischen Indien und Europa gelegt. Keinem christlichen Schiff ist die Fahrt auf dem Roten Meer gestattet, keinem christlichen Händler auch nur die Durchreise; unerbittlich geht aller Indienhandel ausschließlich durch türkische und arabische Händler und Hände. Damit wird aber nicht nur den europäischen Verbrauchern die Ware unnütz verteuert, nicht nur dem christlichen Handel der Gewinn von vorneweg abgemelkt, sondern es droht der ganze Überschuß an Edelmetall nach dem Oriente abzufließen, da die europäischen Waren bei weitem nicht den Tauschwert der indischen Kostbarkeit erreichen.

Schon um dieses fühlbaren Handelsdefizits willen mußte die Ungeduld des Abendlands immer leidenschaftlicher werden, der ruinösen und entwürdigenden Kontrolle sich zu entziehen, und schließlich raffen sich die Energien zusammen. Die Kreuzzüge waren keineswegs (wie es oft romantisierend dargestellt wird) ein bloß mystisch religiöser Versuch, die Stätte des Heiligen Grabes den Ungläubigen zu entreißen; diese erste europäisch-christliche Koalition stellte zugleich die erste logische und zielbewußte Anstrengung dar, jene

Sperrkette zum Roten Meer zu durchstoßen und den Osthandel für Europa, für das Christentum frei zu machen. Da dieser Stoß mißlang, da Ägypten nicht den Mohammedanern entrissen werden konnte und der Islam weiterhin den Weg nach Indien verlegte, mußte notwendigerweise der Wunsch wach werden, einen andern, einen freien, einen unabhängigen Weg nach Indien zu finden. Die Kühnheit, die Columbus nach Westen, die Bartolomeu Diaz und Vasco da Gama nach Süden, die Cabot nach Norden gegen Labrador vorstoßen ließ, entsprang in erster Linie dem zielbewußten Willen, endlich, endlich für die abendländische Welt einen freien, einen unbezollten und ungehinderten Seeweg nach Indien zu entdecken und damit die schmachvolle Vormachtstellung des Islams zu brechen. Immer ist bei entscheidenden Erfindungen und Entdeckungen ein geistiger, ein moralischer Antrieb die eigentlich beflügelnde Macht, meist aber wird der endgültige Abstoß ins Irdische dann von materiellen Impulsen gegeben. Gewiß hätten auch um der kühnen Idee willen die Könige und ihre Räte an Columbus' und Magellans Vorschlägen sich begeistert; nie aber wäre das nötige Geld gewagt worden an ihr Projekt, nie von Fürsten und Spekulanten ihnen tatsächlich eine Flotte ausgerüstet worden ohne die gleichzeitige Aussicht, bei dieser Entdeckungsfahrt den aufgewendeten Betrag tausendfach zu verzinsen. Hinter den Helden jenes Zeitalters der Entdeckungen standen als treibende Kräfte die Händler; auch dieser erste heroische Impuls zur Welteroberung ging aus von sehr irdischen Kräften – im Anfang war das Gewürz.

Wunderbar immer im Lauf der Geschichte, wenn sich der Genius eines Menschen dem Genius der Stunde bindet, wenn ein einzelner Mann hellsichtig die schöpferische Sehnsucht seiner Zeit begreift. Unter den Ländern Europas hat eines bisher seinen Teil an der europäischen Aufgabe noch nicht erfüllen können, Portugal, das in langwierigen heroischen Kämpfen sich der maurischen Herrschaft entrungen. Nun aber Sieg und Selbständigkeit endgültig erfochten sind, liegt die prachtvolle Kraft eines jungen und leidenschaftlichen Volkes völlig brach; der natürliche Expansionswille, der jeder aufsteigenden Nation innewohnt, findet zunächst keinen Ausstoß mehr. Mit seinen ganzen Landesgrenzen liegt Portugal an Spanien gelehnt, an eine befreundete, eine brüderliche Nation; so könnte einzig zur See, durch Handel und Kolonisation das kleine und arme Land sich erweitern. Aber verhängnisvollerweise ist – oder scheint zunächst – die geographische Lage Portugals die ungünstigste unter allen seefahrenden Nationen Europas. Denn der Atlantische Ozean, der seine Wellen von Westen her gegen seine Küsten wirft, gilt nach der ptolemäischen Geographie (der einzigen Autorität des Mittelalters) als endlose und undurchfahrbare Wasserwüste. Als nicht minder ungangbar erklären die ptolemäischen Weltkarten den Südweg, die afrikanische Küste entlang: unmöglich sei es, diese Sandwüste zu Schiff zu umfahren, denn dieses unwirtliche und unbewohnbare Land reiche bis zum antarktischen Pol und sei, ohne Durchlaß zu gewähren, mit der terra australis verwachsen. Nach der Ansicht der alten Geographie hätte Portugal, weil außerhalb des einzig fahrbaren Meers, des Mittelmeers, gelegen, die denkbar schlechteste Position unter den seefahrenden Nationen Europas.

Es wird nun der Lebensgedanke eines portugiesischen Fürstensohns sein, dies angeblich Unmögliche möglich zu machen und den Versuch zu wagen, ob nicht doch gemäß dem Bibelwort die letzten die ersten werden könnten. Wie, wenn Ptolemäus, dieser geographus maximus, dieser Papst der Erdkunde, sich geirrt hätte? Wie, wenn dieser Ozean, der mit seinen gewaltigen Wellen von Westen her manchmal merkwürdige fremde Hölzer (die doch irgendwo gewachsen sein müssen) an Portugals Küsten wirft, gar nicht endlos wäre, sondern zu neuen und unbekannten Ländern führte? Wie, wenn Afrika bewohnbar wäre jenseits des Wendekreises, wie, wenn der allweise Grieche grob geflunkert hätte mit seiner Behauptung, dieser unerforschte Kontinent sei zu Meer nicht zu umfahren und kein Weg führe hinüber in die indische See? Dann wäre Portugal, gerade weil am weitesten gegen Westen gelegen, das wahre Sprungbrett aller Entdeckungen, es hätte den nächsten Weg von allen nach Indien. Nicht verstoßen wäre es vom Ozean, sondern wie kein anderes Land Europas zur Seefahrt berufen.

Dieser Wunschtraum, das kleine machtlose Portugal zur nautischen Vormacht zu erheben und den bisher nur als Sperre betrachteten Atlantischen Ozean in eine Straße zu verwandeln, ist in nuce der Lebensgedanke des „Iffante“ Enrique gewesen, den die Geschichte zu Recht und zu Unrecht Heinrich den Seefahrer nennt. Zu Unrecht: denn abgesehen von einer kurzen Kriegsfahrt nach Ceuta hat Enrique niemals ein Schiff bestiegen, es gibt kein Buch, keinen nautischen Traktat, keine Karte von seiner Hand. Aber doch darf die Geschichte ihm diesen Namen Rechtens zuerkennen, denn Seefahrt und Seefahrern allein hat dieser Fürstensohn sein Leben und sein Vermögen gewidmet. Früh im maurischen Kriege bewährt bei der Belagerung von Ceuta (1412), zugleich einer der reichsten Männer des Landes, könnte dieser Sohn eines portugiesischen und Neffe eines englischen Königs seinen Ehrgeiz in den blendendsten Stellungen auswirken; alle Höfe laden ihn zu sich, England bietet ihm ein Oberkommando. Aber dieser sonderbare Schwärmer erwählt als Form seines Lebens die schöpferische Einsamkeit. Er zieht sich zurück nach Kap Sagres, das einstmals heilige (sacrum) Vorgebirge der Alten. Von dort bereitet er in beinahe fünfzig Jahren die Seefahrt nach Indien und damit die große Offensive gegen das „mare incognitum“ vor.

Was diesem einsam-verwegenen Träumer den Mut gegeben hat, gegen die höchsten kosmographischen Autoritäten seiner Zeit, gegen Ptolemäus und seine Nachsprecher und Nachzeichner, die Überzeugung zu verfechten, Afrika sei kein dem Pol angefrorener Kontinent, sondern umschiffbar und der wahre Seeweg nach Indien – dieses letzte Geheimnis wird kaum mehr zu ergründen sein. Aber niemals war das (auch von Herodot und Strabo verzeichnete) Gerücht völlig verstummt, daß in den dunklen Tagen der Pharaonen einmal eine phönikische Flotte das Rote Meer hinabgefahren sei und nach zwei Jahren unvermuteterweise durch die Säulen des Herkules (die Enge von Gibraltar) heimgekehrt. Vielleicht hatte der Iffante auch durch maurische Sklavenhändler Kunde gehabt, daß jenseits der Libya deserta, der sandigen Sahara, ein „Land des Reichtums“, „bilat ghana“, liege, und tatsächlich findet sich schon auf einer Karte, die 1150 ein arabischer Kosmograph für den Normannenkönig Roger II. angefertigt, das heutige Guinea unter diesem Namen „bilat ghana“ völlig richtig eingezeichnet. Es mag also sein, daß Enrique durch guten Kundschafterdienst besser über die wirkliche Form Afrikas unterrichtet war als die Schulgeographen, die einzig auf die Codices des Ptolemäus ihre Hand zum Eidschwur legten und zunächst auch die Berichte des Marco Polo und Ibn Battuta als falsches Geflunker ablehnten. Die eigentliche moralische Bedeutung Enriques aber liegt darin, daß er zugleich mit der Größe des Ziels auch die Größe der Schwierigkeit erkannte, daß er in edler Resignation begriff, er selbst werde seinen Traum niemals erfüllt sehen, weil eben mehr als ein einziges Menschenalter zur Vorbereitung eines so ungeheuren Unterfangens notwendig sei.

Denn wie damals Seefahrt von Portugal nach Indien wagen ohne Kenntnis der See und ohne Schiffe zur Fahrt? Unvorstellbar primitiv sind zur Zeit, da Enrique an sein Werk geht, die geographischen, die nautischen Kenntnisse Europas. In den grauenhaften Jahrhunderten der Verdüsterung, die dem Einsturz des Römischen Reichs folgten, hatte das Mittelalter beinahe alles vergessen, was die Griechen, die Phönizier, die Römer auf ihren kühnen Fahrten erkundet. Unglaubhaft wie ein Märchen war es für jene Jahrhunderte der räumlichen Selbstbeschränkung geworden, daß ein Alexander längst bis an die Grenzen Afghanistans und tief hinab bis nach Indien vorgedrungen war, verloren sind die trefflichen Karten, die Weltbilder der Römer, verfallen ihre Heerstraßen, ihre Meilensteine, die bis tief nach Britannien und Bithynien reichten, vernichtet ihr vorbildlicher politischer und geographischer Nachrichtendienst; verlernt ist die Fähigkeit des Reisens, erstorben die Lust des Entdeckens, armselig geworden die Kunst der Schiffahrt; ohne jedes weite, jedes kühne Ziel, ohne richtigen Kompaß und klare Karten schleichen in ängstlicher Küstenfahrt kleine Fahrzeuge von Hafen zu Hafen, immer in Sorgnis vor Stürmen oder den ebenso gefährlichen Piraten. Bei einem solchen Tiefstand der Kosmographie und mit solch kläglichen Schiffen war es noch zu früh, die Ozeane der Erde zu bezwingen und überseeische Reiche zu erobern. Ein Menschenalter der Aufopferung mußte erst nachholen, was Jahrhunderte der Gleichgültigkeit versäumt hatten. Und Enrique – dies seine Größe – war entschlossen, sein Leben zu opfern für die zukünftige Tat.

Nur ein paar verfallene Mauern stehen noch von dem einstigen Schlosse von Kap Sagres, das Prinz Enrique erbaut und das ein höchst undankbarer Erbe seiner Wissenschaft, Francis Drake, geplündert und zerstört hat. Durch die Schatten und Schleier der Legende ist es heute kaum mehr möglich, in den Einzelheiten zu erkennen, in welcher Weise Prinz Heinrich den Welteroberungsplänen Portugals vorgearbeitet hat. Nach den (vielleicht romantischen ) Berichten seiner heimischen Chronisten ließ er sich sämtliche Bücher und Mappen aus allen Weltteilen kommen, berief arabische und jüdische Gelehrte und befahl ihnen, bessere Instrumente und Tabulaturen anzufertigen. Jeder Schiffer, jeder Kapitän, der von einer Reise kam, wurde ausgefragt, alle diese Mitteilungen und Kenntnisse wurden sorgsam in einem Geheimarchiv gesammelt und gleichzeitig eine Reihe von Expeditionen ausgerüstet. Unermüdlich wird die Kunst des Schiffbaus gefördert; in wenigen Jahren erwachsen aus den ursprünglichen „barcas“, diesen kleinen offenen Fischerbooten mit achtzehn Mann Besatzung, wirkliche „naos“, breite Kutter von achtzig und hundert Tonnen, die auch bei schwierigem Wetter im offenen Meere fahren können. Dieser neue, seetüchtige Typus des Schiffs bedingte wiederum einen neuen Typus des Seefahrers. Dem Steuermann gesellt sich ein „Meister der Astrologie“ bei, der nautische Fachmann, der Portolane zu lesen, die Deklination zu bestimmen und die Meridiane einzuzeichnen weiß; Theoretik und Praktik greifen schöpferisch ineinander, und allmählich wird auf diesen Expeditionen aus bloßen Fischern und Schiffern ein Geschlecht von Seefahrern und Entdeckern systematisch herangebildet, dessen Taten der Zukunft vorbehalten sind. Wie Philipp von Mazedonien seinem Sohn Alexander die unwiderstehliche Phalanx zur Eroberung der Welt, so hinterläßt Enrique seinem Portugal die besten, die modernsten Schiffe seiner Zeit und die trefflichsten Seeleute zur Eroberung des Ozeans.

Aber es gehört zum tragischen Schicksal der Vorläufer, daß sie an der Schwelle sterben, ohne selbst das gelobte Land zu schauen. Enrique hat keine einzige der großen Entdeckungen erlebt, die sein Vaterland in der Geschichte der Weltentdeckung unsterblich machten; in seinem Todesjahr (1460) ist im äußern, im geographischen Raum kaum etwas Wahrnehmbares erreicht. Die vielgerühmte Entdeckung der Azoren und Madeiras war in Wirklichkeit nur eine Wiederentdeckung (schon 1351 verzeichnet sie der Portolano Laurentino). An der Westküste sind seine Schiffe nicht einmal bis zum Äquator hinabgelangt, ein kleiner, nicht sehr ruhmreicher Handel hat begonnen mit weißem und hauptsächlich mit „schwarzem Elfenbein": das heißt, man raubt an der Senegalküste massenhaft Neger, um sie auf dem Sklavenmarkt in Lissabon zu verkaufen, und findet etwas Goldstaub – dieser kleine unzulängliche Anfang ist alles, was Enrique von seinem geträumten Werke gesehen. In Wahrheit ist der entscheidende Erfolg aber schon errungen. Denn nicht in der erreichten Distanz liegt damals der erste Triumph der portugiesischen Seefahrt, sondern in der moralischen Sphäre: in der Steigerung der Unternehmungslust und in der Vernichtung einer gefährlichen Legende. Jahrhunderte – und jahrhundertelang hatten die Seeleute gemunkelt, hinter dem Kap Non – zu deutsch: dem Kap Nichtweiter – sei Seefahrt unmöglich.

Dahinter beginne sogleich „die grüne See der Dunkelheit", und wehe dem Schiff, das sich in diese tödlichen Zonen wage. Von der Glut der Sonne siede und koche in jenen Wendekreisen das Meer. Sofort gerieten die Planken und Segel in Brand, jeder Christenmensch, der versuche, das „Land Satans" zu betreten, das wüst sei wie eine Kraterlandschaft, würde sofort zum Neger. So unüberwindlich war durch solche Fabeln diese Angst vor einer Südfahrt geworden, daß der Papst, um Enrique nur überhaupt Seeleute für seine ersten Expeditionen zu verschaffen, jedem Teilnehmer vollen Sündenablaß zusichern mußte; dann erst gelang es, ein paar Verwegene für diese ersten Entdeckungsfahrten anzuwerben. Welcher Jubel darum, als Gil Eannes 1434 dies angeblich unüberwindliche Kap Non umsteuert und von Guinea melden kann, daß der hochberühmte Ptolemäus als arger Fasler entlarvt sei, „denn es geht hier so leicht zu segeln wie bei uns zu Hause und das Land ist äußerst reich und schön". Damit ist der tote Punkt überwunden. Nun braucht Portugal nach Mannschaft nicht mehr zu fahnden, aus allen Ländern melden sich Abenteurer und Abenteuerlustige. Jede neue geglückte Fahrt macht die Seefahrer verwegener, plötzlich ist eine Generation von jungen Menschen zur Stelle, denen das Abenteuer mehr gilt als das Leben. „Navigare necesse est, vivere non est necesse“ – der alte Seemannsspruch hat wieder Gewalt bekommen über die Seelen. Und wo immer eine neue Generation geschlossen und entschlossen am Werke ist, verwandelt sich die Welt.

Nur den Augenblick des letzten Atemholens vor dem großen Sprung bedeutet darum der Tod Enriques. Aber kaum hat der energische König João II. den Thron bestiegen, so setzt ein Anschwung ein, der alle Erwartungen übertrifft. Was bisher ärmlicher Schneckengang gewesen, wird mit einmal Sturmlauf und Löwensprung. Während man es gestern noch als grandiose Leistung verzeichnete, wenn innerhalb von zwölf Jahren die wenigen Meilen bis Kap Bojador ersegelt wurden und man nach abermals zwölf Jahren langsamen Vordringens glücklich Kap Verde erreicht hatte, bedeutet nun ein Vorstoß von hundert, von fünfhundert Meilen nichts Ungewöhnliches mehr. Vielleicht nur unsere Generation, welche die Eroberung der Luft miterlebt, wir, die wir ebenso im Anfang schon gejubelt, wenn nur drei, nur fünf, nur zehn Kilometer vom Champ de Mars ein Aeroplan in der Luft sich halten konnte, und die ein Jahrzehnt später schon Kontinente und Ozeane überflogen sahen, nur wir vielleicht können den glühenden Anteil, den erregten Jubel ganz begreifen, mit dem ganz Europa den plötzlichen Vorstoß Portugals ins Unbekannte begleitete. 1471 ist der Äquator erreicht, 1484 landet Diego Cam bereits an der Mündung des Kongo, und endlich 1486 erfüllt sich der prophetische Traum Enriques: der portugiesische Seefahrer Bartolomeu Diaz erreicht die Südspitze Afrikas, das Kap der Guten Hoffnung, das er freilich um der Stürme willen, denen er dort begegnet, zunächst noch Cabo tormentoso, das stürmische Vorgebirge, tauft.

Aber wenn ihm auch das Wetter die Segel zerfetzt und den Mast zerspellt, der kühne Konquistador steuert entschlossen weiter. Schon ist er an die Ostküste Afrikas gelangt, und von hier könnten ihn mohammedanische Piloten leichthin nach Indien weiterbringen – da meutert die Mannschaft: genug sei für diesmal erreicht. Verwundeten Herzens muß Bartolomeu Diaz zurück, durch fremde Schuld den Ruhm verlierend, als erster Europäer den Seeweg nach Indien bezwungen zu haben, und ein anderer Portugiese, Vasco da Gama, wird um dieser Heldentat willen in Camoens' unsterblichem Gedicht gefeiert werden; wie immer bleibt der Beginner, der tragische Initiator, vergessen über dem glücklicheren Vollender. Immerhin: die entscheidende Tat ist getan. Zum erstenmal ist die geographische Gestalt Afrikas endgültig bestimmt, zum erstenmal gegen Ptolemäus bewiesen und erwiesen, daß der freie Seeweg nach Indien möglich sei. Den Lebenstraum Enriques haben seine Schüler und Erben ein Lebensalter nach ihrem Meister erfüllt.

Mit Staunen und Neid wendet die Welt jetzt ihren Blick diesem kleinen unbeachteten Seevolk im letzten Winkel Europas zu. Während sie, die Großmächte Frankreich, Deutschland, Italien, in unsinnigen Kriegen einander zerfleischten, hat Portugal, dieses Aschenbrödel Europas, seinen Lebensraum um das Tausendfache und Zehntausendfache erweitert; keine Anstrengung kann seinen unermeßlichen Vorsprung mehr einholen. Über Nacht ist Portugal die erste Seenation der Welt geworden, es hat sich durch seine Leistung nicht nur neue Provinzen, sondern ganze Welten gesichert. Ein Jahrzehnt noch und diese kleinste unter Europas Nationen wird den Anspruch erheben, mehr Weltraum zu besitzen und zu verwalten als das Römische Reich selbst zur Zeit seiner größten Ausbreitung.

Selbstverständlich muß ein derart übersteigerter imperialistischer Anspruch bei dem Versuch seiner Durchsetzung sehr bald die Kräfte Portugals erschöpfen. Jedes Kind könnte errechnen, daß ein so winziges Land, das im ganzen nicht mehr als anderthalb Millionen Einwohner zählt, auf die Dauer nicht allein ganz Afrika, Indien und Brasilien besetzen, kolonisieren, verwalten oder auch nur handelsmäßig monopolisieren kann und am allerwenigsten für ewige Zeiten gegen die Eifersucht der andern Nationen verteidigen. Ein einziger Öltropfen kann nicht ein aufgeregtes Meer glätten, ein stecknadelgroßes Land nicht hunderttausendfach größere Länder endgültig unterwerfen. Von der Vernunft aus gesehen, stellt also die schrankenlose Expansion Portugals eine Absurdität dar, eine Don Quichotterie gefährlichster Art. Aber immer ist ja das Heldische irrational und antirational, immer, wo ein Mensch oder ein Volk sich an eine Aufgabe wagt, die sein eigentliches Maß übersteigt, steigern sich auch seine Kräfte zu nie geahnter Stärke: nie vielleicht hat sich eine Nation großartiger in einen einzigen sieghaften Augenblick zusammengefaßt als Portugal um die Wende des fünfzehnten Jahrhunderts: nicht nur seinen Alexander, seine Argonauten schafft sich das Land plötzlich in Albuquerque, Vasco da Gama und Magellan, sondern auch in Camoens seinen Homer, in Barros seinen Livius. Gelehrte, Baumeister, große Kaufleute sind über Nacht zur Stelle: wie Griechenland unter Perikles, England unter Elisabeth, Frankreich unter Napoleon, verwirklicht in universaler Form ein Volk seine innerste Idee und stellt sie als sichtbare Tat vor die Welt. Eine unvergeßliche Weltstunde lang ist Portugal die erste Nation Europas, die Führerin der Menschheit gewesen.

Aber jede große Tat eines einzelnen Volks ist immer für alle Völker getan. Alle spüren sie, daß dieser eine erste Einbruch ins Unbekannte zugleich alle bisher gültigen Maße, Begriffe, Distanzgefühle umgestoßen hat, und mit pochender Ungeduld verfolgt man darum an allen Höfen, an allen Universitäten die neuesten Nachrichten aus Lissabon. Dank einer merkwürdigen Hellsichtigkeit begreift Europa das Schöpferische dieser welterweiternden portugiesischen Tat; es begreift, daß Seefahrt und Entdeckung bald entscheidender die Welt verändern werden als alle Kriege und Kartaunen, daß eine hundertjährige, eine tausendjährige Epoche, das Mittelalter, endgültig zu Ende ist und eine neue Zeit, die „Neuzeit", beginnt, die in andern räumlichen Dimensionen denken und schaffen wird. Feierlich erhebt im Vollgefühl solchen historischen Augenblicks der Florentiner Humanist Politian als Sachwalter der friedlichen Vernunft die Stimme zum Ruhme Portugals, und der Dank des ganzen kultivierten Europa schwingt mit in seinen begeisterten Worten: „Nicht nur die Säulen des Herkules hat es hinter sich gelassen und einen wütigen Ozean bezähmt, sondern die bislang unterbundene Einheit der bewohnbaren Welt wiederhergestellt. Was für neue Möglichkeiten und wirtschaftliche Vorteile, welche Erhöhung des Wissens, welche Bestätigungen der alten Wissenschaft, die bisher als unglaubhaft verworfen wurden, dürfen wir noch erwarten! Neue Länder, neue Meere, neue Welten (alii mundi) sind aus jahrhundertelangem Dunkel aufgetaucht. Portugal ist heute der Hüter, der Wächter einer zweiten Welt."

Ein verblüffender Zwischenfall unterbricht diesen grandiosen Vorstoß Portugals nach dem Osten. Schon scheint die „zweite Welt" erreicht, schon scheinen Krone und alle Schätze Indiens dem König João gesichert, denn nach der Umschiffung des Kaps der Guten Hoffnung kann Portugal niemand mehr zuvorkommen, und niemand unter den Mächten Europas darf sogar auf diesem langgesicherten Wege ihm noch nachfolgen. Denn bereits Enrique der Seefahrer hatte sich vorsichtigerweise vom Papst verbriefen lassen, daß alle Länder, Meere und Inseln, welche hinter dem Vorgebirge Bojador entdeckt würden, einzig und allein den Portugiesen zugehören sollten, und drei andere Päpste hatten diese sonderbare „Schenkung" bekräftigt, welche mit einem Griff und Federstrich den ganzen noch unbekannten Orient mit Millionen Einwohnern dem Hause Viseu als rechtmäßiges Krongut Übermacht. Portugal und Portugal allein sind also alle neuen Welten zugeschworen. Mit solchen unantastbaren Sicherheiten in Händen hat man im allgemeinen für unsichere Geschäfte nicht viel Neigung, und deswegen war es keineswegs so einfältig und wunderlich, wie es meist die Geschichtsschreiber a posteriori darstellen, wenn der beatus possidens, wenn König João II. dem etwas konfusen Projekt eines unbekannten Genuesen wenig Interesse entgegenbrachte, der emphatisch eine ganze Flotte forderte, „para buscar el levante por el ponente“, um Indien von Westen her zu erreichen. Man hört zwar Messer Christoforo Colombo im Schloß von Lissabon freundlich an, man sagt ihm keineswegs ein grobes Nein. Aber man erinnert sich allzu gut, daß bisher alle Expeditionen nach den sagenhaften Inseln Antilha und Brazil, die westwärts zwischen Europa und Indien liegen sollen, kläglich gescheitert sind. Und überdies: wozu sichere portugiesische Dukaten wagen für einen höchst unsichern Weg nach Indien, da man doch nach jahrelanger Mühe eben den rechten gefunden hat und auf dem Tejo die Schiffswerften bereits Tag und Nacht an der großen Flotte arbeiten, die geradewegs um das Kap bis nach Indien fahren soll?

Wie ein Steinschlag durch das Fenster klirrt darum die brüske Nachricht in den Palast von Lissabon, jener großsprecherische genuesische Abenteurer habe unter spanischer Flagge den Oceano tenebroso wirklich durchsteuert und sei in knappen fünf Wochen auf Land im Westen gestoßen. Ein Wunder hat sich ereignet. Erfüllt ist über Nacht die mystische Prophezeiung aus Senecas „Medea“, die seit Jahren und Jahren schon die Gemüter der Weltfahrer erregte:

„venient annis
saecula seris, quibus Oceanus
vincula rerum laxet et ingens
pateat tellus, Typhisque novos
detegat orbes, nee sit terris
Ultima Thula.“

Wahrlich, sie scheinen gekommen, „die Tage, da nach Jahrhunderten der Ozean sein Geheimnis auftut und ein unbekanntes Land erscheint, da der argonautische Pilot neue Welten entdeckt und Thule nicht mehr das fernste Land unserer Erde ist“. Zwar Columbus, der neue „argonautische Pilot“, ahnt nicht, daß er einen neuen Weltteil entdeckt hat. Bis zu seinem Lebensende hat dieser hartnäckige Phantast sich unbelehrbar in den Wahn vermauert, er habe bereits das Festland Asiens erreicht und könne, von seinem „Hispaniola“ westwärts steuernd, in wenigen Tagesreisen an der Mündung des Ganges landen. Gerade dies aber ist Portugals tödliche Angst. Denn was hilft Portugal der Papstbrief, der ihm für die Ostfahrt alle Länder zusagt, wenn Spanien ihm auf dem kürzeren Westwege gerade vor dem Endsprunge zuvorkommt und Indien in letzter Minute noch vorwegnimmt? Damit wäre die fünfzigjährige

Lebensarbeit Enriques, die vierzigjährige Mühe seit seinem Tode sinnlos geworden, Indien für Portugal verloren durch den tollkühnen Abenteurerstreich des unseligen Genuesen. Will Portugal seinen Vorrang und sein Vorrecht auf Indien weiter behaupten, so bleibt ihm keine andere Wahl, als die Waffen zu ergreifen gegen den plötzlich eingedrungenen Rivalen.

Glücklicherweise beseitigt der Papst die drohende Gefahr. Portugal und Spanien sind die Lieblingskinder seines Herzens, weil die einzigen Nationen, deren Könige sich niemals störrisch seiner geistlichen Autorität widersetzten. Sie haben die Mauren bekämpft und die Ungläubigen vertrieben, mit Feuer und Schwert rotten sie jede Ketzerei aus in dem Lande, nirgends findet gegen Mauren, Maranen und Juden die päpstliche Inquisition so bereite Helferschaft. Nein, seine Lieblingskinder sollen sich nicht entzweien, beschließt der Papst, und darum geht er daran, alle noch unbekannten Sphären der Welt zwischen Spanien und Portugal einfach aufzuteilen, und zwar aufzuteilen, nicht wie man in unserer modernen diplomatischen Heuchelsprache sagt, als „Interessensphären", sondern der Papst schenkt klar und redlich diesen beiden Völkern alle die Völkerschaften, Länder, Inseln und Meere kraft seiner Autorität als Statthalter Christi. Wie einen Apfel nimmt er die Erdkugel und teilt sie statt mit einem Messer durch die Bulle vom 4. Mai 1493 in zwei Hälften. Die Schnittlinie setzt ein hundert leguas (ein altes Meilenmaß) von den Kap Verde-Inseln. Was auf der Erdkugel fortan an unentdeckten Ländern westlich dieser Linie liegt, soll seinem lieben Kinde Spanien, was östlich liegt, seinem lieben Kinde Portugal gehören. Zunächst erklären sich die beiden Kinder dankbar einverstanden mit dem schönen Geschenk. Aber bald fühlt sich Portugal doch beunruhigt und ersucht, die Grenzlinie möge noch ein wenig nach Westen verschoben werden. Dies geschieht im Vertrage von Tordesillas am 7. Juni 1494, der die Grenzlinie um zweihundertsiebzig leguas weiter nach Westen legt (wodurch Portugal späterhin tatsächlich das damals noch gar nicht entdeckte Brasilien zufallen wird).

So grotesk auf den ersten Blick eine Generosität auch anmuten mag, welche beinahe die ganze Welt mit einem einzigen Federstrich an zwei einzelne Nationen ohne Rücksicht auf die andern verschenkt – man muß doch diese friedliche Lösung als einen der seltenen Vernunftakte der Geschichte bewundern, wo ein Konflikt statt durch Gewalt vermittels friedlicher Einigung ausgetragen wurde. Für Jahre und Jahrzehnte ist jeder Kolonialkrieg zwischen Spanien und Portugal durch den Tordesillas-Vertrag tatsächlich vermieden worden, obzwar die Lösung von vorneweg eine provisorische bleiben mußte. Denn wenn man mit dem Messer einen Apfel ganz durchschneidet, muß die

Schnittlinie auch auf der andern, unsichtbaren Fläche zutage treten. Innerhalb welcher Hälfte aber liegen nun die vielgesuchten, die kostbaren Gewürzinseln? Östlich oder westlich der Schnittlinie auf der andern Hemisphäre? Auf der Seite Portugals oder auf der Seite Spaniens? Das können in diesem Augenblicke weder der Papst noch die Könige noch die Gelehrten voraussagen, weil noch niemand das Rund der Erde ausgemessen hat und die Kirche ihrerseits die Kugelform des Kosmos um keinen Preis öffentlich anerkennen will. Aber bis zur endgültigen Entscheidung haben beide Nationen reichlich zu tun, um die ungeheuren Brocken hinunterzuschlingen, die ihnen das Schicksal hingeworfen: dem einen kleinen Spanien das riesige Amerika und dem einen winzigen Portugal ganz Indien und Afrika.

Die glückhafte Tat des Columbus erweckt in Europa zuerst maßloses Erstaunen. Dann aber bricht ein Rausch von Abenteuer- und Entdeckerlust aus, wie ihn unsere alte Welt nie gekannt: immer entwächst ja dem Erfolg eines einzelnen mutigen Mannes Eifer und Mut für ein ganzes Geschlecht. Alles, was in Europa unzufrieden ist mit seinem Stand und seiner Stellung, jeder, der sich zurückgesetzt fühlt und zu ungeduldig ist, zu warten, die jüngeren Söhne, die unbeschäftigten Offiziere, die Bastarde der großen Herren und die dunklen Gesellen, die von der Justiz gesucht werden – alle wollen sie in die neue Welt. Die Fürsten, die Händler, die Spekulanten rüsten jeder an Schiffen aus, was sie nur aufbringen können, mit Gewalt muß man den Abenteurern und Reisläufern wehren, die mit dem Messer kämpfen, um als erste ins Goldland befördert zu werden; während Enrique noch Sündenablaß für alle Teilnehmer erbitten mußte, um die allernötigsten Matrosen an Bord zu bekommen, wandern jetzt ganze Dörfer zu den Häfen, und die Kapitäne, die Kauffahrer wissen sich nicht mehr zu retten vor dem Andrang. Eine Expedition folgt der andern, und wirklich, als wäre eine Nebelwand plötzlich gesunken, tauchen jetzt überall im Norden, im Süden, im Osten, im Westen neue Inseln, neue Länder auf, die einen in Eis starrend, die andern mit Palmen bestanden; innerhalb von zwei, von drei Jahrzehnten entdecken die paar hundert kleinen Schiffe, die von Cadiz, Palos, Lissabon abstoßen, mehr Welt und mehr unbekannte Welt als vordem die ganze Menschheit in den hunderttausenden Jahren ihres Daseins. Unvergeßlicher, unvergleichlicher Kalender jener Entdeckerzeit: 1498 erreicht Vasco da Gama – „im Dienste Gottes und zum Vorteil der portugiesischen Krone", wie König Manoel stolz berichtet – Indien und landet in Calicut, im gleichen Jahre sichtet Cabot als Kapitän in englischen Diensten Neufundland und damit die Nordküste Amerikas.

Und wieder ein Jahr (1499) und gleichzeitig entdecken, unabhängig einer vom andern, Pinzon unter spanischer Flagge und Cabral unter portugiesischer Brasilien, während Gaspar Cortereal als Nachfahr der Wikinger nach fünfhundert Jahren Labrador betritt. Und weiter geht es Schlag auf Schlag. In den ersten Jahren des neuen Jahrhunderts streifen zwei portugiesische Expeditionen, deren eine Amerigo Vespucci begleitet, die südamerikanische Küste hinab bis schon nahe an den Rio Plata, 1506 entdecken die Portugiesen Madagaskar, 1507 Mauritius, 1509 erreichen, 1511 erstürmen sie bereits Malacca und haben damit den Schlüssel des Malaiischen Archipels in Händen. 1512 erschließt Ponce de Leon Florida, 1513 sieht von der Höhe von Darien herab Nunez de Baiboa als erster Europäer den Pazifischen Ozean. Von dieser Stunde an gibt es für die Menschheit keine unbekannten Meere mehr. In dem knappen Zeitraum von einhundert Jahren hat sich die europäische Schiffahrt in ihrer Leistung nicht etwa bloß verhundert-, sondern vertausendfacht. Während 1418 unter Enrique es noch bewunderndes Staunen erregte, daß die ersten Barcas bis nach Madeira gelangten, landen 1518 portugiesische Schiffe – man stelle auf der Karte die beiden Distanzen gegeneinander! – schon in Kanton und Japan; bald wird eine Fahrt nach Indien als geringeres Wagnis gelten als vordem die Reise bis Kap Bojador. Von solchem Tempo beflügelt, muß sich von Jahr zu Jahr, ja von Monat zu Monat das Weltbild verändern und erweitern. Tag und Nacht sitzen in ihren Werkstätten zu Augsburg die Kartenstecher und Kosmographen an der Arbeit, aber sie können den Bestellungen nicht mehr nachkommen. Noch feucht, noch unkoloriert reißt man ihnen die Stiche aus den Händen, und ebenso können die Drucker an Reiseberichten, an Globen nicht genug auf die Büchermesse bringen, alles will Nachricht von dem "mundus novus". Aber kaum haben die Kosmographen sauber und genau nach den letzten Mitteilungen ihre Weltkarte gestochen, so kommt schon neue Zeitung und neuer Bericht. Alles ist umgestoßen, alles muß frisch getan werden, denn was als Insel galt, hat sich als Festland erwiesen, was Indien schien, als neuer Kontinent. Neue Flüsse, neue Küsten, neue Berge sind einzuzeichnen, und siehe, kaum sind die Stecher zu Ende mit ihrer neuen Karte, so müssen sie schon mit einer berichtigten, verbesserten, erweiterten beginnen.

Nie vordem, nie nachher hat die Geographie, die Kosmographie, die Kartographie ein so rasendes, so rauschhaftes, so sieghaftes Tempo des Fortschritts erlebt wie innerhalb dieser fünfzig Jahre, in denen, seit Menschen leben, atmen und denken, zum erstenmal Form und Umfang der Erde endgültig bestimmt wird, da zum erstenmal die Menschheit den runden Stern kennenlernt, auf dem sie seit Äonen durch das Weltall rollt. All dies Ungeheure aber hat eine einzige Generation geleistet; ihre Seefahrer haben für alle späteren alle Gefahren bestanden, ihre Konquistadoren alle Wege aufgetan, ihre Helden alle oder fast alle Aufgaben gelöst. Nur eine Tat ist noch übriggeblieben, die letzte, die schönste, die schwerste: auf ein und demselben Schiff den ganzen Erdball zu umrunden und damit gegen alle Kosmologen und Theologen der Vergangenheit die Rundform unserer Erde zu messen und zu erweisen – sie wird die Lebensidee und das Schicksal des Fernão de Magelhaes sein, den die Geschichte Magellan nennt.

## Magellan in Indien

### März 1505 - Juni 1512

Die ersten portugiesischen Schiffe, die den Tejo hinabsteuerten in die unbekannte Ferne, hatten der Entdeckung gedient, die zweiten suchten noch friedlichen Handel mit den neuerschlossenen Gebieten. Die dritte Flotte wird bereits kriegerisch ausgerüstet – unabänderlich hebt von diesem 25. März 1505 jener dreiteilige Rhythmus an, der das ganze nun beginnende Kolonialzeitalter beherrschen wird. Jahrhunderte wird der gleiche Vorgang sich wiederholen: erst wird die Faktorei errichtet, dann die Festung zu ihrem angeblichen Schutz. Erst wird mit den einheimischen Herrschern friedlich getauscht, dann, sobald man genug Soldaten herangeholt hat, den Fürsten ihr Land und damit die ganze Ware einfach weggenommen. Kaum ein Jahrzehnt, und Portugal hat über den ersten Erfolgen bereits vergessen, daß es ursprünglich nichts anderes begehrte als bloß einen bescheidenen Anteil am Gewürzhandel des Orients. Aber im glücklichen Spiel verlieren sich rasch die guten Vorsätze; von dem Tage, da Vasco da Gama in Indien landet, geht Portugal sofort daran, alle andern Nationen wegzustoßen. Rücksichtslos betrachtet es ganz Afrika, Indien und Brasilien als sein alleiniges Revier. Von Gibraltar bis Singapore und China soll von nun ab kein anderes Schiff mehr die Meere durchfahren, auf dem halben Erdball niemand Handel treiben dürfen als ein Angehöriger der kleinsten Nation des kleinen Europa.

Großartiges Schauspiel darum, jener 25. März 1505, da die erste Kriegsflotte Portugals, welche dies neue Imperium – das größte der Erde – erobern soll, den Hafen von Lissabon verläßt, ein Schauspiel, vergleichbar in der Geschichte nur jenem, da Alexander der Große den Hellespont überschreitet; auch hier ist die Aufgabe eine gleich überhebliche, denn auch diese Flotte fährt aus, nicht, um ein einzelnes Land, ein einzelnes Volk, sondern eine Welt sich Untertan zu machen. Zwanzig Schiffe liegen und warten mit gespannten Segeln auf den Befehl des Königs, die Anker zu lichten, und es sind nicht mehr wie zu Zeiten Enriques kleine, offene Barken, sondern schon breite, schwere Galeonen mit hohen Kastellen am vorderen und rückwärtigen Heck, mächtige Segelschiffe mit drei und vier Masten und ausgiebiger Bemannung. Neben den hunderten von kriegsgeübten Matrosen scharen sich nicht weniger als fünfzehnhundert gerüstete und gepanzerte Soldaten sowie zweihundert Bombardiere an Bord; außerdem sind noch Zimmerleute und alle möglichen Arten von Handwerkern mit eingeschifft, um dann in Indien an Ort und Stelle sofort neue Schiffe auszurüsten.

Auf den ersten Blick muß jeder begreifen, daß einer so gigantischen Flotte ein gigantisches Ziel gesetzt ist: die endgültige Besitzergreifung des Morgenlandes. Nicht vergebens ist dem Admiral Francisco d' Almeida der Titel eines Vizekönigs von Indien zugeteilt, nicht zufällig hat gerade der erste Held und Seefahrer Portugals, Vasco da Gama, der „Admiral der indischen Meere“, die Ausrüstung gewählt und geprüft. Die militärische Aufgabe Almeidas ist eindeutig klar. Almeida hat alle mohammedanischen Handelsstädte in Indien und Afrika zu schleifen und zu zerstören, an allen Stützpunkten Festungen zu errichten und Garnisonen zurückzulassen. Er hat – zum erstenmal wird die politische Idee Englands vorausgenommen – an allen Ausgangspunkten und Durchgangspunkten sich festzusetzen, alle Meerengen von Gibraltar bis Singapore zuzupfropfen und damit jeden fremden Handel auszusperren. Dem Vizekönig ist ferner befohlen, die Seemacht des Sultans von Ägypten sowie jene der indischen Rajahs zu vernichten und so streng alle Häfen unter Kontrolle zu halten, daß von diesem Jahre des Herrn 1505 an kein Schiff ohne portugiesischen Paß auch nur ein Korn Gewürz mehr verfrachten darf. Mit dieser militärischen Aufgabe geht die ideelle, die religiöse Hand in Hand: in allen eroberten Ländern das Christentum zu verbreiten; darum hat die kriegerische Ausfahrt zugleich das Zeremoniell eines Kreuzzugs. Mit eigener

Hand überreicht der König in der Kathedrale Francisco d' Almeida die neue Fahne aus weißem Damast mit dem eingewebten Kreuze Christi, die über heidnischen und maurischen Landen siegreich wehen soll. Kniend empfängt sie der Admiral, und auf den Knien leisten hinter ihm die Fünfzehnhundert, die alle gebeichtet und das Abendmahl empfangen haben, den Eid der Treue ihrem irdischen Herrn, dem König von Portugal, sowie dem himmlischen Herrn, dessen Reich sie über diesen fremden Reichen erheben sollen. Feierlich wie eine Prozession durchschreitet der Zug die Stadt zum Hafen; dann donnern zum Abschied die Geschütze, und grandios gleiten die Schiffe den Tejo hinab in das offene Meer, das ihr Admiral bis ans andere Ende der Erde für Portugal erobern soll.

Unter den Fünfzehnhundert, die vor dem Altar mit erhobener Hand den Eid der Treue schwören, kniet auch ein vierundzwanzigjähriger Mann bisher unberühmten Namens, Fernão de Magelhaes. Von seiner Herkunft weiß man kaum mehr, als daß er um 1480 geboren ist. Aber schon seine Geburtsstätte ist umstritten. Der von späteren Chronisten angegebene Ort Sabrosa in der Provinz Tras os Montes hat sich nach neueren Forschungen als unrichtig erwiesen, weil ein angebliches Testament, welchem man diese Zuweisung entnahm, endgültig als Fälschung erkannt wurde; die größte Wahrscheinlichkeit spricht noch immer dafür, daß Magellan in Porto geboren wurde. Auch über seine Familie ist nicht viel mehr bekannt, als daß sie adelig gewesen, freilich nur im vierten Range des Adels, des „fidalgos de cota de armes"; immerhin gewährt diese Herkunft Magellan das Recht, ein eigenes Wappen zu fuhren und zu vererben, sowie den Zutritt zum königlichen Hof. Angeblich hat er schon in frühester Jugend der Königin Leonore als Page gedient, womit aber keinesfalls erwiesen ist, daß jemals in jenen anonymen Jahren seine Stellung bei Hofe eine sonderlich bedeutsame gewesen wäre. Denn als der „fidalgo" vierundzwanzigjährig in die Flotte eintritt, ist er nichts als ein gewöhnlicher „sobresaliente", einer von den fünfzehnhundert subalternen Kriegsleuten, die zusammen mit Mannschaft und Schiffsjungen in der gleichen Schiffskammer essen, leben und schlafen, gerade nur einer von den „unbekannten Soldaten", wie sie zu Tausenden in diesen Krieg um die Eroberung der Welt ausziehen, immer tausend, die zugrunde gehen, ein Dutzend, die das Abenteuer überleben, und immer nur ein einziger, der den unsterblichen Ruhm ihrer gemeinsamen Tat an sich reißt.

Magellan ist auf dieser Fahrt einer von Fünfzehnhundert und nicht mehr. Vergeblich sucht man seinen Namen in den Chroniken des indischen Kriegs, und nicht viel anderes kann man ehrlich von all diesen Jahren aussagen, als daß sie unvergleichliche Lehrjahre für den künftigen Weltfahrer gewesen sein müssen. Ein Sobresaliente wird nicht heikel angefaßt und für alles verwendet; er muß Segel reffen im Orkan und an den Pumpen stehen, muß heute Sturm laufen gegen eine Stadt und morgen in der glühenden Sonne Sand schippen für den Festungsbau. Er muß Waren schleppen zum Tausch und Wacht halten in den Faktoreien, zu Fuß kämpfen und zu Schiff, das Senkblei handhaben können und das Schwert, gehorchen und befehlen. Aber an allem beteiligt, lernt er auch teilnehmen an allem und wird alles zugleich, Kriegsmann, Seemann, Kaufmann, Kenner der Menschen, der Länder, des Meeres und der Gestirne. Schließlich mengt diesen jungen Menschen schon früh das Schicksal in die großen Geschehnisse, welche die Weltgeltung seiner Nation und die Gestaltung der Erde für Jahrzehnte und Jahrhunderte begründen werden, denn nach einigen kleinen Gefechten, die mehr Plünderungen sind als redlicher Krieg, empfängt Magellan die eigentliche Feuertaufe in der Seeschlacht von Cannanore (16. März 1506).

Diese Schlacht von Cannanore stellt einen entscheidenden Wendepunkt in der portugiesischen Eroberungsgeschichte dar. Der Zamorin von Calicut hatte Vasco da Gama bei seiner ersten Landung (1498) freundlich empfangen und sich bereit gezeigt, mit diesem unbekannten Volke Handel zu treiben. Aber bald hatte er erkennen müssen, daß die Portugiesen, als sie wenige Jahre später mit größeren und besser gerüsteten Schiffen wiederkehrten, offenkundiges Herrenrecht über ganz Indien anstrebten. Mit Schrecken sehen die indischen, die mohammedanischen Händler, welch ein gefräßiger Hecht da plötzlich in ihren stillen Karpfenteich eingebrochen ist, denn mit einem Hieb haben die Fremden sich aller Meere bemächtigt. Kein Schiff wagt sich mehr aus den Häfen aus Furcht vor diesen brutalen Piraten, der Gewürzhandel stockt, die Karawanen nach Ägypten bleiben aus; bis an den Rialto von Venedig spürt man, daß irgendwo eine harte Hand die Leitung durchschnitten haben muß. Der Sultan von Ägypten, dem seine Zölle fehlen, versucht es zunächst mit dringlicher Drohung. Er schreibt an den Papst, wenn die Portugiesen weiterhin wie Räuber im indischen Meere schalteten, würde er als Repressalie das Heilige Grab in Jerusalem zerstören. Aber weder der Papst noch irgendein Kaiser oder König haben mehr Gewalt über den imperialistischen Willen Portugals. So bleibt den Geschädigten nur übrig, sich zusammenzutun und rechtzeitig den Portugiesen in Indien Schach zu bieten, ehe sie sich endgültig festsetzen. Den Angriff bereitet der Zamorin von Calicut vor, im geheimen unterstützt vom Sultan von Ägypten und wohl auch von den Venezianern, die ihm

– Gold ist immer dicker als Blut – unter der Hand Kanonengießer und Geschützmeister nach Calicut senden. Mit einem einzigen plötzlichen Schlag soll die christliche Flotte überfallen und vernichtet werden.

Aber oft entscheidet die Geistesgegenwart und Energie einer Hintergrundsfigur für Jahrhunderte Geschichte. Ein glücklicher Zufall rettet die Portugiesen. Durch die Welt wandert damals ein verwegener, durch seinen Mut und seine Frische gleich sympathischer italienischer Abenteurer namens Lodovico Varthema. Nicht Gier nach Gewinn, nicht Ehrgeiz treibt den jungen Menschen in die Ferne, sondern eine ganz ursprüngliche, urtümliche Wanderlust. Ohne falsche Scheu bekennt dieser geborene Vagant: „Weil von zu schwerem Begriff und abgeneigt, aus Büchern zu studieren", habe er sich entschlossen, „zu versuchen, persönlich und mit eigenen Augen, die verschiedenen Orte der Welt zu besehen, weil ja doch die Berichte eines einzigen Augenzeugen mehr wert seien als alles Gerede vom Hörensagen her". Als erster Ungläubiger schleicht sich der verwegene Varthema ein in die verbotene Stadt Mekka (sein Bericht ist noch immer die Standardbeschreibung der Kaaba geblieben) und gelangt nach vielen Fährlichkeiten nicht nur bis nach Indien, nach Sumatra und Borneo, das immerhin schon Marco Polo betreten hatte, sondern als erster Europäer (und dies wird für die Tat Magellans mitentscheidend sein) auf die vielgesuchten islas de la especeria. Auf dem Rückweg erhält der als mohammedanischer Mönch Verkleidete in Calicut von zwei christlichen Renegaten erste Kunde von dem geplanten Überfall des Zamorin auf die Portugiesen. Aus christlicher Solidarität flüchtet er unter äußerster Lebensgefahr zu den Portugiesen hinüber, und seine Warnung kommt glücklicherweise noch zurecht. Als am 16. März 1506 die zweihundert Schiffe des Zamorin die elf der Portugiesen unvorbereitet zu überfallen hoffen, stehen diese schon schlachtbereit. Es wird der schwerste Kampf, den der Vizekönig bisher bestanden; mit nicht weniger als achtzig Toten und zweihundert Verwundeten (eine riesige Zahl für die ersten Kolonialkriege) bezahlen die Portugiesen ihren Sieg – freilich einen Sieg, der ihnen endgültig die Herrschaft über die indischen Küsten sichert.

Unter den zweihundert Verwundeten befindet sich auch Magellan: wie immer ist es sein Schicksal in diesen dunklen Jahren, nur Wunden zu erhalten und keine Auszeichnung. Er wird zunächst mit den andern Blessierten nach Afrika hinübergeschafft; hier verliert sich seine Spur, denn wer führt Protokoll über Leben und Sterben eines einfachen Sobresaliente? Eine Zeitlang scheint er in Sofala geblieben zu sein, dann muß er auf irgendeine Weise als Begleiter eines Transports zurückbefördert worden sein; aller Wahrscheinlichkeit nach

– an diesem Punkt widersprechen sich die Chronisten – ist er im Sommer 1507 auf demselben Schiff wie Varthema nach Lissabon heimgekehrt. Aber schon hat die Ferne über den Seefahrer Gewalt bekommen. Schon grüßt ihn Portugal fremd, und sein knapper Urlaub wird nur ein ungeduldiges Warten auf die nächste Indienflotte, die ihn zurückführt in seine eigentliche Heimat: das Abenteuer. Dieser neuen Flotte, mit der Magellan nach Indien zurückkehrt, steht eine besondere Aufgabe zu. Zweifellos hat sein illustrer Reisegefährte Lodovico Varthema bei Hof Bericht erstattet über den Reichtum der Stadt Malacca und genaue Mitteilungen gemacht über die vielgesuchten Gewürzinseln, die er als erster Europäer und Christ ipsis oculis gesehen. Dank seinen Informationen begreift man am portugiesischen Hofe, daß die Eroberung Indiens unvollständig bleiben muß und der volle Reichtum nicht gewonnen werden kann, solange man sich nicht der Schatzkammer aller Gewürze, der islas de la especeria, bemächtigt hat; dies aber setzt voraus, daß man zuerst den Schlüssel, der sie verschließt, die Meerenge und Stadt von Malacca in die Hand bekommt (das heutige Singapore, dessen strategische Bedeutung die Engländer nicht übersehen haben). Nach bewährtem heuchlerischen System wird aber nicht sogleich eine Kriegsflotte ausgesandt, sondern zunächst nur Lopez de Sequeira mit vier Schiffen beauftragt, sich vorsichtig an Malacca heranzutasten, das Terrain zu rekognoszieren und ausschließlich in der Maske eines friedlichen Händlers aufzutreten.

Ohne erwähnenswerten Zwischenfall erreicht die kleine Flotte im April 1509 Indien. Eine Fahrt nach Calicut, die knappe zehn Jahre vorher noch als unvergleichliche Heldentat Vasco da Gamas in Geschichte und Gedicht gefeiert wurde, vollbringt jetzt schon jeder portugiesische Handelskapitän. Von Lissabon bis Mombassa, von Mombassa bis Indien kennt man bereits jede Klippe, jeden Hafen; kein Pilot ist mehr nötig und kein „Meister der Astronomie". Erst als Sequeira am 19. August vom Hafen von Cochin weiter Kurs nach Osten setzt, befahren die portugiesischen Schiffe wieder unbekannte Zonen.

Nach dreiwöchentlicher Reise, am 11. September 1509, nähern sich die Schiffe, die ersten Portugals, dem Hafen von Malacca. Bereits von ferne sehen sie, daß der wackere Varthema nicht gefabelt und übertrieben hat, wenn er berichtete, in diesem Hafen „landeten mehr Schiffe als in einem andern Orte der Welt". Segel an Segel gereiht drängen sich große und kleine, weiße und bunte Barken und Dschunken und Praus malaiischer, chinesischer, siamesischer Herkunft an der breiten Reede zusammen. Denn geradezu zwanghaft ist durch seine natürliche Lage der aurea chersonesus, die Meerenge von Singapore, zum großen Umschlageplatz des Ostens ausersehen. Jedes Schiff, das von Osten nach Westen, von Norden nach Süden will, von Indien nach China, von den Molukken nach Persien, muß dieses Gibraltar des Ostens passieren. Alle Waren werden in diesem Stapelplatz gegeneinander getauscht, die molukkischen Gewürznelken und die Rubine Ceylons, das chinesische Porzellan und das Elfenbein aus Siam, die bengalischen Kaschmire und das Sandelholz von Timor, die arabischen Damaszenerklingen und der Pfeffer von Malabar und die Sklaven aus Borneo. Alle Rassen, alle Hautfarben und Sprachen wimmeln babylonisch durcheinander in diesem Handelsemporium des Ostens, in dessen Mitte sich mächtig über dem hölzernen Gewirr der niedern Häuser ein leuchtender Palast und eine steinerne Moschee erheben.

Staunend betrachten von ihren Schiffen die Portugiesen die mächtige Stadt, lüstern nach diesem in blendendem Sonnenlicht weiß funkelnden Juwel des Ostens, das als edelster Edelstein die indische Herrscherkrone Portugals schmücken soll. Staunend und beunruhigt betrachtet wiederum von seinem Palast aus der malaiische Fürst die fremden und gefährlichen Schiffe. Das sind sie also, die unbeschnittenen Banditen, endlich haben die Verfluchten auch nach Malacca den Weg gefunden! Längst schon hat sich über tausend und tausend Meilen die Nachricht von Almeidas und Albuquerques Schlachten und Schlächtereien verbreitet; man weiß in Malacca, daß diese furchtbaren Lusitaner nicht wie die siamesischen und japanischen Dschunkenführer nur zu friedlichem Tausch das Meer durchqueren, sondern heimtückisch auf den Augenblick warten, sich festzusetzen und alles zu rauben. Das Klügste wäre, diese vier Schiffe gar nicht in den Hafen zu lassen; haben Einbrecher einmal den Fuß in der Türe, so ist es zu spät. Aber der Sultan hat auch verbürgte Nachricht über die Wirkung jener schweren Kanonen, die mit schwarzem, schweigendem Mund von den Kastellen der portugiesischen Schiffe drohen, er weiß, diese weißen Räuber kämpfen wie die Teufel, man kann ihnen nicht widerstehen. Am besten darum, Lüge mit Lüge, falsche Freundlichkeit mit gespielter Gastlichkeit, Betrug mit Betrug zu erwidern und lieber selbst rechtzeitig zuzuschlagen, ehe sie die Pranke heben zum tödlichen Schlag.

Überschwenglich empfängt darum der Sultan von Malacca die Gesandten Sequeiras, mit übertreiblichem Dank nimmt er ihre Geschenke entgegen. Herzlich seien die Portugiesen willkommen, läßt er ihnen sagen, und sie mögen Handel treiben nach ihrem Belieben. In wenigen Tagen wolle er ihnen so viel an Pfeffer und andern Spezereien beschaffen, wie sie nur mitnehmen könnten. Liebenswürdig lädt er die Kapitäne in seinen Palast zum Mahle, und wenn diese Einladung – auf allerhand Warnungen hin – auch nicht angenommen wird, so schwärmen die Seeleute doch frei und vergnügt in der fremden, gastlichen Stadt. Wollust, endlich wieder einmal festen Boden unter den Füßen zu haben, mit gefälligen Frauen sich freuen zu dürfen, endlich nicht mehr in der stinkenden Kajüte kampieren zu müssen oder in einem dieser dreckigen Dörfer, wo die Schweine und Hühner zwischen den nackten Menschentieren hausen. Plaudernd sitzen die Matrosen in den Teehäusern, sie kaufen auf den Märkten, sie ergötzen sich an den scharf gegorenen malaiischen Getränken und frischen Früchten: nirgendwo, seit sie Lissabon verließen, haben sie so herzlichen, so gastlichen Empfang gefunden. Zu Hunderten wieder rudern in ihren kleinen, geschwinden Booten die Malaien mit Lebensmitteln an die portugiesischen Schiffe heran, geschickt wie Affen klettern sie an den Tauen hinauf, bestaunen die fremden, nie gesehenen Dinge. Ein heiterer Tauschverkehr entwickelt sich, und ungern erfährt die Mannschaft, daß der Sultan bereits die verheißene Ladung bereitgestellt und Sequeira verständigt hat, er möge am nächsten Morgen alle Boote ans Ufer schicken, damit man die riesige Fracht noch vor Sonnenuntergang verladen könne.

Sequeira, erfreut über die rasche Beschaffung der kostbaren Waren, sendet tatsächlich alle Boote der vier großen Schiffe mit reichlicher Bemannung ans Land. Er selbst, als portugiesischer Edelmann Kaufmannsgeschäft unter seiner Würde erachtend, bleibt an Bord und spielt mit einem Kameraden Schach, das Klügste, was man an einem langweiligen heißen Tage auf einem Schiff zu tun vermag. Auch die andern drei großen Fahrzeuge liegen schläfrig still. Aber ein ungemütlicher Umstand fällt Garcia de Susa, dem Kapitän der kleinen Karavelle, die als fünftes Fahrzeug die Flotte begleitet, auf: nämlich daß immer größere Mengen malaiischer Boote die halbverlassenen vier Schiffe umschwärmen, daß unter dem Vorwand, Waren an Bord zu bringen, mehr und immer mehr dieser nackten Burschen die Schiffstaue hinaufklettern. Schließlich schöpft er Verdacht, am Ende werde hier zugleich zu Land und See von dem allzu freundlichen Sultan ein verräterischer Überfall vorbereitet.

Zum Glück hat die kleine Karavelle ihr eigenes Boot nicht mit ans Ufer gesandt; so gibt de Susa seinem verläßlichsten Mann Auftrag, schleunigst zum Admiralsschiff hinüberzurudern, um den Kapitän zu warnen. Dieser sein verläßlichster Mann ist niemand anderer als der Sobresaliente Magellan. Mit raschen, energischen Schlägen rudert er hinüber, findet den Kapitän Sequeira noch gemächlich beim Schachspiel. Aber Magellan will es nicht gefallen, daß mehrere Malaien, scheinbar als Zuschauer, im Rücken der beiden Spieler stehen, den immer bereiten Kris im Gürtel. Unauffällig flüstert er Sequeira seine

Warnung zu. Dieser, um keinen Verdacht zu erregen, unterbricht geistesgegenwärtig das Spiel nicht. Aber er befiehlt einem Matrosen, vom Mastkorb Ausschau zu halten, und läßt von nun an während des Spiels die eine Hand nicht mehr vom Degen.

Die Warnung Magellans war im letzten, im allerletzten Augenblick gekommen. Eben in dieser Minute steigt vom Sultanspalast eine Rauchsäule auf, das verabredete Zeichen für den gleichzeitigen Überfall zu Land und See. Auf dem Schiff gibt der Matrose im Mastkorb glücklicherweise noch rechtzeitig Alarm. Mit einem Ruck springt Sequeira auf und schlägt die Malaien, ehe sie zustoßen können, zur Seite. Signal wird geblasen, die Mannschaft sammelt sich an Bord; auf allen Schiffen werden die eingedrungenen Malaien über Bord gestoßen, und vergeblich, daß jetzt von allen Seiten bewaffnete Praus auf die Schiffe losfahren, um sie zu entern: Sequeira hat Zeit gewonnen, die Anker zu lichten, und seine Kanonen schaffen ihm mit kräftigen Salven Luft. Dank der Wachsamkeit de Susas und der Promptheit Magellans ist der Anschlag auf die Schiffe mißlungen.

Schlimmer steht es um die Unglücklichen, die vertrauensvoll an Land gegangen sind, eine Handvoll unvorbereiteter, in den Straßen zerstreuter Männer gegen Tausende von tückischen Feinden. Die meisten Portugiesen werden sofort niedergeschlachtet, nur wenigen gelingt es, bis zum Strand hinzuflüchten. Jedoch zu spät schon: die Malaien haben sich bereits der Boote bemächtigt und damit den Rückzug auf die Schiffe unmöglich gemacht; einer nach dem andern von den Portugiesen unterliegt der Übermacht. Nur ein einziger, der Tapferste von allen, wehrt sich noch, Magellans nächster und brüderlichster Freund, Francisco Serrão. Schon ist er umringt, verwundet, schon scheint er verloren. Aber da ist Magellan in seinem kleinen Boot mit einem zweiten Soldaten bereits herangerudert, unerschrocken sein Leben wagend für den Freund. Mit ein paar wuchtigen Hieben schlägt er den von zehnfacher Übermacht Umringten heraus, reißt ihn in die kleine Zille und rettet ihm damit das Leben. Die portugiesische Flotte hat bei diesem vernichtenden Überfall ihre Boote und mehr als ein Drittel ihrer Mannschaft verloren, Magellan aber einen Blutsbruder gewonnen, dessen Freundschaft und Vertrauen entscheidend sein wird für seine künftige Tat.

Das erste Mal bei diesem Anlaß zeichnet sich in dem noch ganz verschatteten Wesensbilde Magellans ein persönlicher Charakterzug ab: seine mutige Entschlossenheit. Es ist nichts Pathetisches in seiner Natur, nichts Auffälliges in seinem Wesen, und man versteht, daß ihn so lange alle Chronisten des indischen Kriegs übersahen, denn Magellan war zeitlebens ein Mann der Verborgenheit. Er versteht nicht, sich bemerkbar, sich beliebt zu machen. Aber immer, wenn eine Aufgabe ihm gestellt ist, und noch mehr, wenn er selbst eine Aufgabe sich stellt, dann handelt dieser hintergründige und verborgene Mann mit einer blendenden Bindung von Klugheit und Mut. Nie dagegen versteht er, nachher seine Leistung auszunützen oder sich ihrer zu rühmen; still und geduldig tritt er wieder zurück in den Hintergrund. Er weiß zu schweigen, er weiß zu warten, als ahnte er, daß für die eigentliche Leistung, die ihm zu vollbringen auferlegt ist, das Schicksal ihm noch viele Jahre der Schulung und Prüfung vorbehalten hat. Bald nachdem er in Cannanore einen der größten Siege der portugiesischen Flotte und in Malacca eine ihrer schwersten Niederlagen kämpfend miterlebt hat, ist ihm eine neue Mutprobe in seiner harten Seemannslaufbahn zugedacht: ein Schiffbruch.

Schon war Magellan bestimmt, einen der regelmäßig mit dem Monsun heimkehrenden Gewürztransporte zu begleiten, da läuft die Galeone an der sogenannten Paduabank auf. Kein Menschenleben geht verloren, nur das Schiff zerschellt am Korallenriff in hundert Stücke, und da man die ganze Mannschaft auf den wenigen Booten nicht bergen kann, muß ein Teil der Schiffbrüchigen zurückbleiben. Selbstverständlich erheben der Kapitän, die Offiziere und Adelsleute Anspruch, zuerst auf den Booten zurückgebracht zu werden, und diese Bevorzugung erbittert die „grumetes", die einfachen Matrosen. Schon droht gefährlicher Zwist, da erbietet sich von allen Adeligen Magellan, er wolle mit den Seeleuten zurückbleiben, falls die „capitanes y hidalgos" ihre Ehre verpfändeten, sie sofort nach ihrer Ankunft am Lande mit einem andern Schiffe abzuholen.

Diese seine tapfere Haltung scheint zum erstenmal das Oberkommando auf den „unbekannten Soldaten" aufmerksam gemacht zu haben. Denn als kurze Zeit später, im Oktober 1510, Albuquerque, der neue Vizekönig, die „capitanos del Rey", die Kapitäne des Königs, um ihre Meinung befragt, wie man die Belagerung Goas unternehmen solle, ist auch Magellan unter den Sprechern verzeichnet. Damit scheint nach fünfjähriger Dienstzeit der Sobresaliente, der einfache Soldat und Matrose, endlich in den Offiziersrang aufgerückt, und als solcher wird er auch der Flotte Albuquerques zugeteilt, welche die schmähliche Niederlage, die Sequeira in Malacca erlitten hat, rächen soll.

So steuert nach zwei Jahren abermals Magellan dem fernen Osten, dem aurea chersonesus zu. Neunzehn Schiffe, eine ausgesuchte Kriegsflotte, reihen sich im Juli 1511 drohend vor dem Hafen von Malacca auf, und erbitterter Kampf beginnt gegen den verräterischen Gastfreund. Sechs Wochen dauert es, ehe Albuquerque den Widerstand des Sultans zu brechen vermag. Dann aber fällt den Plünderern eine Beute in die Hände, wie sie selbst in dem gesegneten Indien noch nie gewonnen ward; mit dem eroberten Malacca hält Portugal die ganze östliche Welt in der Faust. Endlich ist dem mohammedanischen Handel die Schlagader für immer durchschnitten, in wenigen Wochen blutet er völlig aus. Alle Meere von Gibraltar, den „Säulen des Herkules", bis zur Enge von Singapore, dem aurea chersonesus, sind endgültig ein portugiesischer Ozean. Weit hinauf bis nach China und Japan und jubelnd zurück bis nach Europa rollt der nachhallende Donner dieses entscheidendsten Schlages, den der Islam seit undenklichen Zeiten erlitten. Vor den versammelten Gläubigen dankt der Papst mit öffentlichem Dankgebet für die herrliche Tat der Portugiesen, die dem Christentum die halbe Erde in die Hände gegeben, und Rom erlebt das Schauspiel eines Triumphs, wie seit den Zeiten der Cäsaren ihn das Caput mundi nicht mehr gesehen. Eine Gesandtschaft, geführt von Tristão de Cunha, bringt die Siegesbeute des eroberten Indien, kostbar gezäumte Pferde, Leoparden und Panther; das Hauptstück und Schaustück jedoch ist ein Elefant, den portugiesische Schiffe lebend herübergebracht haben und der unter dem Jubelgeschrei des ganzen Volkes dreimal hinkniet vor dem Heiligen Vater.

Aber selbst dieser Triumph genügt noch nicht dem unbändigen Expansionswillen Portugals. Nie in der Geschichte hat einen Sieger ein großer Sieg gesättigt; Malacca ist ja nur der Schlüssel zur Schatzkammer der especeria; nun sie ihn in Händen halten, wollen die Portugiesen an die eigentlichen Schätze heran und sich der sagenhaft reichen Gewürzinseln des Sunda-Archipels, der Inseln Amboina, Banda, Ternate und Tidore, bemächtigen. Drei Schiffe werden unter dem Kommando Antonio d'Abreus ausgerüstet, und einige der zeitgenössischen Chronisten nennen auch Magellans Namen unter den Teilnehmern jener Fahrt in den damals äußersten Osten der Erde. In Wirklichkeit aber ist Magellans indische Zeit um jene Stunde schon zu Ende. Genug! sagt das Schicksal zu ihm. Genug gesehen im Osten, genug erlebt! Auf neue Bahnen nun, auf eigene Bahnen! Gerade diese märchenhaften Gewürzinseln, von denen er sein Leben lang träumen wird, auf die er von nun an mit dem innern Blick wie verzaubert starrt, hat Magellan nie „por vista de ojos", nie mit dem eigenen irdischen Auge sehen dürfen. Nie war es ihm gegeben, den Fuß auf diese eldoradischen Eilande zu setzen, ein bloßer Traum werden sie bleiben für ihn, sein schöpferischer Traum. Aber dank seiner

Freundschaft mit Francisco Serrão sind diese niegesehenen Inseln ihm wie erlebte vertraut, und die seltsame Robinsonade seines Freundes ermutigt ihn zum größten und kühnsten Abenteuer seiner Zeit.

Dieses merkwürdige private Abenteuer Francisco Serrãos, das für Magellan und dessen spätere Weltfahrt so entscheidend sein wird, bildet eine wohltuend entspannende Episode inmitten der blutigen Chronik der portugiesischen Schlachten und Schlächtereien; unter allen jenen vielgerühmten Kapitänen verdient die Gestalt dieses unberühmten einen besonderen Blick. Nachdem er in Malacca von dem heimkehrenden Blutsfreund Magellan innigen Abschied genommen, steuert Francisco Serrão mit den Kapitänen der beiden andern Schiffe zu den sagenhaften Gewürzinseln. Ohne Mühe und Unfall erreichen sie den begrünten Strand und finden dort überraschend freundlichen Empfang. Denn bis in diese abseitigen Gestade sind die Mohammedaner weder mit ihrer Kultur noch mit ihrem Kriegswillen vorgedrungen: im Naturzustand, nackt und friedlich, lebt die Bevölkerung, noch kennt sie nicht bares Geld, noch fragt sie nicht viel nach besonderem Gewinn. Für ein paar Glöckchen und Armringe schleppen die naiven Insulaner gewaltige Lasten Gewürznelken heran, und da gleich auf den beiden ersten Inseln, in Banda und Amboina, die Portugiesen ihre Schiffe schon voll bis an den Rand laden können, beschließt der Admiral d'Abreu, die andern Gewürzinseln gar nicht mehr anzulaufen, sondern mit all seinen Schätzen schleunigst nach Malacca zurückzukehren.

Vielleicht hat Habgier die Schiffe zu schwer beladen; jedenfalls läuft eines, und zwar gerade dasjenige, welches Francisco Serrão befehligt, an eine Klippe und zerschellt; nur das nackte Leben können die Schiffbrüchigen noch retten. Verlassen irren sie am fremden Strand, und schon droht ihnen erbärmlicher Untergang, da gelingt es Serrão, durch einen listigen Streich, sich eines Piratenboots zu bemächtigen, auf dem er nach Amboina zurücksteuert. Ebenso freundlich wie vordem, da sie als große Herren gekommen waren, nimmt der Häuptling die Gestrandeten auf und bietet ihnen in großzügigster Weise Unterkunft (fueron recibidos y hospedados con amor, veneracion y magnificencia), so daß die Leute vor Glück und Dankbarkeit sich gar nicht zu fassen wissen. Nun wäre es selbstverständlich soldatische Pflicht des Kapitäns Francisco Serrão, kaum daß seine Mannschaft erholt und ausgerastet ist, unverzüglich in einer der vielen Dschunken, die ständig nach Malacca hinüberpendeln, zu seinem Admiral heimzukehren und sich wieder dem königlich portugiesischen Kriegsdienst zu stellen, dem er mit Eid und Sold verpflichtet ist.

Aber die paradiesische Landschaft, das warme, balsamische Klima lockern bedenklich bei Francisco Serrão das Gefühl für militärische Disziplin. Und mit einemmal wird es ihm höchst gleichgültig, ob irgendwo viele tausend Meilen weit im Palast von Lissabon ein König murrt oder knurrt und ihn aus der Liste seiner Kapitäne oder Pensionäre streicht. Er weiß, er hat genug für Portugal getan, oft genug seine Haut zu Markt getragen. Nun möchte er, Francisco Serrão, endlich einmal anfangen, das Leben dieses Francisco Serrão ebenso behaglich und unbekümmert zu genießen wie alle die andern kleiderlosen und sorglosen Menschen auf diesen seligen Eilanden. Mögen die andern Matrosen und Kapitäne weiter die Meere pflügen, Pfeffer und Zimt für fremde Makler mit ihrem Blut und Schweiß erkaufen, mögen sie weiter als loyale Narren in Gefahren und Schlachten roboten, nur damit die Alfanda von Lissabon mehr Zölle in die Kassen kriege – er persönlich, Francisco Serrão, ci-devant Kapitän der portugiesischen Flotte, hat genug von Krieg und Abenteuern und Gewürzgeschäften. Ohne große Feierlichkeit rückt der tapfere Kapitän aus der heroischen Welt ab in die idyllische und beschließt, fortan auf die ganz primitive, herrlich träge Weise dieses freundlichen Völkchens privatissime zu leben. Die hohe Würde des Großwesirs, mit der ihn der König von Ternate bedenkt, bedrückt ihn nicht sehr mit Arbeit; er hat nur gerade einmal bei einem kleinen Krieg seines Herrschers als militärischer Berater zu figurieren. Zur Belohnung dafür bekommt er aber ein eigenes Haus mit Sklaven und Dienern, außerdem eine hübsche braune Frau, mit der er zwei oder drei halbbraune Kinder zeugt.

Jahre und Jahre bleibt, ein anderer Odysseus, der sein Ithaka vergessen hat, Francisco Serrão in den Armen seiner dunkelhäutigen Kalypso, und kein Engel des Ehrgeizes vermag ihn mehr aus diesem Paradies des dolce far niente zu vertreiben. Neun Jahre bis zu seinem Tode hat dieser freiwillige Robinson, dieser erste Kulturflüchtling, die Sundainseln nicht mehr verlassen, von allen Konquistadoren und Capitanos der portugiesischen Heldenzeit nicht gerade der heroischeste, aber wahrscheinlich der klügste und auch der glücklichste.

Diese romantische Weltflucht Francisco Serrãos scheint zunächst ohne Bezug auf das Leben und die Leistung Magellans. In Wahrheit aber hat gerade der epikuräische Verzicht des einen kleinen und höchst unberühmten Kapitäns den allerentscheidendsten Einfluß auf Magellans Lebensgestaltung und damit auf die Geschichte der Weltentdeckung geübt. Denn über die riesige räumliche Ferne hinweg bleiben die beiden Blutsfreunde in ständiger Verbindung. Jedesmal, wenn sich Gelegenheit bietet, von seiner Insel aus eine Botschaft nach Malacca und von dort nach Portugal zu schicken, schreibt Serrão an Magellan ausführliche Briefe, die begeistert den Reichtum und die Annehmlichkeit seiner neuen Heimat rühmen. Wörtlich schreibt er: „Ich habe hier eine neue Welt gefunden, reicher und größer als die Vasco da Gamas", dringend mahnt er, ganz umstrickt vom Zauber der Tropen, den Freund, endlich doch das undankbare Europa und den wenig einträglichen Dienst zu lassen und baldigst ihm nachzukommen. Und es ist kaum zu bezweifeln, daß es Francisco Serrão gewesen, der zuerst Magellan auf den Gedanken gebracht, ob es bei der fernöstlichen Lage dieser Inseln nicht rätlicher wäre, sie auf dem Wege des Columbus (von Westen her) statt auf jenem Vasco da Gamas (von Osten her) aufzusuchen.

Wie weit die Verhandlungen zwischen den beiden Blutsfreunden gingen, wissen wir nicht. Jedenfalls müssen die beiden irgend etwas Bestimmtes erwogen haben, denn nach dem Tode Serrãos fand sich unter seinen Papieren ein Brief Magellans, in dem dieser dem Freunde geheimnisvoll verspricht, baldigst nach Ternate zu kommen, und zwar „wenn nicht über Portugal, auf einem andern Wege". Und diesen neuen Weg zu finden, ist der Lebensgedanke Magellans geworden. Dieser eine Gedanke, ein paar Narben auf dem dunkelgebrannten Leib und schließlich ein malaiischer Sklave, den er in Malacca gekauft – diese drei Dinge sind so ziemlich alles, was nach sieben Jahren indischen Frontdienstes Magellan in seine Heimat zurückbringt. Ein sonderbares, vielleicht ein unwilliges Erstaunen muß es für den abgekämpften Soldaten gewesen sein, da er, 1512 endlich wieder landend, ein ganz anderes Lissabon, ein ganz anderes Portugal erblickt, als das er vor sieben Jahren verlassen. Schon bei der Einfahrt in Belem staunt er auf. Statt des alten niederen Kirchleins, das seinerzeit Vasco da Gamas Ausfahrt gesegnet, erhebt sich, endlich vollendet, die mächtige, prächtige Kathedrale, erstes sichtliches Zeichen des riesigen Reichtums, der mit dem indischen Gewürz seinem Vaterlande zugefallen. Jeder Blick zeigt rings Veränderung.

Auf dem früher spärlich befahrenen Fluß drängt Segel an Segel, in den Werften am Ufer entlang hämmern die Werkleute, um nur rasch neue, nur rasch größere Flotten auszurüsten. Im Hafen wimpeln dicht gereiht, Mast neben Mast, inländische und ausländische Schiffe, überfüllt ist die Reede mit Waren, vollgepfropft lagern die Speicher, Tausende von Menschen eilen und lärmen auf den Straßen zwischen den großartigen neuaufgeführten Palästen. In den Faktoreien, an den Wechslerbänken und in den Maklerstuben wirbeln alle Sprachen Babels – dank der Ausbeutung Indiens ist Lissabon innerhalb eines Jahrzehnts aus einer Kleinstadt eine Weltstadt, eine Luxusstadt geworden. In offenen Karossen zeigen die Frauen des Adels ihre indischen Perlen, prächtig gewandet scharwenzelt ein riesiger Troß von Höflingen im Schloß, und der Heimgekehrte erkennt: sein und seiner Kameraden in Indien vergossenes Blut hat sich dank geheimnisvoller Chemie hier in Gold verwandelt. Während sie unter der unerbittlichen Sonne des Südens gekämpft, gelitten, entbehrt und geblutet haben, wurde Lissabon durch ihre Tat die Erbin Alexandrias und Venedigs, wurde Manoel „el fortunado" der reichste Monarch Europas. Alles ist daheim anders geworden, alles lebt in der alten Welt reicher, üppiger, genießerischer, verschwenderischer, als hätte das eroberte Gewürz, das erhandelte Gold die Sinne beschwingt – nur er kehrt wieder als derselbe, als der „unbekannte Soldat", von niemandem erwartet, von niemandem bedankt, von niemandem begrüßt. Wie in eine Fremde kehrt nach sieben indischen Jahren der portugiesische Soldat Fernão de Magelhaes in seine Heimat zurück.

## Magellan macht sich frei

### Juni 1512 - Oktober 1517

Heroische Zeitalter sind und waren niemals sentimental, und kläglich geringen Dank haben von ihren Königen jene kühnen Konquistadoren erfahren, die für ihr Spanien oder Portugal ganze Welten eroberten. Columbus kehrt nach Sevilla in Ketten zurück, Cortez fällt in Ungnade, Pizarro wird ermordet, Nuñez de Baiboa, der Entdecker der Südsee, enthauptet; Camoens, der Kämpfer und Dichter Portugals, verbringt, von erbärmlichen Provinzbeamten verleumdet, gleich seinem großen Gefährten Cervantes, Monate und Jahre in einem Kerker, der nicht viel besser ist als ein Düngerhaufen. Gigantischer Undank des Zeitalters der Entdeckungen: als Bettler und Krüppel, verlaust, verwahrlost und fieberkrank werden in den Hafengassen von Cadiz und Sevilla dieselben zurückgekehrten Matrosen und Soldaten herumirren, die für Spaniens Kronschatz Montezumas Geschmeide und die Goldkammern der Inkas erbeutet haben, und wie räudige Hunde werden die wenigen, die der Tod in den Kolonien verschont, ruhmlos in der Heimat verscharrt. Denn was gilt die von diesen namenlosen Helden geleistete Tat den Höflingen, die selber nie den sichern Palast verlassen, wo sie mit geschickter Hand sich die Reichtümer zuspielen, die jene im Kampf erobert? Sie, die Drohnen des Palasts, werden die Adelantados, die Gouverneure der neuen Provinzen, sie sacken das Gold, und als lästige Eindringlinge in ihre Pfründenkrippe stoßen sie die Kolonialkämpfer, die Frontoffiziere jener Zeit, zur Seite, wenn sie nach Jahren der Aufopferung und Erschöpfung die Torheit begehen, zurückzukehren. Daß er zu Cannanore, in Malacca und in vielen andern Schlachten gekämpft hat, daß er dutzendmal sein Leben und seine Gesundheit für Portugals Ehre aufs Spiel gesetzt, gibt dem heimgekehrten Magellan nicht das geringste Anrecht auf würdige Beschäftigung oder Sicherung. Nur dem zufälligen Umstand, daß er adelig ist und schon vorher zum Haushalt des Königs (criaçao de el Rey) gehörte, verdankt er, daß man ihn gnädigst in die Liste der Pensions- oder vielmehr Almosenempfänger wieder einreiht, zunächst sogar in die allerletzte Rangreihe als Mozo fidalgo mit dem Bettel von tausend Reis im Monat. Erst nach einem Monat und wahrscheinlich nach heftiger Verwahrung rückt er eine kleine Stufe auf zum Fidalgo escudeiro mit achtzehnhundertfünfzig Reis (oder nach einer andern Mitteilung als „cavalleiro fidalgo“ – mit 1250 Reis). Jedenfalls: welcher dieser Pfründnertitel auch der richtige gewesen sein mag, keiner war ein gewichtiger, denn keiner dieser pompösen Titel berechtigt oder verpflichtet Magellan zu etwas anderem als zu einem faulen Herumlungern in den königlichen Vorgemächern. Ein Mann von Ehre und Ambition wird nun selbst Nichtstun sich nicht mit einem solchen verächtlichen Bettelgehalt auf die Dauer bezahlen lassen. Und so ist es keineswegs überraschend, daß Magellan die erste, freilich nicht die beste, Gelegenheit benützen wird, sich neuerdings im Kriegsdienst zu beschäftigen und zu bewähren.

Beinahe ein Jahr muß Magellan warten. Aber kaum, daß im Sommer 1513 König Manoel eine große militärische Expedition gegen Marokko ausrüstet, um den piratischen Mauren endlich den Genickfang zu geben, meldet sich der Indienkämpfer sofort zur Armee – ein Entschluß, der nur aus Unzufriedenheit mit der ihm aufgezwungenen Untätigkeit zu erklären ist. Denn bei einem Landkriege kann Magellan, der fast immer zu Schiff gedient hat und in jenen sieben Jahren einer der erfahrensten Seefahrer seiner Zeit geworden ist, seine eigentlichen Gaben gar nicht zur Geltung bringen. Wiederum ist er inmitten der großen Armee, die nach Azamor entsendet wird, nichts als ein untergeordneter Offizier ohne Rang und selbständiges Kommando. Wieder wie in Indien steht sein Name nicht im Vordergrund der Berichte, seine Person jedoch genau wie in Indien im Vordergrund der Gefahr. Auch diesmal wird Magellan – nun schon zum drittenmal – im Nahkampf verwundet. Ein Lanzenstoß gegen das Kniegelenk verletzt den Nerv, und das linke Bein bleibt für immer schwerfällig und halb lahm.

Im Frontdienst ist ein Hinkemann, der nicht rasch gehen und nicht reiten kann, weiter nicht zu gebrauchen. Magellan könnte jetzt bequem von Afrika abrücken und als Verwundeter erhöhte Pension fordern. Aber er beharrt darauf, in der Armee, im Krieg, in der Gefahr zu bleiben, seinem wahren Element; so weist man dem Verwundeten gemeinsam mit einem andern Offizier die Stellung an, die mächtige Beute an Pferden und Vieh, die man den Mauren abgenommen hat, als Prisenoffizier, als quadileiro das preses, zu verwalten; hier ereignet sich nun ein Zwischenfall dunkler Art. Einige Dutzend Schafe verschwinden nachts aus den riesigen Hürden, und böswillig redet sich das Gerücht herum, Magellan und sein Kamerad hätten einen Teil der Beute den Mauren heimlich zurückverkauft oder durch Nachlässigkeit ermöglicht, daß sie ihr Vieh nachts aus den Pferchen holten. Sonderbarerweise ist diese erbärmliche Anschuldigung, Veruntreuung zuungunsten des Staates verübt zu haben, ganz genau die gleiche, mit der portugiesische Kolonialbeamte wenige Jahrzehnte später den andern ruhmreichsten Mann Portugals, den Dichter Camoens, verleumden und erniedrigen werden; beide Männer, denen sich jahrelang in Indien hunderterlei Möglichkeiten geboten, sich bei Plünderungen zu bereichern, und die beide bettelarm aus dem Eldorado nach Hause zurückgekehrt waren, werden durch denselben schimpflichen Verdacht in ihrer Ehre beschmutzt.

Nun ist glücklicherweise Magellan aus härterem Holz geschnitzt als der sanfte Camoens. Er denkt nicht daran, sich von derlei Kreaturen verhören und wie Camoens monatelang in Gefängnissen herumschleifen zu lassen. Nicht wie der Dichter der Lusiaden hält er weichmütig seinen Feinden den Rücken hin, sondern kaum daß sich das Gerücht verbreitet und noch ehe irgend jemand gewagt hat, ihn öffentlich anzuschuldigen, verläßt er die Armee und reist nach Portugal, um Genugtuung zu fordern.

Daß sich Magellan nicht im mindesten als Schuldiger in dieser dunklen Affäre empfand, beweist, daß er, kaum nach Lissabon zurückgekehrt, eine Audienz bei dem König anspricht, aber keineswegs, um sich zu verteidigen, sondern im Gegenteil: um im Vollbewußtsein seiner Leistung endlich würdigere Beschäftigung und bessere Bezahlung zu fordern. Abermals hat er zwei Jahre verloren, abermals in offener Schlacht eine Wunde empfangen, die ihn beinahe zum Krüppel macht. Doch er kommt schlimm an; König Manoel läßt dem energischen Gläubiger gar nicht Zeit, seine Ansprüche vorzubringen. Vom Oberkommando in Afrika bereits verständigt, daß dieser ungebärdige Kapitän eigenmächtig und ohne Urlaub anzufordern die Armee in Marokko verlassen habe, behandelt er den verdienten, den verwundeten Offizier wie einen gemeinen Fahnenflüchtigen. Ohne ihn zu Wort kommen zu lassen, befiehlt er Magellan kurz und knapp, auf der Stelle zu seinem Standort in Afrika zurückzukehren und sich vor allem seinem Oberkommandanten wieder zur Disposition zu stellen. Um der Disziplin willen muß Magellan gehorchen. Mit dem nächsten Schiff kehrt er nach Azamor zurück. Dort ist selbstverständlich von einer offenen Untersuchung keine Rede mehr, niemand wagt, den verdienten Soldaten zu beschuldigen, und mit der ausdrücklichen Bekräftigung des Kommandos, die Armee in Ehren verlassen zu haben, mit all den Dokumenten, die seine Unschuld und seine Verdienste bezeugen, kehrt Magellan zum zweitenmal nach Lissabon zurück – man mag sich denken, mit welchem Gefühl der Erbitterung! Statt Auszeichnungen hat er Verdächtigungen, statt Belohnungen immer nur Narben empfangen lange hat er geschwiegen und still sich im Hintergrund gehalten. Jetzt aber, fünfunddreißig Jahre alt, ist er müde, um sein Recht wie um ein Almosen zu bitten.

Klugheit müßte Magellan in so heiklem Falle gebieten, nicht gleich unmittelbar nach seiner Rückkehr zu König Manoel zu gehen und ihm mit derselben Forderung neuerdings ins Haus zu fallen. Gewiß wäre es ratsamer, jetzt eine Zeitlang stillzuhalten, im höfischen Kreise Verbindungen und Freunde zu suchen, sich umzutun und einzuschmeicheln. Aber Geschicklichkeit und Geschmeidigkeit waren nie Magellans Sache. So wenig wir von ihm wissen, dies bleibt gewiß, daß dieser dunkle, kleine, unauffällige und schweigsame Mann niemals ein Gran jener Begabung besessen hat, sich beliebt zu machen. Der König, man weiß nicht warum, war ihm zeitlebens feindlich gesinnt („sempre teve hum entejo“), und selbst sein getreuer Begleiter Pigafetta muß eingestehen, daß die Offiziere ihn redlich haßten („li capitani sui lo odiavano“). Es ging – wie die Rahel von Kleist sagt – „streng um ihn her“. Er wußte nicht zu lächeln, nicht liebenswürdig, nicht gefällig zu sein, nie auch seine Ideen, seine Gedanken mit Geschick zu vertreten. Ungesprächig, verschlossen, immer in eine Wolke von Einsamkeit gehüllt, muß dieser ewige Einzelgänger eine Atmosphäre von eisiger Kälte, von Ungemütlichkeit und Mißtrauen um sich verbreitet haben, denn wenige kamen ihm nur an die Haut und sein innerstes Wesen hat keiner gekannt. Unbewußt spürten seine Kameraden in seinem schweigsamen Im-Hintergrund-Bleiben einen Ehrgeiz anderer, dunklerer Art, der ihnen verdächtiger war als jener der offenen Stellenjäger, die sich hitzig und schamlos an die Krippe drängten. Etwas blieb ständig hinter seinen tiefliegenden, kleinen, kugelig harten Augen, hinter seinem umbuschten Mund unzugänglich versteckt, ein Geheimnis, in das er nicht blicken ließ; immer aber wird der Mensch, der ein Geheimnis in sich birgt und die Kraft hat, es jahrelang hinter den Zähnen zu verpressen, den natürlich Zutraulichen, den Geheimnislosen unheimlich. Von Anfang an hat Magellan aus dem Dunklen seines Wesens heraus sich Widerstand geschaffen. Es war nicht leicht, mit ihm und für ihn zu sein, und am schwersten vielleicht für diesen tragischen Einzelgänger, mit sich selbst so allein zu sein.

Auch dieses zweite Mal geht völlig allein, ohne jeden Protektor und Förderer, der Fidalgo escudeiro Fernão de Magelhaes zu seinem König in Audienz, den schlechtesten Weg wählend, den es bei Hofe gibt: den ehrlichen und geraden. König Manoel empfängt ihn im selben Räume, vielleicht von demselben Thronsessel herab, auf dem sein Vorgänger João II. dereinst Columbus abgefertigt: an gleicher Stelle erneuert sich eine gleich historische Szene. Denn der kleine, bauernhaft breitschultrige, derb untersetzte, schwarzbärtige Portugiese mit dem tiefen, verdeckten Blick, der jetzt vor seinem Herrscher sich verbeugt und den dieser gleich verächtlich entlassen wird, trägt keinen geringeren Gedanken in sich als jener landfremde Genuese; an Kühnheit, an Entschlossenheit und Erfahrung ist Magellan dem berühmteren Vorgänger vielleicht sogar überlegen. Zeuge jenes Schicksalsaugenblicks ist niemand gewesen, aber doch sieht man nach den übereinstimmenden Schilderungen der zeitgenössischen Chronisten durch die Ferne der Zeit bis in den Thronsaal hinein: mit seinem gelähmten Bein hinkt Magellan bis zum König heran und überreicht mit einer Verbeugung die Dokumente, welche unwiderleglich das Unrecht jener böswilligen Anschuldigung dartun. Dann stellt er seine erste Bitte: der König möge in Anbetracht seiner abermaligen Verwundung, die ihn kampfunfähig mache, sein Monatsgehalt, seine Moradia, um einen halben Crusado (etwa einen heutigen englischen Schilling) im Monat erhöhen. Es ist ein lächerlich geringfügiger Betrag, den er fordert, und wenig scheint es sich für den stolzen, harten, ehrgeizigen Mann zu ziemen, daß er um eines solchen Bettels willen das Knie zur Bitte beugt. Aber bei dieser Forderung geht es Magellan natürlich nicht um das eine Silberstück, um den halben Crusado, sondern um seinen Rang, um seine Ehre. Die Höhe der Moradia, der Pension, drückt an diesem Königshofe, wo einer den andern eifersüchtig mit dem Ellbogen zurückschieben will, sinnbildlich die Rangstufe aus, welche ein Edelmann im königlichen Haushalt einnimmt. Magellan, fünfunddreißig Jahre alt, Veteran des indischen und des marokkanischen Kriegs, will nicht länger hinter flaumbärtigen Bürschchen, die hier dem König die Mundschüssel hinhalten oder den Kutschenschlag öffnen, zurückstehen. Aus Stolz hat er sich nie vorgedrängt, aber der Stolz verbietet ihm auch, sich Jüngeren und Geringeren unterstellen zu lassen. Er will sich nicht niederer einschätzen lassen, als er sich und seine Leistung selber einschätzt.

Doch mit düster verärgerter Braue blickt König Manoel auf den ungeduldigen Petenten. Auch ihm, diesem reichsten Monarchen, geht es natürlich nicht um das armselige Silberstück. Ihn verdrießt nur die Art dieses Mannes, der, statt demütig zu bitten, ungestüm fordert, der durchaus nicht warten will, bis er, der König, ihm das Gehalt wie eine Gnade zuteilt, sondern der starr und bockig auf seiner Rangerhöhung wie auf einem Recht besteht. Nun, man wird diesem hartstirnigen Burschen das Warten und das Bitten schon beibringen! Unglücklich von seinem Ärger beraten, lehnt Manoel, sonst el fortunado, der Glückliche, zubenannt, Magellans Ansuchen auf Pensionserhöhung ab, ohne zu ahnen, wie viele tausend goldene Dukaten er für diesen ersparten halben Crusado bald wird zahlen wollen.

Eigentlich sollte Magellan jetzt zurücktreten, denn die verwölkte Stirn des Königs läßt keinen Sonnenstrahl höfischer Gunst mehr für ihn erwarten. Aber statt servil sich zu verbeugen und den Saal zu verlassen, bleibt Magellan, von seinem Stolz gehärtet, ruhig vor seinem Monarchen stehen und stellt die zweite Bitte, welche im letzten Grunde seine eigentliche ist. Er fragt, ob der König nicht irgendeine Stellung, eine würdige Beschäftigung in seinen Diensten für ihn habe; er fühle sich zu jung und zu tatkräftig, um lebenslänglich Almosenempfänger zu bleiben. Nun steuern aus Portugals Häfen damals allmonatlich und sogar allwöchentlich Schiffe nach Indien und Afrika und Brasilien; nichts wäre selbstverständlicher, als auf einem dieser vielen das Kommando einem Manne anzuvertrauen, der so gut wie nur irgendeiner die Meere des Ostens kennt. Niemand mit Ausnahme des alten Veteranen Vasco da Gama ist in dieser Stadt und im ganzen Reich, der sich rühmen dürfte, Magellan an Kenntnissen zu übertreffen. Aber König Manoel wird es immer unerträglicher, den harten, fordernden Blick dieses unangenehmen Querulanten zu fühlen. Er lehnt kalt ab, ohne Magellan auch nur für die Zukunft zu vertrösten: nein, er habe keine Stellung für ihn.

Erledigt. Abgetan. Aber Magellan stellt noch eine dritte Bitte, und diese ist eigentlich keine Bitte mehr, sondern bloß eine Frage. Magellan fragt, ob der König etwas dawider habe, wenn er Dienst suche in einem andern Lande, wo er hoffen dürfe, bessere Förderung zu erhalten. Und mit einer beleidigenden Kälte gibt ihm der König zu verstehen, daß ihm dies völlig gleichgültig sei. Er möge Dienst nehmen, wo er ihn bekomme und wo es ihm gefiele. Damit ist

Magellan deutlichst dargetan, daß man auf jede Art seiner Betätigung am portugiesischen Hofe verzichtet, daß man zwar gnädigerweise das Almosen ihm noch weiterhin zuerkenne, aber höchlich einverstanden wäre, wenn er Land und Hof den Rücken kehrte.

Bei dieser Audienz ist niemand Zuhörer gewesen. Man weiß nicht, ob bei diesem Anlaß, ob bei einem früheren oder späteren Magellan dem König schon seinen eigentlichen, geheimen Plan unterbreitet hat. Vielleicht hat man ihm gar nicht Gelegenheit gegeben, seine Ideen zu entwickeln, vielleicht wurden sie kühl abgelehnt; jedenfalls hatte in dieser Audienz noch einmal Magellan den Willen bewiesen, wie bisher auch weiterhin Portugal mit seinem Blut, seinem Leben zu dienen. Erst die schroffe Zurückweisung zwingt ihm jene innere Entscheidung auf, wie sie im Leben eines schöpferischen Menschen unverweigerlich einmal fallen muß.

Magellan weiß in dem Augenblicke, da er wie ein abgewiesener Bettler den Palast seines Königs verläßt: er darf nun nicht länger warten und zögern. Mit fünfunddreißig Jahren hat er alles erlebt und erfahren, was ein Krieger, ein Seemann im Felde und auf dem Meere erlernen konnte. Viermal hat er das Kap umfahren, zweimal von Westen, zweimal von Osten. Unzähligemal ist er knapp vor dem Tode gestanden, dreimal hat er das kalte Metall feindlicher Waffe im warmen, blutenden Leibe gefühlt. Unermeßlich viel Welt hat er gesehen, er weiß mehr von dem Osten der Erde als alle berühmten Geographen und Kartographen seiner Zeit. Er ist durch fast zehnjährige Erprobung bewährt in jeder Technik des Kriegs, er ist geschult, das Schwert zu handhaben und die Arkebuse, das Steuer und den Kompaß, das Segel und die Kanone, das Ruder, den Spaten und die Lanze. Er kann Portolane lesen, das Senkblei führen und nicht minder exakt als ein „Meister der Astronomie“ die nautischen Instrumente bedienen. Was andere nur neugierig in Büchern lesen, endlose Windstillen und vieltägige Zyklone, Seeschlachten und Landschlachten, Belagerungen und Plünderungen, Überfall und Schiffbruch, all das hat er mittätig erlebt. Er hat innerhalb eines Jahrzehnts in tausend Nächten und Tagen das Warten gelernt auf endlosen Meeren und dann wieder, die blitzende Sekunde der Entscheidung zu nutzen. Er ist vertraut geworden mit aller Art Menschen, gelben und weißen, schwarzen und braunen, Hindus und Negern und Malaien und Chinesen und Arabern und Türken. In allen Formen des Dienens, zu Wasser und zu Land, in allen Jahreszeiten und Meereszonen, im Frost und unter brennendem Himmel hat er seinem König, hat er seinem Lande gedient. Doch Dienen ist eine Sache der Jugend, und nun, nahe dem sechsunddreißigsten Jahr, entscheidet Magellan, daß er nun genug lang sich aufgeopfert hat fremden Interessen und fremdem Ruhm. Wie jeder schöpferische Mensch fühlt er media in vita das Verlangen nach Selbstverantwortlichkeit und Selbstverwirklichung. Das Vaterland hat ihn im Stich gelassen, die Bindung an Amt und Pflichten gelöst – um so besser: nun ist er frei. Wie so oft wirft die Faust, die einen Menschen zurückstoßen will, ihn in Wahrheit auf sich selber zurück.

Niemals äußert sich bei Magellan ein gefaßter Entschluß sofort augenfällig und impulsiv. So wenig Licht auch aus den zeitgenössischen Beschreibungen auf seinen Charakter fällt, diese eine und wesentliche Tugend bezeichnet sichtlich alle Phasen seines Lebens: daß Magellan wunderbar zu schweigen verstand. Weder ungeduldiger noch gesprächiger Natur, auch mitten im Tumult der Armee unauffällig und abseitig, hat Magellan seine Gedanken einzig mit sich allein durchgedacht. Auf weite Fristen hinaus blickend, jede Möglichkeit im stillen durchrechnend, ist Magellan nie mit einem Plan oder einem Entschluß vor die Menschen getreten, ehe er seine Idee nicht innerlich reif, durchdacht und unwiderleglich wußte.

Auch diesmal übt Magellan wunderbar seine Schweigekunst. Ein anderer hätte nach jener beleidigenden Abweisung durch König Manoel wahrscheinlich sofort das Land verlassen und einem andern Herrscher sich angeboten. Magellan aber bleibt gelassen noch ein ganzes Jahr lang in Portugal, und niemand ahnt, womit er sich beschäftigt. Höchstens merkt man – sofern dies überhaupt beachtenswert wäre bei einem alten Indienfahrer –, daß Magellan viel beisammensitzt mit Piloten und Kapitänen, und hauptsächlich mit jenen, die früher die Südsee befuhren. Aber wovon plaudern Jäger lieber als von der Jagd, wovon Seefahrer lieber als von der See und neuentdeckten Ländern? Auch daß er in der Tesoraria, dem Geheimarchiv König Manoels, alle Küstenkarten, die Portolane und die Logbücher der letzten Expeditionen nach Brasilien durchforscht, die dort als secretissima verwahrt werden, kann keinen Verdacht erregen; was denn sollte ein unbeschäftigter Schiffskapitän in seiner vielen freien Zeit studieren als die Bücher und die Berichte über die neuentdeckten Länder und Meere?

Auffälliger wäre eher eine neue Freundschaft, die Magellan schließt. Denn dieser Mann, Ruy Faleiro, mit dem er sich immer enger zusammentut, scheint als fahriger, nervöser, aufbrausender Intellektueller mit seiner heftigen Suada, seinem überhitzten Selbstbewußtsein, seiner zänkischen Natur am allerwenigsten zu dem schweigsamen, beherrschten, undurchdringlichen Seemann und Kriegsmann zu passen. Aber die Begabungen dieser beiden Männer, die man bald unzertrennlich beisammen sieht, ergeben gerade dank ihrer polaren Gegensätzlichkeit eine gewisse – notwendigerweise kurzfristige – Harmonie. Wie für Magellan das Seeabenteuer und die praktische Durchforschung der irdischen Welt, so ist für Faleiro die abstrakte Erd- und Himmelskunde innerste Leidenschaft. Als reiner Theoretiker, als echter Stubengelehrter, der nie ein Schiff betreten, nie Portugal verlassen hat, kennt Ruy Faleiro die fernen Bahnen des Himmels und der Erde nur aus Kalkulationen, Büchern, Tabellen und Karten; in dieser abstrakten Sphäre allerdings, als Kartograph und Astronom, gilt er als höchste Autorität. Er kann kein Segel setzen, aber er hat ein eigenes System der Längenberechnung erfunden, das, wenn auch fehlerhaft, die ganze Erdkugel umspannt und Magellan späterhin entscheidende Dienste leisten wird. Er kann kein Steuer handhaben, aber die von ihm angefertigten Seekarten, Portolane, Astrolaben und andern Instrumente scheinen als nautische Hilfsmittel die besten seiner Zeit gewesen zu sein. Von einem solchen Fachmann kann Magellan, der ideale Praktiker, dessen Universität einzig der Krieg und das Abenteuer gewesen, der von Himmelskunde und Erdkunde nur weiß, was er im wörtlichsten Sinne er-fahren, das heißt auf seinen Fahrten und durch diese Fahrten erlernt hat, unermeßlich viel Nutzen haben. Gerade weil vollkommen polar in ihren Begabungen und Neigungen, ergänzen sich diese beiden Menschen so außerordentlich glücklich wie immer dasKombinatorische mit dem Experimentellen, der Gedanke mit der Tat, der Geist mit der Materie.

Dazu aber kommt in diesem besonderen Falle noch die zeitliche Schicksalsgemeinschaft. Beide diese – jeder in anderm Sinne – außerordentlichen Portugiesen sind in ihrem Selbstbewußtsein von ihrem Landesherrn tief gekränkt und in der Verwirklichung ihrer Lebensleistung gehindert worden. Ruy Faleiro strebt seit Jahren die Stellung eines königlichen Astronomen an, und zweifellos hätte niemand in Portugal berechtigteren Anspruch. Jedoch wie Magellan durch seinen schweigsamen Stolz, scheint Ruy Faleiro den Hof durch seine heftige, nervöse, leicht beleidigte und rasch aufbrausende Art verärgert zu haben. Einen Narren nennen ihn seine Feinde und verbreiten sogar, um sich seiner durch die Inquisition zu entledigen, den Verdacht, Faleiro bediene sich bei seinen Arbeiten übernatürlicher Geisterkräfte, er stehe mit dem Teufel im Bunde. Beide, Magellan und Ruy Faleiro, sehen sich also in der eigenen Heimat von Haß und Mißtrauen zurückgedrängt, und dieser äußere Druck von Mißtrauen und Haß treibt Magellan und Faleiro innerlich zusammen. Faleiro studiert Magellans Mitteilungen und Pläne. Er gibt ihnen den wissenschaftlichen Überbau, und seine Kalkulationen bestätigen, was Magellan rein gefühlshaft vermutete, mit genauen und tabellarischen Berechnungen. Und je mehr nun der Theoretiker und der Praktiker ihre Wahrnehmungen vergleichen, desto leidenschaftlicher wird ihr Entschluß, ein bestimmtes Projekt ebenso gemeinsam zu verwirklichen, wie sie es gemeinsam durchdacht und geformt haben. Mit Ehre und Eid verpflichten sich dann noch Theoretiker und Praktiker gegeneinander, bis zum entscheidenden Augenblick der Realisierung gegen jedermann das Geheimnis ihres Vorhabens zu wahren und notfalls auch ohne ihr Vaterland und gegen ihr eigenes Vaterland eine Tat zu vollbringen, die nicht bloß einem einzigen Lande, sondern der ganzen Menschheit gehören soll.

Nun aber ist der Augenblick gekommen, zu fragen: was ist eigentlich jener mysteriöse Plan, den Magellan und Faleiro im Schatten des königlichen Palastes von Lissabon heimlich wie Verschwörer erörtern? Was ist das Neue, das noch nicht Dagewesene daran, was macht ihn so kostbar, daß sie mit Eid und Ehre sich zu strengstem Geheimnis verpflichten, und was ist so gefährlich an diesem Projekt, daß sie es versteckt halten wie eine vergiftete Waffe? Die Antwort wirkt zunächst enttäuschend, denn dieser neue Plan ist kein anderer als eben jener Gedanke, den Magellan von Indien schon zurückgebracht und zu dem ihn Serrão ermutigte: die kostbaren Gewürzinseln nicht wie die Portugiesen auf dem Wege nach Osten über Afrika, sondern vom Westen her rund um Amerika zu erreichen. Dieser Plan stellt an sich scheinbar nichts Neues dar. Schon Columbus war bekanntlich nicht ausgefahren, um das (damals noch ungeahnte) Amerika zu entdecken, sondern um Indien zu erreichen, und als dann schließlich die Welt seines Irrtums gewahr wurde – er selbst hat ihn nie erkannt und bis zu seinem Tode vermeint, in einer Provinz des Khan von China gelandet zu sein –, gedachte Spanien keineswegs, die Fahrt nach Indien um dieser zufälligen Entdeckung willen aufzugeben. Denn der ersten Freude war bald eine ärgerliche Enttäuschung gefolgt. Die Ankündigung des voreiligen Phantasten Columbus, auf San Domingo und Hispaniola liege das Gold flach unter der Erde, hatte sich als Geflunker erwiesen. Man hatte kein Gold gefunden, keine Gewürze und nicht einmal „schwarzes Elfenbein", denn die schwächlichen Indios waren als Sklaven nicht zu gebrauchen. Solange noch die Schatzkammern der Inkas nicht von Pizarro geplündert, die Silberminen von Potosi nicht angeschürft waren, bedeutete die Entdeckung Amerikas kommerziell eine Niete, und den goldhungrigen Kastilianern war es viel weniger darum zu tun, Amerika zu kolonisieren und zu verwalten, als möglichst rasch um Amerika herum zu kommen nach dem Paradies der Juwelen und der Gewürze. Unablässig wurden auf Befehl der Krone die Versuche fortgesetzt, diese neu aufgefundene „terra firma“ zu umsegeln und vor den Portugiesen in die eigentliche Schatzkammer des Orients, in die Gewürzinseln einzubrechen. Eine Expedition folgte der andern, aber bald mußten auf ihrer Suche nach einem Seeweg zu dem ersehnten Indien die Spanier die gleiche Enttäuschung erfahren wie vordem die Portugiesen mit Afrika. Denn auch dieser neue Erdteil Amerika erwies sich als viel umfangreicher, als sie ursprünglich vermutet hatten. Überall, wo sie im Süden, wo sie im Norden mit Schiffen durchbrechen wollen nach dem Indischen Ozean, stoßen sie auf eine unübersteigbare Barriere von festem Land. Überall liegt ihnen wie ein breiter Balken dieser langgestreckte Kontinent, dieses „Hindernis“ Amerika im Weg.

Einer nach dem andern der großen Konquistadoren versucht vergeblich sein Glück, irgendwo einen Durchlaß, eine Meeresstraße, einen „paso“, einen „estrecho“ zu finden. Columbus wendet sich auf seiner vierten Reise nach Westen, um über Indien heimzukehren, und stößt an die Barriere. Die Expedition, an der Vespucci teilhat, tastet ebenso vergeblich die ganze amerikanische Südküste ab, „con proposito di andare e scoprire un isola verso Oriente che si dice Melacha“, um die Gewürzinseln, die Molukken, zu erreichen. Cortez verspricht in seiner vierten „relacion“ ausdrücklich dem Kaiser Karl, bei Panama den Durchbruch zu suchen. Cortereal und Cabot steuern bis hoch hinauf in das Eismeer, um die Durchfahrt im Norden, Juan de Solis den La Plata-Strom empor, um sie im Süden zu entdecken. Aber vergebens! Überall, im Norden, im Süden, in den eisigen Zonen ebenso wie in den tropischen Graden der gleiche unerschütterliche Wall aus Erde und Stein! Schon beginnt jede Hoffnung zu schwinden, vom Atlantischen Ozean her jenen andern zu erreichen, den Nuriez de Balboa von den Panama-Höhen zum erstenmal erschaut. Schon zeichnen die Kosmographen Südamerika als angewachsen an den antarktischen Pol in ihre Karten ein, schon sind unzählige Schiffe gescheitert auf dieser vergeblichen Suche, schon hat sich Spanien damit abgefunden, endgültig abgeschlossen zu bleiben von den Ländern und Meeren des reichen Indischen Ozeans, weil nirgends und nirgends der ersehnte „paso“, der leidenschaftlich gesuchte Durchlaß, sich finden will. Da plötzlich erhebt sich dieser unbekannte kleine Kapitän Magellan aus der Anonymität seiner Existenz und erklärt mit dem Pathos der absoluten Gewißheit: „Es gibt eine Durchfahrt vom Atlantischen zum Pazifischen Ozean. Ich weiß es, ich kenne den Ort und die Stelle. Gebt mir eine Flotte und ich werde die Durchfahrt euch weisen und von Osten nach Westen steuernd die ganze Erde umrunden.“

Hier nun stehen wir vor dem eigentlichen Geheimnis Magellans, das seit Jahrhunderten Gelehrte und Psychologen beschäftigt. An sich – es wurde soeben dargetan – war das Projekt Magellans keineswegs eigenartig; er wollte im Grunde genau das gleiche wie Columbus, Vespucci, Cortereal, Cortez und Cabot. Das verblüffend Neue an seinem Vorschlag ist also nicht der Vorschlag selbst, sondern die peremptorische Sicherheit, mit der Magellan seine Behauptung von der Möglichkeit eines westlichen Seewegs nach Indien stellt. Denn von Anfang an sagt er nicht etwa bescheidentlich wie die andern: ich hoffe irgendwo einen „paso", einen Durchbruch zu finden. Sondern er sagt mit dem erzenen Ton der Sicherheit: ich werde den „paso" finden. Denn ich weiß, ich allein, daß es einen Durchlaß gibt zwischen dem Atlantischen und dem Pazifischen Ozean, und ich weiß, an welcher Stelle ich ihn zu finden habe.

Wie aber – dies das Rätsel – kann Magellan im vorhinein wissen, wo sich diese von allen andern Seefahrern vergeblich gesuchte Straße befindet? Er selbst hat sich niemals auf seinen Fahrten der amerikanischen Küste auch nur genähert und ebensowenig sein Partner Faleiro. Wenn er also mit solcher Bestimmtheit das Vorhandensein dieser Straße behauptet, so kann er ihre Existenz und ihre geographische Lage nur von irgendeinem Vorgänger erfahren haben, der ipsis oculis die Straße gesehen. Wenn sie aber ein anderer Seefahrer vor Magellan gesehen, dann wäre – verzwickte Situation! – Magellan gar nicht der ruhmreiche Entdecker, als den ihn die Geschichte feiert, sondern bloß der Plagiator, der Usurpator einer fremden Leistung. Dann wäre die Magellanstraße ebenso zu Unrecht nach Magellan benannt wie Amerika nach seinem Nichtentdecker Amerigo Vespucci.

In dieser einen Frage erschöpft sich also das eigentliche Geheimnis in der Geschichte Magellans: durch wen und auf welchem Wege hat dieser kleine portugiesische Kapitän derart verbürgte Kenntnis von dem Vorhandensein einer Durchfahrt von Meer zu Meer gehabt, daß er das bisher unmöglich Geglaubte zu vollführen versprechen konnte, nämlich die Erde auf einer einzigen Fahrt zu umrunden? Den ersten Wink, auf Grund welcher Information Magellan sich seiner Sache vollkommen gewiß meinte, verdanken wir Antonio Pigafetta, seinem vertrautesten Begleiter und Biographen, der berichtet: selbst als der Eingang zu jener Straße schon vor ihren Augen lag, hätte kein einziger in der ganzen Flotte an die Möglichkeit einer solchen Verbindungsstraße zwischen den Ozeanen geglaubt. Einzig Magellans Überzeugung sei in diesem Augenblick nicht zu erschüttern gewesen, denn er hätte im vorhinein genau von dem Vorhandensein einer solchen verborgenen Straße gewußt, und zwar dank einer Karte des berühmten Kosmographen Martin Behaim, die er im Geheimarchiv des Königs von Portugal seinerzeit aufgestöbert hätte. Diese Mitteilung Pigafettas wäre an und für sich vollkommen glaubhaft, denn einerseits ist Martin Behaim tatsächlich bis zu seinem Tod (1507) Hofkartograph des Königs von Portugal gewesen. Andererseits wissen wir, daß der schweigsame Sucher Magellan rechtzeitig verstanden hatte, sich den Zutritt in dies Geheimarchiv zu verschaffen. Aber – das Puzzlespiel geht aufregend weiter – dieser Martin Behaim hatte selbst an keiner überseeischen Expedition persönlich teilgenommen, auch er für sein Teil konnte die erstaunliche Nachricht von der Existenz eines „paso" nur von andern Seefahrern übernommen haben. Auch er muß Vorgänger gehabt haben. So geht die Frage weiter: wer waren diese Vorgänger, wer diese unbekannten Seeleute, wer also die eigentlichen Entdecker? Sind tatsächlich andere portugiesische Schiffe vor der Anfertigung jener Karten und Globen bis an diese geheimnisvolle Straße vom Atlantischen zum Pazifischen Ozean vorgedrungen? Und siehe: unantastbare Dokumente stellen fest, daß tatsächlich zu Anfang des Jahrhunderts mehrere portugiesische Expeditionen (eine von Vespucci begleitet) die Küsten Brasiliens und vielleicht sogar Argentiniens erkundet hatten; nur sie allein konnten den „paso" gesehen haben.

Jedoch – die Schraube dreht sich tiefer – neuerliche Frage: wie weit waren jene mysteriösen Expeditionen gekommen? Wirklich hinab bis zum faktischen Durchgang, bis zur Magellanstraße? Für die Auffassung, daß andere Seeleute vor Magellan schon um den „paso" gewußt hätten, besaß man lange keinen anderen Stützpunkt als jene Mitteilung Pigafettas und einen noch heute vorhandenen Globus Johann Schöners, der verblüffenderweise schon 1515, also lange vor Magellans Ausfahrt, deutlich eine südliche Durchfahrt zeigt (freilich an einer ganz unrichtigen Stelle). Aber von wem Behaim und der deutsche Professor ihre Information erhalten hatten, war damit keineswegs ergründet. Denn in jenem Zeitalter der Entdeckungen wachte mit kaufmännischer Eifersucht jede Nation darüber, daß die Resultate jeder Expedition streng geheim blieben. Die Logbücher der Piloten, die Aufzeichnungen der Kapitäne, die Karten und Portolane wurden streng in der Tesoraria Lissabons versteckt, und unter Todesstrafe verbot König Manoel mit dem Edikt vom 13. November 1504, „Angaben über die Schiffahrt jenseits des Kongostroms zu machen, damit nicht Fremde aus den Entdeckungen Portugals Vorteil ziehen können". Und schon schien die Frage nach der Priorität als eine müßige abgetan, da erklärte oder schien ein unvermuteter Fund in einem späteren Jahrhundert zu erklären, wem Behaim und Schöner und schließlich Magellan ihre geographischen Kenntnisse dankten. Es war nur ein Flugblatt in deutscher Sprache, auf schlechtestem Papier gedruckt, das man entdeckte, „Copia der Newen Zeytung aus Presillg Landt“ benannt (überdies die erste „Zeytung“, welche diesen Namen trägt), aber dies Blatt stellt sich als ein Bericht heraus, den von Portugal zu Anfang des Jahrhunderts irgendein Faktor an die großen Kaufherren in Augsburg, die Welser, gerichtet hat. Darin ist in einem schauderbaren Deutsch berichtet, daß ein portugiesisches Schiff etwa im vierzigsten Breitengrade ein Cabo, also ein Kap entsprechend dem Kap der Guten Hoffnung, gefunden und umfahren habe, und daß dahinter von Osten nach Westen eine breite Durchgangsstraße ähnlich jener von Gibraltar zum andern Meere hinüberginge, so daß es ein leichtes sei, auf diesem Wege die Molukken, die Gewürzinseln, zu erreichen; klar behauptet also dieser Bericht, daß der Atlantische und der Pazifische Ozean verbunden seien – quod erat demonstrandum.

Damit schien endlich das Rätsel gelöst und Magellan endgültig als Usurpator, als Plagiator einer früheren Entdeckung überwiesen. Denn selbstverständlich mußte Magellan mindestens ebensogut wie dieser anonyme Reedereifaktor und der Augsburger Geograph in Lissabon die Resultate jener vorangegangenen portugiesischen Expedition gekannt haben und sein ganzes welthistorisches Verdienst wäre darauf beschränkt, daß er ein wohlgehütetes Geheimnis energisch in eine der ganzen Menschheit gültige Erkenntnis umzusetzen wußte. Geschicklichkeit, Geschwindigkeit und Unbedenklichkeit in der Ausnützung fremden Erfolgs scheinen also das ganze Geheimnis Magellans zu sein.

Aber überraschenderweise dreht sich noch einmal die Schraube, noch einmal, zum letztenmal. Denn wir wissen heute genau, was Magellan nicht wußte: jene Seeleute der unbekannten portugiesischen Expedition sind in Wirklichkeit nie an die Magellanstraße herangelangt, und ihre Berichte, die Magellan ebenso gutgläubig wie Martin Behaim und Johann Schöner als verläßliche Kunde hinnahm, sind in Wirklichkeit ein Mißverständnis, ein leichtbegreiflicher Irrtum gewesen. Denn was hatten und hier halten wir den Finger am Puls des Problems jene Piloten in der Nähe des vierzigsten Breitegrades gesehen? Was berichtet eigentlich der Augenzeugen-Bericht der „Newen Zeytung“? Nichts, als daß jene Seefahrer ungefähr im vierzigsten Breitegrade eine Meeresbucht entdeckt hätten, in die sie zwei Tage lang hineingefahren, ohne zu ihrem Ende zu kommen, und daß sie, ohne ihren Auslauf gefunden zu haben, durch einen Sturm wieder zurückgetrieben worden seien. Sie hatten also nichts als den Eingang einer Wasserstraße vor sich gesehen, von der sie vermeinten – aber bloß vermeinten –, sie sei der vielgesuchte Verbindungskanal zum Pazifischen Ozean. Aber die wirkliche Durchfahrt liegt – dies wissen wir seit Magellan – nahe dem zweiundfünfzigsten Breitegrade. Was also konnten jene unbekannten Seefahrer in der Nähe des vierzigsten Breitegrades gesehen haben? Dafür haben wir eine begründete Vermutung. Denn wer zum erstenmal mit eigenen Augen die ungeheuren Wassermassen, die meerhaft breite Fläche angestaunt hat, mit der sich der La Plata-Strom ins Meer ergießt, nur der versteht, daß es eine nicht zufällige, sondern geradezu notwendige Verwechslung war, diese gigantische Mündung eines Flusses für eine Bucht, für ein Meer zu halten. Nichts war selbstverständlicher, als daß jene unbekannten Seefahrer, die nie einen Strom von solchen gigantischen Dimensionen in Europa gesehen, bei dem Anblick dieser unüberschaubaren Weite voreilig triumphierten, dies müsse die vielgesuchte Wasserstraße sein, die Ozean und Ozean verbinde. Daß also jene Piloten, auf die sich die „Newe Zeytung" beruft, tatsächlich den Riesenstrom mit einer Meerenge verwechselten, dafür geben jene nach ihrer Aussage gefertigten Karten den besten Beweis. Denn hätten sie, diese unbekannten Piloten, außer dem La Plata-Strom noch tiefer unten im Süden die wirkliche Magellanstraße, den wirklichen „paso" gefunden, so hätten sie doch auf ihren Portolanen und hätte Schöner auf seinem Globus doch auch den La Plata, diesen Giganten unter den Strömen der Erde, einzeichnen müssen. Aber siehe, sowohl Schöner als auch die andern uns bekannten Karten zeichnen den La Plata-Strom nicht ein, sondern sie zeichnen statt seiner den „paso", die mythische Meeresstraße gerade im gleichen Breitegrad. Damit ist die Frage vollkommen geklärt. Jene Bürgen der Newen Zeytung haben sich in redlichster Weise getäuscht. Sie sind einer augenfälligen und erklärlichen Verwechslung zum Opfer gefallen, und ebensowenig hat Magellan unredlich gehandelt, als er behauptete, authentische Nachricht über das Vorhandensein eines „paso" zu haben. Er ist nur selbst getäuscht gewesen durch eine fremde Selbsttäuschung, als er an Hand dieser Karten und Berichte seinen großartigen Plan der Erdumrundung entwarf. Ein Irrtum, ein ehrlich geglaubter und ehrlich übernommener Irrtum war im letzten das Geheimnis Magellans.

Aber man verachte den Irrtum nicht! Immer kann, wenn vom Genius berührt, wenn vom Zufall geführt, auch aus dem narrenhaftesten Irrtum eine höchste Wahrheit entstehen. Zu Hunderten und Tausenden zählen die wichtigen Erfindungen, die auf jedem Gebiet der Wissenschaft von falschen Hypothesen hervorgerufen worden sind. Nie hätte Columbus sich ins Weltmeer gewagt ohne jene Karte Toscanellis, die absurd falsch den Erdumfang berechnete und ihm vortäuschte, in kürzester Zeit an der Ostküste Indiens landen zu können. Nie hätte Magellan einen Monarchen überreden können, ihm eine Flotte zu übergeben, hätte er nicht mit solcher narrenhaften Sicherheit an jene unrichtige Karte Behaims und jene phantasiehaften Berichte der portugiesischen Piloten geglaubt. Nur indem er ein Geheimnis zu wissen glaubte, konnte Magellan das größte geographische Geheimnis seiner Zeit lösen. Nur weil er sich mit ganzer Seele hingab an einen vergänglichen Wahn, entdeckte er eine unvergängliche Wahrheit.

## Eine Idee verwirklicht sich

### 20. Oktober 1517 - 22. März 1518

Magellan steht nun vor einen verantwortlichen Entschluß. Er hat einen Plan, wie ihn ähnlich kühn kein anderer Seemann seiner Zeit im Herzen trägt, und er hat dazu die Gewißheit (oder meint, sie zu besitzen), daß dank seinen besonderen Informationen dieser Plan unbedingt zum Ziele führen müsse. Wie aber ein so kostspieliges und gefährliches Unternehmen verwirklichen? Sein eigener König hat ihn von sich gestoßen, bei den befreundeten portugiesischen Reedern kann er kaum auf Unterstützung hoffen, denn sie werden nicht wagen, einem Manne, der bei Hof in Ungunst steht, das Kommando anzuvertrauen. So bleibt nur ein Weg: sich nach Spanien zu wenden. Dort und dort allein kann Magellan auf Unterstützung hoffen, nur diesem Hofe kann seine Person von Wert sein, denn nicht nur bringt er die kostbaren Informationen aus der Tesoraria von Lissabon mit, sondern er bietet Spanien auch, was nicht minder wichtig ist für das geplante Unternehmen: einen moralischen Rechtstitel. Sein Partner Faleiro hat errechnet – ebenso falsch errechnet, wie Magellan unrichtig informiert war –, daß die Gewürzinseln schon jenseits des portugiesischen Bereichs in der Spanien vom Papst zugewiesenen Teilungszone liegen müssen und somit Eigentum der spanischen und nicht der portugiesischen Krone sind. Die reichsten Inseln der Welt und den kürzesten Weg zu ihnen bietet dieser kleine portugiesische Kapitän Karl V. als Morgengabe; wenn irgendwo, so kann er darum am spanischen Hofe Förderung erwarten. Dort und nur dort kann er das Höchste verwirklichen, seine Lebensidee, allerdings um den schmerzhaftesten Preis. Denn wenn Magellan sich nun nach Spanien wendet, so weiß er, daß er seinen ritterlichen, seinen portugiesischen Namen Magelhaes sich wird abreißen müssen wie die eigene Haut, daß sein König ihn ächten wird und er für Jahrhunderte seinen Landsleuten noch als Verräter, als „traidor", als ehrloser Überläufer, als „transfuga" gelten wird. In der Tat ist es untunlich, Magellans freiwillige Ausbürgerung und verzweifelten Übertritt in fremden Dienst mit der Handlungsweise eines Columbus, Cabot, Cadamosto oder Vespucci zu vergleichen, die gleichfalls fremde Flotten über die Meere geführt. Denn Magellan verläßt nicht nur sein Vaterland, sondern – man darf dies nicht verschweigen – er schädigt es, indem er die Gewürzinseln, die er schon von seinen Landsleuten besetzt weiß, dem eifersüchtigsten Rivalen seines Königs in die Hände spielt, und er handelt mehr als verwegen, er handelt sogar völlig unpatriotisch, indem er nautische Geheimnisse über die Grenze schafft, die er nur dank dem Zutritt zur Tesoraria in Lissabon erlangen konnte. Ins Zeitgenössische übersetzt, hat Magellan in seiner Eigenschaft als portugiesischer Edelmann und früherer Kapitän der portugiesischen Flotte kein geringeres Delikt begangen, als wenn heute ein Offizier geheime Generalstabskarten und Mobilisationspläne einem rivalisierenden Nachbarstaat überlieferte. Und das einzige, was seinem dunkeln Verhalten eine gewisse Größe gibt, ist, daß er nicht feig und ängstlich wie ein Schmuggler über die Grenze schlich, sondern mit offenem Visier und bewußt all der Schmähungen, die ihn erwarteten, zum Gegner überging.

Aber der schöpferische Mensch untersteht anderem und höherem Gesetz als dem bloß nationalen. Wer ein Werk zu schaffen, wer eine die ganze Menschheit fördernde Entdeckung oder Tat zu vollbringen hat, dessen wahre Heimat ist nicht mehr sein Vaterland, sondern sein Werk. Nur einer einzigen Instanz wird er sich im letzten verantwortlich fühlen, der ihm zugeborenen Aufgabe; viel eher wird es ihm erlaubt sein, die staatlichen, die zeitlichen Interessen zu mißachten als die innere Verpflichtung, die ihm sein besonderes Schicksal und seine besondere Begabung auferlegt. Magellan hat nach Jahren der Treue zu seinem Vaterlande in der Mitte seines Lebens seine Aufgabe erkannt. Da ihm sein Vaterland verweigerte, sie zu verwirklichen, mußte er nun seine Idee zu seinem neuen Vaterlande machen. Entschlossen vernichtet er seinen zeitlichen Namen und seine bürgerliche Ehre, um aufzuerstehen und aufzugehen in seiner Idee und in einer unsterblichen Tat.

Die Zeit des Wartens und Geduldens und Planens ist für Magellan vorüber. Im Herbst 1517 wird sein verwegener Entschluß zur Tat. Seinen weniger mutigen Partner Faleiro vorläufig in Portugal zurücklassend, überschreitet Magellan den Rubikon seines Lebens, die spanische Grenze. Am 20. Oktober 1517 langt er mit seinem Sklaven Enrique, der ihn seit Jahren wie ein Schatten begleitet, in Sevilla an. Sevilla ist in diesem Augenblicke zwar nicht Residenz des neuen Königs von Spanien, Carlos I., den wir als Herrn beider Welten Karl V. nennen; der achtzehnjährige Monarch ist eben erst aus Flandern in Santander eingetroffen und auf dem Wege nach Valladolid, wo er von Mitte November an Hof halten will. Aber doch kann Magellan die Wartezeit inzwischen nirgends besser verbringen als in Sevilla. Denn dieser Hafen ist die Schwelle zu dem neuen Indien, von den Ufern des Guadalquivir segeln die meisten Schiffe nach dem Westen, und so groß ist der Zustrom der Kaufleute, der Kapitäne, der Makler und Faktoren, daß der König ein eigenes Handelshaus errichten läßt, die berühmte Casa de la Contratacion, auch Indiahaus, „domus indica", oder „Casa del Oceano" genannt. In diesem Hause werden alle Akten und Mappen, die Informationen und Berichte aller Seefahrer und Kaufleute gesammelt und aufbewahrt. (Habet rex in ea urbe ad oceana tantum negotia domum erectam ad quam euntes, redeuntesque visitores confluunt.) Das Indiahaus ist zugleich Warenbörse und Schiffahrtsmaklerei und am besten könnte man es eine nautische Handelskammer nennen, eine Auskunfts- und Beratungsstelle, wo sich die Geschäftsleute, welche Expeditionen finanzieren, und anderseits die Kapitäne, die sie führen wollen, unter Aufsicht der Behörde verständigen. Jedenfalls muß, wer eine neue Unternehmung unter spanischer Flagge beabsichtigt, sich zunächst in der Casa de Contratacion vorstellen und dort Erlaubnis oder Unterstützung einholen.

Nichts beweist nun besser die außerordentliche Fähigkeit zur Zurückhaltung, sein besonderes Genie des Schweigenkönnens und Wartenkönnens, als daß Magellan diesen notwendigen Schritt nicht voreilig unternimmt. Niemals Phantast, niemals verschwommener Optimist oder eitler Selbstbelüger, sondern immer genauer Rechner, Psychologe und Realist, hat Magellan seine Chancen im voraus erwogen und zu leicht befunden. Er weiß, daß er die Casa de Contratacion erst betreten darf, wenn ihm zuvor andere Hände die Klinke gelockert. Denn ihn selbst, wer kennt ihn hier? Daß er sieben Jahre im Osten gefahren ist, daß er unter Almeida und Albuquerque gekämpft hat, will nicht viel heißen in einer Stadt, deren Schenken und Tavernen von abgetakelten Aventurados und Desperados wimmeln und wo noch die Kapitäne leben, die unter Columbus gesegelt, unter Cortereal und Cabot. Daß er aus Portugal kommt und sein König nichts mit ihm anzufangen gewußt, daß er Emigrant ist und im strengen Sinn sogar Überläufer, hat gleichfalls wenig Empfehlendes. Nein, die Casa de Contratacion wird ihm, dem Unbekannten, dem Namenlosen, dem Fuoroscito kein Vertrauen schenken; deshalb überschreitet Magellan zunächst überhaupt nicht ihre Schwelle. Er ist erfahren genug, um zu wissen, was in solchem Falle not tut. Erst muß er sich wie jeder Projektemacher und Proponent „Verbindungen“ und „Empfehlungen“ verschaffen: er muß vorerst Macht oder Geld hinter sich stellen, ehe er mit den Herren der Macht und des Geldes zu verhandeln beginnt.

Eine Verbindung dieser unentbehrlichen Art scheint der lang vorausdenkende Magellan schon von Portugal her angeknüpft zu haben. Jedenfalls wird er sofort herzlich in dem Hause Diego Barbosas empfangen, der gleichfalls seine portugiesische Staatsbürgerschaft seit Jahren abgelegt hat und im spanischen Dienst seit vierzehn Jahren die wichtige Stellung eines Alcalden des Arsenals bekleidet. Hochgeachtet in der ganzen Stadt und Ritter des Ordens von Santiago, stellt er für den frisch Zugereisten einen idealen Bürgen dar. Nach manchen Angaben wären die Barbosas mit den Magellans blutsverwandt gewesen; was aber diese beiden Männer von der ersten Minute an inniger verbindet als irgendeine weitläufige Vetternschaft, ist der Umstand, daß Diego Barbosa schon Jahre und Jahre vor Magellan selbst Indienfahrer gewesen war. Von ihm wiederum hat sein Sohn Duarte Barbosa die Abenteuerlust geerbt. Auch er ist kreuz und quer durch die indischen, persischen und malaiischen Meere gesegelt und hat sogar ein zu jener Zeit sehr geschätztes Reisebuch „O livro de Duarte Barbosa“ verfaßt. Diese drei Leute schließen sofort Freundschaft. Denn wenn noch heute Kolonialoffiziere oder Soldaten, die während des Kriegs am gleichen Frontabschnitt gekämpft haben, lebenslang eine geschlossene Gilde bilden, in wieviel höherem Maße mußten die paar Dutzend Seeveteranen, die durch ein Wunder von all diesen mörderischen Fahrten und Fährlichkeiten lebendig heimgekehrt waren, zu jener Zeit sich verbunden fühlen! Barbosa fordert Magellan gastfreundlichst auf, in seinem Hause zu wohnen; es dauert nicht lang, und seine Tochter Barbara hat an diesem siebenunddreißigjährigen energischen und imponierenden Manne Gefallen gefunden. Noch vor Jahresende wird Magellan sich Schwiegersohn des Alcalden nennen dürfen, und damit hat er in Sevilla Anker und Halt. Der in Portugal Ausgebürgerte hat sich in Spanien eingebürgert. Von nun ab gilt er nicht als Hergelaufener mehr, sondern als „vecino de Sevilla“, als heimisch in Sevilla. Wohl akkreditiert durch seine Freundschaft und bevorstehende Verwandtschaft mit Barbosa, gedeckt durch die Mitgift seiner Frau, die 600 000 Maravedis beträgt, kann er ohne Bedenken die Schwelle der Casa de Contratacion überschreiten.

Über die Besprechungen, die er dort gehabt hat, und die Aufnahme, die er gefunden, fehlt jedweder verläßliche Bericht. Wir wissen nicht, wieviel von seinem Projekt Magellan, der durch seinen Eid an Ruy Faleiro gebunden war, jener Kommission unterbreitete, und wahrscheinlich ist es bloß aus plumper Analogie zu Columbus erfunden, daß die Kommission seine Vorschläge schroff abgelehnt oder gar verlacht habe. Gewiß bleibt nur, daß die Casa de Contratacion nicht auf eigene Verantwortung und Gefahr sich in das Unternehmen dieses Unbekannten einlassen wollte oder konnte. Fachleute müssen gewerbsmäßig mißtrauisch gegen alles Außerordentliche sein, und so ist auch diesmal eine der entscheidenden Leistungen der Geschichte nicht dank der Unterstützung der zuständigen Ämter, sondern ohne sie und gegen sie entstanden. Das Indiahaus, die wichtigste Instanz, hat Magellan keinen Beistand gewährt. Gleich die erste Türe von den unzähligen, die in das Audienzzimmer des Königs führen, hat sich nicht aufgetan. Es muß ein dunkler Tag gewesen sein für Magellan. Vergeblich die Reise, vergeblich die Empfehlungen, vergebens die Berechnungen, die er vorgelegt, vergebens die Beredsamkeit, die Leidenschaft, die ihn wahrscheinlich gegen seinen innersten Willen überwältigt: alle seine Argumente haben die drei Männer, die drei Fachleute der Kommission nicht bestimmen können, sich vertrauensvoll mit seinem Projekt zu befassen.

Aber oft im Kriege glaubt sich ein Feldherr besiegt, schon rüstet er zum Rückzug, schon bereitet er sich, das Schlachtfeld zu räumen, da kommt, mit Engelsmund redend, ein Bote und meldet, der Feind habe sich zurückgezogen und die Walstatt und damit den Sieg ihm überlassen. Eine Minute dann, eine einzige, und die Waagschale schnellt auf von düsterer Tiefe zur Höhe der Beglückung. Eine solche Minute erlebt Magellan jetzt zum erstenmal, da er unvermuteterweise die Meldung empfängt, eines der drei Mitglieder der Kommission, die gemeinsam – wie er meinte: mürrisch und ablehnend – sein Projekt angehört, sei persönlich von seinem Plane ungemein beeindruckt gewesen. Juan de Aranda, der „Factor“, der Geschäftsführer der Casa de Contratacion, wünsche sehr, von diesem hochinteressanten und, wie er glaube, auch aussichtsreichen Plane privatim mehr zu hören: Magellan möge sich mit ihm in Verbindung setzen.

Was dem beglückten Magellan als eine Himmelsfügung erscheint, ist in Wahrheit eine sehr irdische Angelegenheit. Juan de Aranda geht es wie all den Kaisern und Königen, Kapitänen und Kaufleuten seiner Zeit keineswegs (wie die Geschichtsbücher unserer Jugend dies so rührend darstellten) um die Entdeckung der Erde, um die Beglückung der Menschheit. Nicht Edelsinn oder reine Begeisterung machen Aranda zum Protektor dieses Plans, sondern der Faktor der Casa de Contratacion wittert als gewerbsmäßiger Geschäftsmann in dem Vorschlag Magellans irgendein gutes Geschäft. Etwas muß diesem gewiegten Kenner imponiert haben, sei es die klare Beweisführung, sei es das männliche, sichere Auftreten dieses unbekannten portugiesischen Kapitäns, sei es die fühlbare innere Überzeugtheit: jedenfalls, er spürt, vielleicht mit seinem Verstand, vielleicht mit dem bloßen Instinkt hinter der Größe des Plans die mögliche Großartigkeit des Geschäfts. Daß er innerhalb seiner offiziellen Stellung als königlicher Beamter den Vorschlag Magellans als unrentabel für die Krone abgelehnt hat, hindert also Aranda nicht, das Geschäft als Privatmann „in sich" zu machen, wie man im Kaufmannsjargon sagt, es zu finanzieren oder bei der Finanzierung zum mindesten eine Vermittlerprovision herauszuholen. Sehr honorig, sehr korrekt kann man diese Handlungsweise, als Kronbeamter, als Hofbeamter ein Projekt abzulehnen und es als Privatmann unter der Hand weiterzuverfolgen, allerdings nicht nennen; tatsächlich hat auch die Casa de Contratacion später Juan de Aranda um seiner finanziellen Beteiligung willen einen Prozeß gemacht.

Magellan aber handelte wie ein gebrannter Narr, wollte er für seine Person moralische Bedenken einschalten. Er muß jetzt vor seine Sache spannen, was immer den Karren vorwärtszieht, und in dieser seiner kritischen Lage vertraut er Juan de Aranda wahrscheinlich mehr von dem gemeinsamen „Geheimnis" an, als er gemäß seinem Ruy Faleiro gegebenen Wort verraten dürfte. Zu seiner Freude zeigt sich Aranda für die Idee vollkommen gewonnen. Freilich, ehe er Geld und seinen Einfluß in dies riskante Geschäft mit einem völlig Unbekannten investiert, tut er, was jeder geschulte Finanzmann in gleicher Lage auch heute noch täte: er holt zuerst Auskunft in Portugal über Magellans und Faleiros Glaubwürdigkeit ein. Die Vertrauensperson, an die er sich im geheimen wendet, ist niemand anderer als Christopher de Haro, der jene ersten Expeditionen nach dem Süden Brasiliens seinerzeit finanziert hat und die ausgebreitetste Sach- und Personalkenntnis besitzt. Seine Auskunft fällt – abermaliger Glücksfall! – vortrefflich aus: Magellan sei ein erfahrener, erprobter Seemann, Faleiro gelte als Kosmograph von Rang.

Damit ist die letzte Klippe umschifft. Von dieser Stunde an ist der Geschäftsführer des Indienhauses, dessen Wort in nautischen Dingen bei Hof als ausschlaggebend gilt, entschlossen, die Geschäfte Magellans und damit seine eigenen zu führen. Die ursprüngliche Partnerschaft Magellan und Faleiro ist um einen dritten Teilhaber erweitert; bei diesem Trifolium bringt Magellan seine praktische Erfahrung, Faleiro die theoretischen Kenntnisse und Juan de Aranda seine Beziehungen als Grundkapital ein. Von dem Augenblick an, da die Idee Magellans mit sein eigenes Geschäft geworden ist, versäumt Aranda keine Möglichkeit mehr. Ohne zu zögern, schreibt er einen längeren Brief an den Staatskanzler von Kastilien, in dem er die Wichtigkeit der Unternehmung klarlegt und Magellan als einen Mann empfiehlt, „der Seiner Hoheit große Dienste leisten könne". Er verständigt weiter die einzelnen Staatsräte und sichert Magellan damit die Audienz. Und mehr sogar noch: der eifrige Makler erklärt sich nicht nur bereit, Magellan persönlich nach Valladolid zu begleiten, sondern streckt aus seinem eigenen Gelde ihm die Unkosten der Reise und des Aufenthalts vor. Über Nacht hat sich der Wind gewendet. Magellan sieht seine kühnsten Hoffnungen übertroffen. Innerhalb eines Monats hat er in Spanien mehr erreicht als in seiner Heimat während zehn Jahren aufopfernden Dienstes. Und nun, da die Türen in den königlichen Palast schon offen stehen, schreibt er an Faleiro, er solle unbesorgt und eiligst nach Sevilla kommen: alles ginge vortrefflich.

Mit Begeisterung, möchte man meinen, wird der wackere Astrologus den überraschenden Fortschritt der Verhandlungen begrüßen und dankbar seinen Partner umarmen. Aber in Magellans Leben – die Zukunft wird ständig in sinnvoller Folge diesen Rhythmus einhalten – gibt es keinen hellen Tag ohne Gewitter. Schon daß er durch die erfolgreiche Initiative Magellans in das Hintertreffen geraten war, scheint Ruy Faleiros schwierigen, cholerischen und empfindlichen Charakter erbittert zu haben. Fürchterlich aber bricht die Empörung des in irdischen Dingen höchst unkundigen Sterndeuters erst aus, da er erfährt, daß Aranda nicht aus reiner Menschenliebe die Einführung bei Hofe übernommen hat, sondern eine bare Beteiligung an dem zukünftigen Gewinn beansprucht.

Es kommt zu heftigen Szenen. Faleiro beschuldigt Magellan, sein Wort gebrochen und das „Geheimnis" ohne sein Einverständnis einem Dritten verraten zu haben. In hysterischem Zorn weigert er sich, gemeinsam mit Aranda die Reise an den Hof von Valladolid zu machen, obwohl Aranda ihnen die Kosten bereits vorgestreckt hat. Schon ist durch Faleiros dummen Trotz das

Unternehmen ernstlich bedroht, da erhält plötzlich Aranda die Glücksbotschaft vom Hofe, die Audienz beim Könige sei bewilligt. Erregt beginnt ein zweitägiges Handeln oder vielmehr Hin- und Herhandeln um die Provision, und erst im letzten Augenblick, knapp vor den Toren von Valladolid, werden die drei Partner glücklich einig. Des Bären Haut wird, ehe die eigentliche Jagd begonnen, redlich verteilt, Aranda für seine Maklertätigkeit ein Achtel zugestanden, und mit diesem Achtel an dem zukünftigen Gewinn (von dem Aranda ebensowenig wie Magellan und Faleiro jemals einen Groschen sehen wird) sind die Dienste dieses klugen und energischen Mannes wahrhaft nicht überzahlt. Er kennt die Situation und weiß sie zu meistern: vor dem König selbst, der noch unerfahren vor seiner ungeheuren Macht steht, muß der Kronrat des Königs gewonnen werden.

In diesem Kronrat scheint es zunächst schlimm zu stehen für Magellans Plan. Denn von seinen vier Teilnehmern sind drei, der Kardinal Adrien von Utrecht, der Freund des Erasmus und zukünftige Papst, ferner der alte Erzieher des Monarchen Guillaume de Croix und der Staatskanzler Sauvage Niederländer; ihr Blick ist mehr auf Deutschland gerichtet, wo der spanische König Carlos demnächst die Kaiserkrone empfangen und Habsburg zum Herrn der Welt machen soll. Für diese feudalen Aristokraten oder bücherfreundlichen Humanisten liegt ein überseeisches Projekt, dessen möglicher Vorteil ausschließlich zugunsten Spaniens sich auswirken könnte, weitab vom Wege. Der einzige Spanier wiederum im Kronrat und zugleich der einzige Mann, der in Dingen der Seefahrt als Protektor der Casa de Contratacion unbedingte Fachkenntnisse besitzt, ist verhängnisvollerweise der berühmte oder berüchtigte Kardinal Fonseca, der Bischof von Burgos. Redlich muß Magellan erschrocken sein, da Aranda ihm zum erstenmal Fonsecas Namen nennt, denn jeder Seefahrer weiß, daß Columbus zeitlebens keinen erbitterteren Gegner hatte als diesen realistischen und merkantilen Kardinal, der mit schärfstem Mißtrauen jedem phantastischen Plane gegenübersteht. Aber Magellan hat nichts zu verlieren, er hat nur zu gewinnen: entschlossenen Herzens und erhobenen Haupts tritt er vor den versammelten Kronrat, seinen Gedanken zu verteidigen und seine Sendung zu erzwingen. Was in jener entscheidenden Sitzung vorgegangen, darüber haben wir verschiedene und um dieser Verschiedenheit willen unverläßliche Berichte. Gewiß ist nur, daß irgend etwas in der Haltung und in der Darstellung dieses sehnigen und sonnverbrannten Mannes vom ersten Augenblick an Eindruck gemacht haben muß. Die Räte des Königs sehen sofort: dieser portugiesische Kapitän ist keiner jener Windmacher und Phantasten, wie sie scharenweise seit dem Erfolg des Columbus den spanischen Hof mit Projekten überlaufen. Dieser Mann ist tatsächlich so weit nach Osten gelangt wie kaum ein anderer, und wenn er von den Gewürzinseln erzählt, von ihrer geographischen Lage, von ihren klimatischen Bedingungen und ihrem unermeßlichen Reichtum, erweisen sich seine Nachrichten dank der Bekanntschaft mit Varthema und der Freundschaft mit Serrão verläßlicher als die aller spanischen Archive. Aber noch hat Magellan die entscheidenden Trümpfe nicht ausgespielt. Mit einem Wink befiehlt er seinem Sklaven Enrique vorzutreten, den er sich aus Malacca mitgebracht. Mit merklicher Verwunderung blicken die Ratgeber des Königs auf den feingliedrigen, schlanken Malaien: einen Mann dieser Rasse haben sie bislang niemals gesehen. Angeblich holt Magellan auch noch eine Sklavin aus Sumatra heran, und sie spricht und zwitschert in unverständlicher Sprache, als ob plötzlich ein buntfarbener Kolibri in den königlichen Audienzsaal geflattert wäre. Schließlich liest Magellan als gewichtigstes Zeugnis noch aus den Briefen seines Freundes Francisco Serrão, des neuen Großwesirs von Ternate, vor, daß hier „ein Land sei, größer und reicher als die Welt, die Vasco da Gama entdeckt".

Nun erst, nachdem er das Interesse der hohen Herrschaften erweckt, beginnt Magellan mit seinen Folgerungen und Forderungen. Wie er selber dargetan habe, lägen die kostbaren Gewürzinseln, deren Reichtum gar nicht zu berechnen sei, derart östlich von Indien, daß es überflüssiger Umweg wäre, sie wie die Portugiesen von Osten her erreichen zu wollen, indem man zuerst Afrika umfahre, dann den ganzen indischen Meerbusen, dann noch die Sundasee. Viel sicherer sei die Fahrt von Westen her, und dies sei ja auch die Richtung, welche der Allerheiligste Vater den Spaniern zugewiesen. Zwar liege da auf dem Wege quer wie ein Sperrbalken der neuentdeckte Kontinent Amerika, von dem fälschlich behauptet werde, er sei im Süden nicht umfahrbar. Aber er, Magellan, habe gewisse Nachricht, daß ein Durchlaß, ein „paso", ein „estrecho" dort vorhanden sei, und er mache sich anheischig, dieses sein und Ruy Faleiros Geheimnis in den Dienst der spanischen Krone zu stellen, falls man ihm eine Flotte zur Verfügung stellen wolle. Nur auf seinem Wege könne Spanien den Portugiesen noch zuvorkommen, die schon ungeduldig die Hände ausstreckten nach dieser Schatzkammer der Erde, und – Verbeugung vor dem schmächtigen, blassen jungen Mann mit der vorspringenden Habsburger Unterlippe – Seine Majestät, der König, nun schon einer der mächtigsten Monarchen der Zeit, würde durch deren Besitz zugleich auch zum reichsten Fürsten der Erde werden.

Aber vielleicht – schaltet Magellan nun ein – hätte Seine Majestät Bedenken, mit einer Expedition nach den Molukken in die Sphäre einzugreifen, die Seine Heiligkeit der Papst bei der Teilung der Erde den Portugiesen zugewiesen. Diese Besorgnis erübrige sich. Dank seiner genauen Kenntnis des Standorts und den Berechnungen Ruy Faleiros könne er, Magellan, erweisen und beweisen, daß diese Schatzinseln unbezweifelbar innerhalb jener Zone gelegen seien, die Seine Heiligkeit der Papst Spanien zugesprochen; es sei darum ein Fehler von Spanien, trotz seinem zweifellosen Vorrecht so lange zu warten, bis die Portugiesen auf diesem königlich spanischen Hoheitsgebiet sich festgesetzt hätten.

Magellan hält inne. Nun, da der Vortrag sich vom Praktischen ins Theoretische wendet, da an Hand von Meridianen und Karten zu beweisen ist, daß die islas de la especeria spanisches Kroneigentum sind, tritt Magellan zur Seite und überläßt seinem Partner Ruy Faleiro die kosmographische Argumentierung. Ruy Faleiro schleppt einen großen Globus heran; deutlich kann man an Hand seiner Demonstrierung feststellen, daß sich die Gewürzinseln auf der andern Hemisphäre jenseits der päpstlichen Trennungslinie und somit im spanischen Hoheitsgebiet befinden, und mit dem Finger zeichnet er gleichzeitig nach, welchen Kurs Magellan und er zu nehmen beabsichtigten. Zwar werden sich später all diese Längen- und Breitenberechnungen Ruy Faleiros als völlig phantastisch erweisen, denn nicht annähernd ahnt dieser Stubengeograph die Weite des noch unentdeckten und undurchfahrenen Pazifischen Ozeans. Zwanzig Jahre später wird man überdies auch feststellen, daß alle seine Folgerungen falsch, daß die Gewürzinseln doch nicht im spanischen, sondern im portugiesischen Hoheitsgebiet gelegen waren. Alles, was der erregte Astronom mit vielen Gestikulationen vorbringt, ist völlig danebengerechnet. Aber alle Menschen aller Stände glauben immer gerne, was ihnen Vorteil bringt. Und da dieser hochgelehrte Kosmograph erklärt, die Gewürzinseln gehörten zu Spanien, so haben die Räte des spanischen Königs keinerlei Interesse, seiner erfreulichen Auslegung zu widersprechen. Freilich, als dann einige von ihnen, neugierig geworden, auf dem Globus jene Stelle sehen wollen, wo sich die vielgesuchte Durchfahrt durch Amerika, der „paso", der „estrecho", die künftige Magellanstraße befinden soll, da finden sie nichts eingezeichnet, und Faleiro erklärt, mit Absicht habe er die Stelle der Durchfahrt nicht vermerkt, damit bis zur letzten Stunde dies große Geheimnis nicht verraten werden könne.

Der Kaiser und seine Räte haben zugehört, vielleicht gleichgültig, vielleicht bereits interessiert. Doch nun geschieht das Unerwartetste. Nicht die Humanisten, die Gelehrten begeistern sich für diese Fahrt um die Welt, die endgültig den Umfang der Erde feststellen und alle bisherigen Atlanten zuschanden machen soll, sondern gerade der von allen Seefahrern so gefürchtete Skeptiker Fonseca, der Bischof von Burgos, erklärt sich für Magellan. Vielleicht ist er sich im geheimen bewußt seiner welthistorischen Schuld, einen Columbus verfolgt zu haben, und will nicht ein zweites Mal als Feind jedes großen Gedankens verlästert werden, vielleicht überzeugen ihn auch die langen privaten Gespräche, die er Magellan gewährt; jedenfalls dringt infolge seines Zuspruchs der Beschluß durch. Im Prinzip wird das Projekt genehmigt, und Magellan und Faleiro erhalten die amtliche Aufforderung, ihre Forderungen und Vorschläge schriftlich dem Rat Seiner Majestät zu unterbreiten.

Mit dieser Audienz ist eigentlich schon alles gewonnen. Aber wer hat, dem wird gegeben, und wenn einer das Glück einmal an sich herangepfiffen, so läuft es ihm gehorsam nach. Mehr schon haben diese knappen Wochen Magellan geschenkt als sonst Jahre und Jahre. Er hat eine Frau gefunden, die ihn liebt, Freunde, die ihm beistehen, Förderer, die seine Idee zu der ihren machen, einen König, der ihm vertraut: nun fällt ihm bei dem erregenden Spiel noch ein entscheidender Trumpf in die Hand. Unvermutet erscheint in diesen Tagen in Sevilla der berühmte Reeder Christopher de Haro, jener reiche flandrische Großspekulant, der mit dem ganzen internationalen Großkapital der Zeit, den Welsers, den Fuggers, den Venezianern Hand in Hand arbeitet und der auf seine eigenen Kosten schon eine ganze Reihe Expeditionen ausgerüstet hat. Bisher hatte er in Lissabon seine Hauptniederlassung gehabt. Aber auch ihn hat König Manoel durch Geiz und Undank erbittert; darum kommt alles, was König Manoel verärgern kann, ihm ausgezeichnet zupaß. Er kennt Magellan, er hat zu ihm Vertrauen, und da er überdies vom geschäftlichen Standpunkt das Unternehmen für aussichtsreich hält, sichert er ihm bindend seine Bereitschaft zu, falls der spanische Hof und die Casa de Contratacion das nötige Geld nicht selbst investieren wollten, die von Magellan erbetene Flotte gemeinsam mit seinen Geschäftsfreunden zu finanzieren.

Dank diesem unerwarteten Angebot hat Magellan mit einmal zwei Eisen im Feuer. Als er an die Tür der Casa de Contratacion klopfte, war er noch bittstellend gekommen, man möge ihm eine Flotte anvertrauen, und noch nach der Audienz sucht man an seinen Ansprüchen zu mäkeln und seine Forderungen herabzudrücken. Jetzt aber, mit Christopher de Haros Angebot in der Tasche, kann Magellan als Kapitalist, als Anbietender auftreten. Wenn der Hof das

Risiko nicht übernehmen wolle, gefährde das keineswegs mehr seine Pläne, kann er stolz erklären, denn er benötige kein Geld mehr und erbitte nichts als die Ehre, unter spanischer Flagge fahren zu dürfen, für welche Ehre er großzügig der spanischen Krone ein Fünftel des Gewinns abliefern wolle. Dieser neue Vorschlag, der dem spanischen Hofe jedwedes Risiko abnimmt, ist dermaßen günstig, daß paradoxerweise oder vielmehr in richtiger Argumentierung der Kronrat beschließt, ihn nicht anzunehmen. Denn wenn – so kalkuliert der spanische Kronrat – ein so ausgepichter Kommerzmann wie Christopher de Haro sein Geld in eine Unternehmung stecken will, dann muß sie eine besonders einträgliche sein. Besser darum, das Projekt aus dem königlichen Schatz zu finanzieren und sich damit den Hauptgewinn und überdies den Ruhm zu sichern. Nach kurzem Feilschen werden alle Forderungen Magellans und Ruy Faleiros angenommen; mit einer Eile, die im offenen Gegensatz zu dem Tempo spanischer Staatskanzleien steht, durchjagt jetzt die Angelegenheit alle Instanzen. Und am 22. März 1518 unterschreibt Karl V. im Namen seiner (wahnsinnigen) Mutter Juana und mit dem eigenhändigen feierlichen „Yo el Rey“ die „Capitulacion“, den bindenden und gültigen Vertrag mit Magellan und Ruy Faleiro.

„Da Ihr“ – so beginnt dieses weitschweifige Dokument – „Hernando de Magallanes, ein Ritter, im Königtum Portugal gebürtig, und der Aldermann (bachelor) Ruy Faleiro, gleichfalls aus diesem Königreich, Uns einen großen Dienst zu erweisen beabsichtigt innerhalb der Grenzen, welche Uns in dem Uns zugemessenen Teil des Ozeans gehören, ordnen Wir an, daß die folgende Vereinbarung mit Euch zu diesem Zwecke getätigt werde.“ Nun folgt eine Reihe von einzelnen Klauseln. Die erste gewährt Magellan und Faleiro das Vorrecht und Alleinrecht in jenen unbekannten Meeren. „Ihr habt“, heißt es wörtlich im gewundenen Stil der Hofkanzlei, „mit gutem Glück zu gehen, um jenen Teil des Ozeans innerhalb Unserer zugemessenen Grenzen zu entdecken, und weil es nicht rechtens wäre, daß, während Ihr dorthin gehet, andere gleichzeitig Euch schädigen, indem sie dasselbe tun, da Ihr doch die Mühe dieser Unternehmung auf Euch genommen habt, ist es Meine Gunst und Mein Wille und Ich verspreche es, daß für die ersten zehn folgenden Jahre Wir niemandem Erlaubnis geben wollen, auf demselben Weg und Route zu gehen, um Entdeckungen zu machen, welche Ihr geplant habt. Falls aber jemand wünschen sollte, derlei Reisen zu unternehmenund Unsere Erlaubnis dafür erbitten, wollen Wir, ehe Wir diese Erlaubnis geben, Euch davon verständigen, damit Ihr innerhalb der gleichen Zeit mit der gleichen Ausrüstung und ebenso vielen Schiffen wie die andern, die eine solche Entdeckung beabsichtigen, selbst sie unternehmen könnt." In den nachfolgenden Finanzartikeln wird Magellan und Faleiro „in Anbetracht ihres guten Willens und ihrer geleisteten Dienste" ein Zwanzigstel aller Einkünfte zugesprochen, die aus den von ihnen aufgefundenen Ländern gezogen werden, sowie ein Sonderrecht auf zwei Inseln, falls ihnen mehr als sechs neue zu entdecken gelinge. Außerdem wird ihnen wie im Columbus-Vertrag der Titel eines Adelantados oder Gouverneurs aller jener Länder und Inseln für sie selbst und ihre Söhne und Erben verliehen. Daß ein königlicher Faktor (veedor), ein Schatzmeister (tesorero), ein Zahlmeister (contador) den Schiffen zur Kontrolle der Verrechnung beigegeben werden, soll die Aktionsfreiheit der Kapitäne keineswegs einschränken. Ausdrücklich verpflichtet sich überdies der König, fünf Schiffe von bestimmtem Tonnenmaß auszurüsten und sie mit Mannschaft, Lebensmitteln und Artillerie für zwei Jahre zu versehen; und mit den feierlichen Worten schließt dieses welthistorische Dokument: „In bezug auf all dies verspreche Ich und verbürge Ich Meine Ehre und Mein königliches Wort, daß Ich anordnen will, es solle in allem und jedem genau so eingehalten werden, wie es in obigem dargelegt ist, und dieszwecks habe Ich befohlen, daß diese vorliegende Capitulacion ausgestellt werde und mit Meinem Namen unterzeichnet."

Aber nicht genug an dem. Ausdrücklich wird noch festgelegt, daß alle Ämter und Angestellten Spaniens, vom obersten bis zum geringsten, von dieser Vereinbarung verständigt werden sollten, damit sie Magellan und Faleiro in allem und jedem (en todo é por todo, para agora é para siempre) Förderung zukommen lassen sollten, und zwar wird dieser Befehl übermittelt „al Ilustrisimo Infante D. Fernando, é á los Infantes, Prelados, Duques, Condes, Marqueses, Ricos-homes, Maestres de las Ordenes, Comendadores é Subcomendadores, ... Alcaldes, Alguaciles de la nuestra Casa é Corte é Chancillerías, é á todos los Concejos, é Gobernadores, Corregidores é Asistentes, Alcaldes, Alguaciles, Meriones, Prebostes, Regidores é otras cualesquier justicias é oficiales de todas las ciudades, villas é logares de los nuestros Reinos é Senorios", also allen Ständen und Ämtern und Personen vom Erbprinzen bis zum letzten Soldaten. Klar und deutlich ist verkündet, daß von dieser Stunde an eigentlich das ganze spanische Reich in den Dienst zweier unbekannter portugiesischer Emigranten gestellt ist. Mehr konnte Magellan in seinen kühnsten Träumen nicht erwarten. Aber noch ein Wunderbareres und Wichtigeres geschieht: Karl V., gerade in diesen jugendlichen Jahren sonst eher von zögerndem und verhaltenem Temperament, erweist sich persönlich als der ungeduldigste und leidenschaftlichste Anwalt dieser neuen Argonautenfahrt. Etwas in der männlichen festen Art Magellans oder in der Kühnheit der Unternehmung muß den jungen Monarchen ungewöhnlich passioniert haben. Denn er selbst drängt von allen am meisten auf Rüstung und Ausfahrt. Woche für Woche läßt er sich Bericht über die Fortschritte erstatten, und wo immer sich ein Widerstand zeigt, braucht Magellan nur an ihn sich zu wenden, und sofort bricht ein Brief des Königs jeden Gegenwillen: fast das einzige Mal im Lauf seiner langen Regierung hat mit unverbrüchlicher Treue dieser sonst schwankende und beeinflußbare Kaiser einem großen Gedanken gedient. Einen solchen Kaiser und König als Helfer, ein ganzes Land zu seiner Verfügung – wunderlich muß Magellan selbst dieser traumhafte Aufstieg erschienen sein, der ihn, den Heimatlosen, den Stellungslosen, den Verschmähten und Verachteten, über Nacht zum Generalkapitän einer Flotte macht, zum Ritter des Ordens von Santiago, zum zukünftigen Gouverneur aller neuen Inseln und Länder, zum Herrn über Leben und Tod, Herrn einer ganzen Armada und Herrn vor allem – endlich und zum erstenmal – seines eigenen Weges.

## Ein Wille gegen tausend Widerstände

### 22. März 1518 - 10. August 1519

Bei großen Leistungen blickt die Welt um der Vereinfachung der Optik willen am liebsten auf die dramatischen, die pittoresken Augenblicke ihrer Helden: Cäsar, da er den Rubikon überschreitet, Napoleon auf der Brücke von Arcole. Im Schatten aber bleiben die nicht minder schöpferischen Jahre der Vorbereitung, die geistige, die geduldhafte, die organisatorische Emporstufung einer historischen Tat; auch bei Magellan mag es den Maler, den Dichter reizen, ihn darzustellen im Augenblicke des Triumphs, da er die von ihm gefundene Straße durchsteuert. In Wahrheit aber hat seine unvergleichliche Energie sich vielleicht noch großartiger bewährt, als es galt, die Flotte überhaupt erst zu erzwingen, zu erschaffen und ihre Ausrüstung gegen tausend Widerstände durchzusetzen. Einer herkulischen Aufgabe sieht sich der bisherige „sobresaliente", der unbekannte Soldat, plötzlich gegenübergestellt. Denn etwas völlig Neues und Vorbildloses hat der in der Organisation noch Unerprobte zu vollbringen: eine Flotte von fünf Schiffen auszurüsten für eine Fahrt, die kein Vorbild hat und für die alle bisherigen Zeiten und Maße nicht gelten. Niemand kann Magellan bei seinem Unterfangen beraten, denn niemand kennt die unbetretenen Zonen, die undurchfahrenen Meere, in die er sich als erster wagen will. Niemand kann ihm auch nur annähernd sagen, wie lange die Reise um den noch unangemessenen Erdball dauern, in welche Länder, in welches Klima, zu welchen Völkern der unbeschrittene Weg ihn führen wird. Für alle nur denkbaren Möglichkeiten also, für arktischen Frost und tropische Hitze, für Sturm und Windstillen, für ein Jahr, vielleicht für zwei, vielleicht für drei, für Krieg und für Handel muß die Flotte zugleich gerüstet sein, und dies kaum Errechenbare muß er selbst allein errechnen, erkämpfen, erzwingen und dazu noch gegen die unerwartetsten Widerstände. Und nun erst, da die Aufgabe dem bloß Planenden ihre Schwierigkeit enthüllt, wird die innere Größe des lang Verborgenen endlich erkennbar. Während sein Rivale im Weltruhm, Columbus, dieser „Don Quichotte der Meere", dieser naive und weltfremde Phantast, alle praktischen Dinge der Vorbereitung lieber den Pinzons und andern Piloten überließ, erweist sich Magellan – hierin Napoleon ähnlich – ebenso verwegen in der Gesamtkonzeption wie präzis und pedantisch in der Durchdenkung, in der Durchrechnung jedes Details. Auch bei ihm bindet sich geniale Phantasie mit genialer Exaktheit, und wie Napoleon Wochen und Wochen vor seinem blitzhaft schnellen Alpenübergang schon vorauskalkulieren mußte, wieviel Pfund Pulver, wie viele Säcke Hafer an einem bestimmten Tage an einer bestimmten Stelle des Vormarsches bereitzustehen hätten, so sieht dieser Eroberer des Weltalls bei der Ausrüstung seiner Flotte sich genötigt, schon im voraus auf zwei, auf drei Jahre hinaus jede nur erdenkbare Entbehrung und Schwierigkeit durch genaue Vorsorge auszuschalten. Ungeheure Aufgabe eines einzelnen Mannes, bei einem so weitmaschigen, so unübersehbaren Unternehmen die hunderterlei Hemmungen zu überwinden, die sich bei jeder Umsetzung von Idee in Tat unvermeidlich ergeben; einzig die bloße Beschaffung der Schiffe fordert schon monatelangen Kampf. Zwar hatte Kaiser Karl sein Wort verpfändet, alles Nötige zu veranlassen, und all seinen Ämtern weitestgehende Hilfeleistung anbefohlen. Aber zwischen einem Befehl, sogar einem kaiserlichen Befehl, und seiner Befolgung bleibt Raum für vielerlei Verzögerungen und Hemmungen: immer muß das wahrhaft Schöpferische von dem Schöpfer allein getan werden, soll es wahrhaft vollendet sein. Und wirklich: nichts und auch nicht das Nichtigste in der Vorbereitung seiner Lebenstat hat Magellan einem andern überlassen. Indes er mit der Casa de Contratacion, mit den Ämtern, den Händlern, den Lieferanten, den Werkleuten auf die zäheste Weise verhandelt, überwacht er im Bewußtsein seiner Verantwortung vor den Menschen, die ihm ihr Leben anvertrauen, jede einzelne Einzelheit. Jede Ware ist von ihm überprüft, jede Rechnung durchgerechnet, jedes Tau, jede Planke, jede Waffe an Bord persönlich untersucht; von der Mastspitze bis zum Kiel kennt er jedes der fünf Schiffe wie jeden Nagel an seiner Hand. Und wie bei dem Neubau der Mauern Jerusalems die Männer arbeiteten, in einer Hand die Kelle, in der andern das Schwert, muß Magellan, während er die Flotte ins Unbekannte ausrüstet, gleichzeitig Mißgunst und Feindseligkeit all jener abwehren, die um jeden Preis ihre Ausfahrt verhindern wollen – heroischer Kampf eines einzelnen Mannes nach drei Fronten, gegen die Gegner von außen, gegen die Gegner im eigenen Land und gegen den Widerstand, den die irdische Materie an sich schon jedem Unterfangen entgegensetzt, das über gemeines Maß sich erhebt; immer aber gibt erst die Summe aller überwundenen Widerstände das wahre, das richtige Maß einer Tat und des Menschen, der sie vollendet.

Der erste Vorstoß gegen Magellan kommt aus Portugal. Selbstverständlich hat König Manoel von dem abgeschlossenen Vertrag sofort erfahren; eine schlimmere Nachricht konnte ihm nicht gemeldet werden. Das Gewürzmonopol trägt dem Kronschatz zweihunderttausend Dukaten jährlich ein, und dabei haben erst jetzt seine Flotten sich zur eigentlichen Goldmine, zu den Gewürzinseln, herangearbeitet. Welche Katastrophe, wenn die Spanier noch in zwölfter Stunde von Osten her an die Molukken gelangten und sie ihm vorausbesetzten: zu groß ist diese Gefahr für Portugals Kronschatz, als daß König Manoel nicht versuchen müßte, mit allen Mitteln die gefährliche Expedition zu verhindern. Offiziell beauftragt er darum seinen Botschafter am spanischen Hofe, Alvaro da Costa, das Kuckucksei noch im Neste zu zerschlagen.

Alvaro da Costa faßt die Sache energisch an, und zwar von beiden Enden. Er geht zunächst zu Magellan und sucht ihn – Zuckerbrot und Peitsche – zugleich zu locken und zu verschüchtern. Ob er sich denn nicht bewußt sei, welche Sünde er begehe gegen Gott und seinen König, wenn er einem fremden Herrscher diene? Ob er nicht wisse, daß sein König, Don Manoel, gerade mit Leonore, der Schwester Karls V., sich vermählen wolle und daß, wenn König Manoel jetzt Unbill erfahre, diese Heirat in Brüche gehen müsse? Wäre es nicht klüger, wäre es nicht redlicher und reinlicher, sich wieder in den Dienst seines Landesherrn zu stellen, der in Lissabon ihn gewiß auf das großmütigste entlohnen werde? Aber Magellan, wohl wissend, wie wenig sein eigener Landesvater ihn liebt, und mit Recht vermutend, daß bei einer Heimkehr dort wahrscheinlich kein runder Sack Gold, sondern ein spitzer Dolchstoß ihn erwarten würde, erklärt bedauernd, es sei zu spät. Er habe dem Könige von Spanien bereits sein Wort gegeben; dies Wort müsse er einlösen.

Der kleine Mann Magellan, dieser winzige und doch gefährliche Bauer im diplomatischen Schachspiel, war nicht zu schlagen; so bietet Alvaro da Costa nun ein verwegenes „Schach dem König". Wie heftig er dem jungen Monarchen zusetzte, beweist sein eigener Brief an König Manoel. „Was die Angelegenheit Ferdinand Magellans betrifft, so weiß nur Gott, wieviel ich getan habe und wie ich mich gemüht habe. Ich sprach sehr energisch über diese Angelegenheit zum Könige ... ich wies ihn darauf hin, eine wie häßliche und ungewöhnliche Sache es sei, wenn ein König die Untertanen eines andern befreundeten Königs gegen dessen ausdrücklichen Wunsch in Dienst nehme ... Ich bat ihn, doch in Betracht zu ziehen, daß jetzt nicht die Stunde sei, Eure Hoheit zu kränken und gar in einer so geringfügigen und unsicheren Sache. Er verfüge doch über genug eigene Untertanen und Leute, um Entdeckungen zu jeder Zeit machen zu können, ohne sich solcher zu bedienen, die unzufrieden mit Eurer Hoheit waren. Ich stellte ihm vor, wie sehr es Eure Hoheit kränken würde, zu vernehmen, daß diese Männer gebeten hätten, heimkehren zu dürfen, und diese Erlaubnis von Spanien nicht erhielten. Schließlich bat ich ihn um seines eigenen und um Eurer Hoheit Wohl willen, er möge doch eines von beiden Dingen tun – entweder den beiden Männern Erlaubnis geben, heimzukehren, oder die Unternehmung für dieses Jahr aufschieben."

Der achtzehnjährige Monarch, seit kurzer Zeit erst König, ist noch nicht sehr erfahren in diplomatischen Geschäften. Darum kann er sein Erstaunen nicht völlig verbergen über Alvaros freche Lüge, Magellan und Faleiro wünschten durchaus, nach Portugal zurückzukehren, und nur der spanische Hof hindere sie daran. „Er war so überrascht", berichtet da Costa, „daß es mich selbst verblüffte." Auch in dem andern Vorschlag des portugiesischen Gesandten, man möge die Reise um ein Jahr verzögern, erkennt er sofort den Pferdefuß. Denn genau dieses eine Jahr benötigt Portugal, um inzwischen mit einer eigenen Flotte den Spaniern vorauszukommen. Kühl wehrt der junge König darum ab; der Gesandte möge lieber mit dem Kardinal Adrian von Utrecht sprechen. Der Kardinal wieder verweist die Angelegenheit anden Kronrat, der Kronrat an den Bischof von Burgos; auf derart dilatorische Art wird unter ständigen höflichen Versicherungen, daß sein Vetter Karl nicht daran denke, seinem „muy caro e muy amado tio é ermano", dem König Manoel, auch nur die geringste Schwierigkeit zu bereiten, der diplomatische Protest Portugals leise und unauffällig zu den Akten gelegt. Alvaro da Costa hat nichts erreicht und mehr noch: die eifersüchtige Intervention Portugals hat Magellan sogar in unerwarteter Weise gefördert. Sonderbar überkreuzen sich mit einemmal in dem Schicksal des gestern noch unbekannten Fidalgo die Launen der großen Herren der Erde. Erst im Augenblick, da König Karl Magellan eine Flotte anvertraut, ist für König Manoel sein ehemaliger kleiner Offizier eine wichtige Person geworden. Und wiederum: seit König Manoel um jeden Preis ihn zurückkaufen will, ist er König Karl nicht mehr feil. Je mehr nun Spanien die Ausfahrt zu beschleunigen sucht, desto grimmiger wird Portugal versuchen, sie zu verhindern.

Die weitere Hauptarbeit bei dieser heimlichen Sabotage der Flotte wird von Lissabon nun Sebastian Alvarez, dem portugiesischen Konsul in Sevilla, zugedacht. Ständig schleicht dieser beamtete Spion um die Schiffe, er prüft und überzählt jede Ladung, die an Bord gebracht wird; sehr innige Freundschaft schließt er außerdem mit spanischen Schiffskapitänen im Hafen und erkundigt sich scheinbar entrüstet, ob wirklich kastilianische Edelleute sich diesen beiden hergelaufenen portugiesischen Abenteurern auf Pfiff und Befehl zu unterwerfen hätten. Nun ist Nationalismus erfahrungsgemäß eine Saite, welche auch die plumpste Hand ohne viel Mühe ins Schwingen bringen kann; bald schwätzen und schimpfen alle Sevillaner Seeleute: Wie? Ohne je in spanischen Diensten eine Fahrt gemacht zu haben, auf ein bloßes Geflunker hin hat man diesen Landflüchtigen eine Flotte anvertraut und sie gleich zu Admiralen und Rittern des Santiago-Ordens ernannt? Aber Alvarez braucht mehr als ein solches heimliches Murren und Knurren am Kapitänstisch und in den Tavernen. Er benötigt einen echten und rechten Volksaufruhr, der Magellan das Kommando und – noch besser! – vielleicht sogar das Leben kosten kann. Eine solche Revolte setzt nun der geschickte agent provocateur – man muß es zugeben – meisterhaft in Szene.

In jedem Hafen der Welt gibt es zahllose lässige Lungerer, die nicht wissen, wie ihre Zeit totzuschlagen. So trödelt an einem sonnigen Oktobertage – nichts Schöneres für einen Nichtstuer, als andern bei der Arbeit zuzuschauen – ein müßiger Haufe um Magellans Flaggschiff „Trinidad", das gerade an den Strand gelegt worden ist, um frisch kalfatert und kielüberholt zu werden. Die Hände in den Taschen, vielleicht das neue westindische Tabakskraut zwischen den Zähnen zerkauend, blicken die Sevillaner zu, wie geschickt die wackeren Schiffsleute mit Hammer und Pfropfen, mit Pech und Werg jede Ritze abdichten. Aber da plötzlich deutet einer inmitten der Menge zum Mastbaum der „Trinidad" empor. „Welche Unverschämtheit", ruft er entrüstet, „dieser Man-weiß-nicht-woher Magellan hißt hier mitten im königlich spanischen

Hafen von Sevilla auf einem spanischen Schiff frech die portugiesische Flagge! Eine solche Herausforderung sollte sich ein Andalusier doch nicht gefallen lassen." Im ersten Eifer merken die so heftig angesprochenen Lungerer gar nicht, daß der Erzpatriot, der sich derart emphatisch über die Verletzung der nationalen Ehre entrüstet, gar kein Spanier ist, sondern daß hier der Konsul des portugiesischen Königs, der Señor Sebastian Alvarez die Rolle des agent provocateur mimt. Aber auf jeden Fall schreien sie kräftig mit, und kaum hören sie Tumult und Geschrei, so laufen von allen Seiten andere Neugierige zu. Schließlich genügt, daß einer vorschlägt, man solle nicht lange fragen, sondern einfach die fremde Flagge herunterreißen, und schon stürmt die ganze Rotte auf das Schiff.

Magellan, der seit drei Uhr morgens die Arbeit der Schiffsleute überwacht hat, beeilt sich, dem eilig mit herbeieilenden Alcalden den Irrtum aufzuklären. Nur durch einen Zufall sei die spanische Hoheitsflagge nicht am Hauptmast gehißt, man habe sie gerade heute zu frischer Übermalung weggesandt. Die andere Fahne am Mast sei aber keineswegs die königlich portugiesische, sondern seine persönliche Admiralsflagge, die er auf seinem Flaggschiff zu hissen verpflichtet sei. Nachdem er so in denkbar höflichster Form den Irrtum berichtigt hat, bittet Magellan den Alcalden, er möge doch kraft seiner Autorität alle diese wüsten Lärmmacher ihm von Deck schaffen.

Jedoch es hält immer bedeutend leichter, eine Volksmasse oder ein ganzes Volk aufzureizen, als wieder zu beschwichtigen. Der Pöbel will seinen Spaß, und der Alcalde stellt sich ihm zur Seite. Zuerst einmal herunter mit der fremden Flagge, oder sie würden sich selber ihr Recht holen! Vergebens sucht Doktor Matienzo, der höchste Beamte des Indiahauses, an Bord zu vermitteln. Jener Alcalde hat sich inzwischen patriotischen Sukkurs geholt, den Hafenkapitän, den teniente del amirante, mit reichlicher Polizeimannschaft; dieser erklärt Spanien durch den Übergriff Magellans beleidigt und erteilt seinen Alguacils den Befehl, den portugiesischen Kapitän zu verhaften, weil er in einem spanischen Hafen die Flagge des Königs von Portugal gehißt habe.

Jetzt greift Matienzo energisch ein. Er warnt den Hafenkapitän. Es sei doch eine recht gefährliche Angelegenheit für einen königlichen Beamten, einen Kapitän zu verhaften, den sein eigener König mit Brief und Siegel zu dem höchsten Amt bestallt. Er täte besser, sich nicht die Finger an dieser hitzigen Sache zu verbrennen. Aber zu spät! Schon ist die Mannschaft Magellans mit dem Hafenvolk aneinandergeraten. Schwerter werden gezogen, und nur Magellans Geistesgegenwart und unerschütterliche Ruhe verhindern den von dem vergnügt zublickenden agent provocateur so herrlich aufgezogenen Tumult. Gut, erklärt er. Er sei bereit, die Fahne niederzuholen und sogar das Schiff zu räumen, der Mob möge mit dem Eigentum des Königs nach Belieben schalten; die Verantwortung für jeden Schaden falle allerdings dann auf die Hafenbeamten des Königs. Jetzt wird es dem aufgeregten Alcalden doch unbehaglich; murrend ziehen die in ihrer nationalen Ehre Gekränkten ab und wenige Tage später bekommen sie schon die Peitsche zu schmecken. Denn Magellan hat sofort an den Kaiser geschrieben und sich beschwert, daß die königliche Majestät in seiner Person beleidigt worden sei, und ohne Zögern hält Karl V. zu seinem Admiral: die Hafenbeamten werden bestraft. Zu früh hat Alvarez frohlockt, und ungehindert nimmt die Arbeit ihren Fortgang.

Schmählich ist durch Magellans nervenlose Ruhe der hinterlistige Handstreich abgeschlagen. Aber kaum ist bei diesem vielmaschigen Unternehmen die Naht an einer Stelle geflickt, so reißt sie an einer andern wieder auf. Jeder Tag erfindet neue Ärgerlichkeiten. Zunächst übt die Casa de Contratacion passive Resistenz, und erst als ihnen ein eigenhändig unterzeichnetes Reskript des Kaisers um die Ohren geknallt wird, wachen die Beamten aus ihrer trotzigen Taubheit auf. Aber mitten in der Ausrüstung erklärt dann wiederum der Schatzmeister, in den Kassen der Casa de Contratacion sei kein Geld, und wieder scheint es, als ob die ganze Unternehmung sich infolge des Geldmangels ins Endlose verzögern wolle. Jedoch der ungebärdige Wille Magellans weiß auch dieses Hindernis zu überwinden; er überredet den Hof, zahlkräftige bürgerliche Teilhaber ins Geschäft zu nehmen. Von den acht Millionen Maravedis, welche die Armada kosten soll, werden in aller Eile zwei Millionen von einem rasch improvisierten Konzern Christopher de Haros aufgebracht, der dafür auch das Vorrecht erhält, sich bei den nächsten Expeditionen mit gleicher Quote zu beteiligen.

Nun erst, da die Finanzangelegenheit geordnet ist, kann man beginnen, die Schiffe wirklich seetüchtig zu machen und mit allem Nötigen auszustatten. Sehr königlich hatten sie sich nicht präsentiert, als sie sich zum erstenmal in dem Hafen von Sevilla zeigten, die vom König verschriebenen fünf Galeonen. „Sie sind sehr alt und zusammengeflickt“, hatte damals triumphierend der Spion Alvarez nach Portugal berichtet. „Mir wäre es schon schrecklich, sollte ich mit ihnen nur bis zu den Kanarischen Inseln fahren, denn ihre Rippen sind so weich wie Butter.“ Aber Magellan, der als erprobter Indienfahrer wußte, daß man auf alten Gäulen manchmal sicherer reitet als auf jungen und daß tüchtige Werkmannsarbeit auch die ältesten und ausgefahrensten Schiffe wieder flottmachen kann, hat keine Zeit versäumt, und während noch Tag und Nacht die Arbeiter nach seinen Angaben die alten Kästen auffrischen und überholen, läßt er bereits eine seetüchtige Mannschaft anwerben.

Doch schon lauert im Hintergrund neue Schwierigkeit! Obwohl die Ausrufer mit Trommeln durch die Straßen Sevillas gezogen sind und man die Werber sogar bis Cadiz und Palos geschickt hat, wollen sich die notwendigen zweihundertfünfzig Mann nicht zusammenholen lassen. Irgendwie muß es sich herumgemunkelt haben, daß bei dieser Fahrt nicht alles geheuer sei, denn die Werber können nicht klar und deutlich Auskunft geben, wohin die Reise eigentlich ginge; auch daß man für ganze zwei Jahre – ein noch nie dagewesener Fall – Mundvorrat mitnimmt, scheint den Leuten höchst ungemütlich. So ist es nicht geradezu eine Ehrengarde, die schließlich in zerlumpten Kleidern herangetrieben wird; an Falstaffs Rekruten muß man denken bei dieser scheckigen Truppe aus allen Rassen und Nationen: Spanier und Neger und Basken und Portugiesen, Deutsche, Engländer, Cyprioten, Korfuaner und Italiener, aber echte und rechte Desperados sie alle, die ihr Leben auch an den Teufel verkaufen würden und ebenso willig oder unwillig nach Norden und Süden, nach Osten und Westen zu fahren bereit sind, wenn sie nur Handgeld kriegen und Hoffnung auf großen Gewinn.

Kaum ist nun die Mannschaft glücklich geheuert, so hat sich bereits ein neuer Haken gedreht. Die Casa de Contratacion protestiert gegen Magellans Anwerbungen; sie behauptet, er habe zu viele Portugiesen in die königlich spanische Armada eingestellt, und sie würde deshalb diesen Fremden keinen Maravedi Gehalt auszahlen. Nun stünde Magellan gemäß der königlichen Cedula das unbeschränkte Recht zu, nach völlig freiem Belieben seine Leute auszuwählen (que la gente de mar que se tomase fuese a su contento como persona que de elle tenia mucho experiencia), und er besteht auf seinem Recht: also wieder Brief an den König, neuerdings Bitte um Hilfe! Diesmal aber hat Magellan an einen heiklen Punkt gerührt. Angeblich, um König Manoel nicht zu verletzen, in Wirklichkeit aber aus Mißtrauen, Magellan könnte mit seinen Portugiesen zuviel Selbständigkeit in die Hand bekommen, ordnet nun Karl V. an, nur fünf Portugiesen dürften im ganzen an Bord bleiben. Neue Schwierigkeiten unterdes: die Waren sind nicht rechtzeitig eingetroffen, die man der Billigkeit halber in andern Provinzen und sogar in Deutschland bestellt hat; dann revoltiert wieder einer der spanischen Kapitäne gegen den Admiral und beleidigt ihn vor der Mannschaft. Neuerdings muß der Hof angerufen werden, abermals königliches Öl die Reibungen glätten. Jeder Tag bringt neue Quengeleien, endlos häuft sich um jeder Kleinigkeit willen der Briefwechsel mit den Amtsstellen und dem König. Ein Reskript muß dem andern folgen; dutzendmal hat es den Anschein, als ob die ganze Armada stranden wolle, ohne den Hafen von Sevilla überhaupt verlassen zu haben.

Immer aber bewältigt dank seiner zähen, wachsamen Energie Magellan alle Widerstände. Mit Besorgnis muß der emsige Konsul des Königs Manoel erkennen, daß alle seine kleinen Schliche, die Expedition zu vereiteln, an der geduldigen, aber unerschütterlichen Abwehr seines Gegners gescheitert sind. Schon harren, frisch aufgetakelt und beinahe voll befrachtet, die fünf Schiffe auf den Befehl zur Abfahrt, schon scheint es unmöglich, Magellan weiterhin einen Tort zu tun. Aber Alvarez hat noch einen versteckten Pfeil, einen vergifteten, im Köcher: scharf und heimtückisch spannt er den Bogen, um Magellan an der verwundbarsten Stelle zu treffen. „Da ich der Ansicht war", schreibt der Geheimagent an seinen Auftraggeber König Manoel, „daß der Augenblick gekommen war, um das auszusprechen, was Eure Hoheit mir aufgetragen, suchte ich Magellan in seinem Hause auf. Ich fand ihn damit beschäftigt, Proviant und andere Dinge in Körbe und Kisten zu verpacken. Daraus entnahm ich, daß er zu seiner bösen Absicht nun vollkommen entschlossen sei, und im Bewußtsein, daß dies das letzte Gespräch mit ihm sein würde, mahnte ich ihn noch einmal daran, wie oft ich als guter Portugiese und sein Freund versucht hätte, ihn von dem groben Fehler abzuhalten, den er im Begriff sei zu begehen. Ich legte ihm dar, daß der Weg vor ihm so viele Gefahren berge wie Santa Katarinas Rad und um wieviel besser er täte, in seine Heimat und in die Gunst Eurer Hoheit zurückzukehren, auf deren großmütige Gesinnung er zählen könne ... Er möge sich doch darüber im klaren sein, daß alle Kastilianer von Rang in dieser Stadt von ihm immer nur als einem Manne niederer Abstammung und übler Erziehung redeten ... und daß man ihn allgemein, seit er sich in Gegensatz zu Eurer Hoheit Land gestellt habe, als einen Verräter verachte."

Doch alle diese Drohungen machen auf Magellan nicht den geringsten Eindruck. Was jetzt Alvarez unter der Maske der Freundschaft mitteilt, ist ihm keineswegs neu. Niemand weiß besser als er, daß Sevilla, daß Spanien ihm feindlich gesinnt ist, daß die adeligen kastilianischen Kapitäne ihm als Oberadmiral nur mit knirschenden Zähnen gehorchen. Aber mögen die Herren Alcalden in Sevilla ihn hassen, mögen die Neider knurren und die Blaublütigen murren – jetzt, da die Flotte zur Ausfahrt bereit liegt, kann kein Kaiser, kein König ihn mehr hemmen und hindern. Einmal im offenen Meer, ist er geborgen. Dann ist er Herr über Leben und Tod, Herr seiner Wege, Herr seiner Ziele und hat niemandem zu dienen als seiner Aufgabe.

Aber noch hat Alvarez seinen letzten, den langaufgesparten Trumpf nicht ausgespielt. Nun rückt er damit heraus. Zum allerletztenmal, sagt er scheinfreundlich, möchte er als „Freund“ Magellan beraten. Er warne ihn „ehrlich“, allzu gutgläubig den „Honigworten“ des Kardinals und selbst den Zusicherungen des spanischen Königs zu vertrauen. Gewiß, der König von Spanien habe ihn und Faleiro zu Admiralen der Flotte ernannt und ihm damit scheinbar das unbeschränkte Oberkommando erteilt. Aber sei Magellan gewiß, daß nicht gleichzeitig geheime Instruktionen auch an andere ausgegeben worden seien, die seinen Oberbefehl heimlich einschränkten, Instruktionen, die man sich wohl gehütet habe, ihm, Magellan, mitzuteilen? Magellan möge sich nicht täuschen und vor allem sich nicht täuschen lassen; trotz Siegel und Brief sehe es mit seinem alleinigen Oberkommando recht windig aus. Es gäbe da – mehr dürfe er Magellan nicht verraten – allerhand geheime Klauseln und Instruktionen für die mitgesandten Aufsichtsbeamten des Königs, „von denen er erst erfahren werde, wenn es zu spät sei für seine Ehre“.

„Zu spät für seine Ehre.“ Unwillkürlich ist Magellan aufgefahren. Mit dieser Geste hat der Unerschütterliche, der sonst jede Erregung ehern niederzuhalten weiß, verraten, daß der Pfeil ihn an der empfindlichsten Stelle getroffen hat, und stolz kann der Schütze berichten: „Er war höchlichst erstaunt, daß ich so viel wußte.“ Aber immer kennt der Schöpfer selbst am besten den verborgenen Fehler des Werks und seine innerste Gefahr; was Alvarez ihm andeutet, ist Magellan längst bekannt. Seit langem kann er nicht umhin, eine gewisse Zweideutigkeit in der Haltung des spanischen Hofs zu bemerken, und vielfache Anzeichen lassen ihn fürchten, daß man kein ganz klares Spiel mit ihm spiele. Hat nicht schon einmal der Kaiser gegen den Wortlaut der Capitulacion gehandelt, indem er ihm untersagte, mehr als fünf Portugiesen an Bord zu nehmen? Sollte man bei Hofe am Ende wirklich glauben, daß er ein heimlicher Agent Portugals sei? Und sind diese veedors, diese contadors, diese tesoreros, die man ihm auf den Nacken gesetzt, wirklich nur bloße Rechnungsbeamte? Sind sie am Ende nicht tatsächlich mitgegeben, um ihn geheim zu überwachen und ihm vielleicht das Oberkommando aus der Hand zu winden? Lange spürt Magellan schon diese kalte Zugluft von Haß und Verrat im Rücken – eine gewisse Wahrscheinlichkeit, er kann es nicht leugnen, liegt in der perfiden Insinuation dieses wohlinformierten Spions, und wehrlos steht, der alles für diese Fahrt genau errechnet, einer Gefahr gegenüber, die unberechenbar ist wie alles Ungewisse – unbehagliches Gefühl eines Menschen, der allein mit Unbekannten sich an den Spieltisch gesetzt hat und, ehe er zur

Karte greift, schon von dem Verdacht verwirrt ist, daß sie Falschspieler und alle zusammen gegen ihn verschworen sind.

Was Magellan in dieser Stunde erlebt, ist die Tragödie Coriolans, des Überläufers aus gekränkter Ehre, wie sie Shakespeare unvergeßlich gestaltet hat. Coriolan ist gleich Magellan ein Mann, ein Patriot, der jahrelang seiner Heimat hingebend gedient und der, von der Heimat ungerecht verstoßen, um dieses Unrechts willen seine ungenutzte Kraft in den Dienst des Gegners gestellt hat. Aber nie hilft – nicht in Rom und nicht in Sevilla – dem Überläufer die reinste Gesinnung. Wie ein Schatten hängt sich an ihn der Verdacht, wer eine Fahne verlassen, könne auch die zweite verraten, wer einem König entflüchtet, könne auch dem andern untreu werden. Verloren ist der Überläufer, wenn er siegt, verloren, wenn er besiegt wird, verhaßt bei den einen, verhaßt bei den andern; überall wird er allein sein und allein gegen alle. Immer aber beginnt eine Tragödie in dem Augenblick erst wahrhaft, da ihr Held das Tragische seiner Situation erkennt; vielleicht hat in dieser Sekunde Magellan zum erstenmal schon alles Unheil vorausgewußt.

Aber Held sein heißt: auch gegen ein übermächtiges Schicksal kämpfen. Entschlossen stößt Magellan den Versucher zurück. Nein, er werde trotzdem nicht mit König Manoel paktieren, und selbst wenn ihm Spanien seine Dienste übel dankte. Als Ehrenmann stehe er treu zu seinem Eid, zu seinem Amt, zu König Karl. Mißmutig muß Alvarez abziehen; nur der Tod, sieht er, kann diesem ehernen Manne den Willen zerbrechen, und so schließt er den Bericht nach Lissabon mit dem frommen Wunsch: „Möge es Gott dem Allmächtigen gefallen, daß sie solch eine Reise machten wie die Cortereals" – das heißt, daß Magellan und seine Flotte so spurlos in der unbekannten See verschwinden sollten wie die kühnen Brüder Cortereal, deren Grab und Untergang Geheimnis geblieben ist. Erfülle sich aber dieser sein frommer Wunsch, gehe Magellan auf dieser Reise glücklich zugrunde, dann „könne Eure Hoheit ohne Sorge sein und werde beneidet bleiben von allen Fürsten dieser Erde".

Der Pfeil des tückischen Warners hat Magellan nicht niedergestreckt und nicht zurückfliehen lassen vor seiner Aufgabe. Aber sein Gift, das brennende Gift des Mißtrauens, wird von nun ab in Magellans Seele schwären. Von diesem Augenblick an weiß oder meint sich der einsame Magellan zu jeder Stunde auf den eigenen Schiffen von Feinden umstellt. Jedoch dies Gfühl der Unsicherheit macht ihn keineswegs schwach, es härtet vielmehr seinen Willen zu einem neuen Entschluß. Wer einen Sturm kommen sieht, weiß, daß nur eines Schiff und Mannschaft retten kann: wenn der Kapitän ehern das Steuer in der Hand hält, und vor allem, wenn er es allein in der Hand behält.

Also fort mit allem, was den freien Willen noch hemmt! Mit der Faust und dem Ellbogen jeden wegstoßen, der ihm im Wege steht! Gerade seit er diese veedors und contadors im Rücken fühlt, ist Magellan zu äußerster Selbständigkeit und Rücksichtslosigkeit entschlossen. Er weiß, ein Wille, ein einziger, muß in entscheidender Stunde führen und entscheiden: nicht länger darf das Kommando der Flotte zerteilt bleiben auf zwei capitangenerales, zwei Admirale. Einer muß über allen stehen und notfalls auch gegen alle. Nicht weiter will er sich darum auf so gefahrvoller Fahrt mit einem sohysterischen, zänkischen Mitkommandanten wie Ruy Faleiro beladen – ehe die Flotte aus dem Hafen steuert, muß dieser Ballast noch über Bord! Längst ist ja der Astronom für ihn überflüssige Belastung geworden. Nichts hat der Theoretiker in all diesen erschöpfend schweren Monaten am Werke geleistet, denn es ist nicht eines Sterndeuters Sache, Matrosen zu heuern, Schiffe kalfatern zu lassen, Proviant zu wählen, Musketen zu prüfen und Reglements zu entwerfen; ihn mitnehmen hieße einen Stein sich um den Nacken hängen, und Magellan braucht freie Hand nach rechts und links, gegen die Gefahren vor sich und die Verschwörung hinter seinem Rücken.

Wie Magellan dies letzte diplomatische Meisterstück der Abkopplung Faleiros zuwege gebracht, ist nicht bekannt; angeblich hat Faleiro sich selber das Horoskop gestellt und herausgefunden, er werde von dieser Reise nicht zurückkehren, und sei freiwillig zurückgetreten. Nach außen hin wird freilich dieser sanft erzwungene Verzicht sogar noch zu einer Art Rangerhöhung verbrämt; ein kaiserliches Edikt ernennt Faleiro zum alleinigen Kommandanten einer zweiten Flotte (die nur auf dem Papier Segel und Planken hat): dafür händigt Faleiro seine Karten und astronomischen Tabellen Magellan ein. Damit ist die letzte der hundertfachen Schwierigkeiten beseitigt und Magellans Unternehmen wieder geworden, was es von Anfang an gewesen: sein eigener Gedanke und seine eigenste Tat. Auf ihn allein fällt jetzt alles, Last und Mühe, Rechenschaft und Gefahr, aber auch das höchste geistige Glück einer schöpferischen Natur: nur sich selber verantwortlich, die selbst erwählte Lebenstat zu vollenden.

## Die Ausfahrt

### 20. September 1519

Am 10. August 1519, ein Jahr und fünf Monate, nachdem Karl, der künftige Herr beider Welten, die Capitulacion unterschrieben, verlassen endlich die fünf Schiffe die Reede von Sevilla, um stromabwärts nach San Lucar de Barrameda zu fahren, wo der Guadalquivir in das offene Meer mündet; hier soll die letzte Überprüfung und Verproviantierung der Flotte erfolgen. Aber der eigentliche Abschied ist schon genommen; in der Kirche Santa Maria de la Victoria hat Magellan, nachdem er mit gebeugtem Knie den Eid der Treue geschworen, vor der ganzen versammelten Mannschaft und einer ehrfürchtig aufblickenden Menge die königliche Standarte von dem Corregidor Sancho Martinez de Leyva empfangen. Vielleicht besinnt er sich in diesem Augenblick, daß er vor seiner ersten Indienfahrt gleichfalls in einer Kathedrale gekniet und den Eid der Treue geschworen. Es war eine andere Flagge, die portugiesische, der er damals Treue gelobte, ein anderer König, Manoel von Portugal, und nicht Carlos von Spanien, dem er damals sein Blut verpflichtete. Aber ebenso ehrfurchtsvoll, wie damals der junge Sobresaliente zu dem Admiral Almeida emporgeblickt, da jener das seidene Banner entrollte und über die Häupter der Hingeknieten erhob, sehen jetzt die zweihundertfünfundsechzig Männer auf ihn als den Herrn und Führer ihres Schicksals.

In diesem Hafen von San Lucar, gegenüber dem Schlosse des Herzogs von Medina Sidonia, hält Magellan nun die letzte Musterung vor seiner Ausreise ins Unbekannte. Mit der sorglichen und furchtsamen Liebe wie ein Künstler sein Instrument prüft und überprüft er noch einmal seine Flotte vor der Fahrt. Zwar kennt er diese fünf Schiffe schon so genau wie den eigenen Leib. Ach, wie arg war er damals erschrocken, da er die in aller Eile zusammengekauften zum erstenmal erblickte, jämmerlich, alt, verwahrlost und ausgefahren! Aber seitdem ist gute Arbeit geleistet worden; von Grund auf hat man jede der alten Galeonen erneuert, die morschen Rippen durch neue ersetzt, vom Kiel bis zur Mastspitze hinauf sie gepecht und gebohnt, kalfatert und gescheuert. Jede Planke, jedes Brett hat Magellan eigenhändig abgeklopft, ob das Holz nicht verfault sei oder wurmstichig, jedes Tau hat er geprüft, jede Schraube, jeden Nagel. Aus starker Leinwand und frisch bemalt sind die Segel, die das Kreuz des spanischen Schutzheiligen Sanjago tragen, erneuert die Gewinde, blank die Metalle, jedes Ding sauber und ordentlich an seiner richtigen Stelle; kein Spion und kein Neider würde jetzt mehr wagen, die völlig aufgefrischten und verjüngten Galeonen zu verspotten. Schnellfahrer sind sie freilich trotzdem nicht geworden und wenig zu einer Regatta geeignet, diese vollbäuchigen, rundlichen Kutter, aber dank ihrer soliden Breite und ihrem Tiefgang gewähren sie viel Raum für Ladung und eine gewisse Sicherheit bei wildem Seegang: gerade durch ihre Schwerfälligkeit können sie aller irdischen Voraussicht nach die härtesten Stürme bestehen. Der größte innerhalb dieser geschwisterlich versammelten Schiffsfamilie ist der „San Antonio“ mit hundertzwanzig Tonnen. Aber aus irgendeinem Grunde, den wir nicht kennen, überläßt ihn Magellan Juan de Cartagena zum Kommando und nimmt sich die „Trinidad“, obzwar sie zehn Tonnen weniger hält, als „capitana“, als Flaggschiff. Der Größe nach folgen dann die „Concepcion“ mit neunzig Tonnen, für die Gaspar Quesada als Kommandant ernannt ist, die „Victoria“ (sie wird ihrem Namen Ehre machen) unter Luis de Mendoza mit fünfundachtzig Tonnen, die „Santiago“ unter dem Kommando João Serrãos mit fünfundsiebzig; ausdrücklich hat Magellan diese Verschiedenheit der Schiffstypen gewünscht, weil er die kleineren um ihres geringeren Tiefgangs willen zu Rekognoszierungen und gleichsam als Vorposten benötigt; aber es wird anderseits besondere seemännische Kunst erfordern, ein Geschwader von dermaßen ungleichen Geschwistern auf offener See ständig beisammenzuhalten.

Magellan geht von Schiff zu Schiff, um vor allem die Fracht und Ladung zu prüfen. Wie oft zwar ist er jede Leiter schon hinauf- und hinabgeklettert, immer und immer wieder hat er das Inventar genauest aufgenommen, und noch heute können wir dank der erhaltenen Archivdokumente uns von der Peinlichkeit und Präzision überzeugen, mit der hier eines der phantastischesten Abenteuer der Weltgeschichte im winzigsten Detail berechnet und durchgerechnet war. Bis auf einen halben Maravedi ist in den umfangreichen Akten verzeichnet, was jeder Hammer, jedes Seil, jedes Säckchen Salz, jedes Ries Papier gekostet hat, und diese kalten, korrekten, von irgendeiner gleichgültigen Schreiberhand hingeschriebenen Zahlenkolonnen mit allen ihren Spezifizierungen und Bruchteilen bekunden vielleicht noch überzeugender als alle pathetischen Worte das Geduldgenie dieses Mannes. Magellan wußte als erprobter Seemann um die ungeheure Verantwortlichkeit einer Reise ins völlig Unbekannte. Er wußte, daß auch das winzigste Objekt, das bei der Abfahrt durch Leichtsinn oder Gedankenlosigkeit vergessen würde, unwiderruflich für die ganze Dauer der Reise vergessen blieb; in diesem besonderen Fall gab es für ein einmal gemachtes Versehen oder Übersehen keine Korrektur mehr, keinen Ersatz, keine Sühne. Jeder einzelne Nagel, jeder Ballen Werg, jedes Stück Blei, jeder Tropfen Öl, jedes Blatt Papier stellt in jenen unbekannten

Zonen, denen er zustrebt, einen Wert dar, der mit keiner Summe Geldes und nicht mit dem eigenen Blut mehr zu erkaufen wäre: an einem einzigen vergessenen Ersatzstück kann ein Schiff unbrauchbar werden, an einer einzigen falschen Kalkulation das ganze Unternehmen zugrunde gehen.

Darum gilt der strengste, der sorglichste Blick dieser letzten Heerschau dem Proviant. Was verzehren zweihundertfünfundsechzig Menschen auf einer Reise, deren Dauer auch annähernd nicht zu erraten ist? Schwierigste Rechnung dies, weil der eine Nenner – die Dauer der Reise – unbekannt ist. Nur Magellan und nur er allein ahnt – er wird es vorsichtigerweise der Mannschaft nicht sagen –, daß es viele Monate, daß es wahrscheinlich sogar Jahre dauern wird, ehe zulänglicher Mundvorrat wieder nachbeschafft werden kann: lieber mehr als weniger wird er darum mitnehmen müssen, und die Mengen sind – in Anbetracht des kleinen Schiffsraums – wirklich imposant. Das Alpha und Omega aller Ernährung bildet der Schiffszwieback: einundzwanzigtausenddreihundertachtzig Pfund hat Magellan an Bord schaffen lassen und sie kosten mit den Säcken dreihundertzweiundsiebzigtausendfünfhundertzehn Maravedis; soweit menschliche Voraussicht etwas berechnen kann, müßte diese riesige Ration sogar für zwei Jahre ausreichen. Auch sonst denkt man bei der Proviantliste Magellans eher an einen modernen Transatlantikdampfer von zwanzigtausend Tonnen als an fünf Fischkutter von zusammen etwa fünfhundert bis sechshundert Tonnen (zehn Tonnen von damals entsprechen elf von heute). Was alles ist da im engen, dumpfigen Schiffsraum zusammengestaut! Neben den Säcken mit Mehl, Bohnen und Linsen und Reis und allen denkbaren Hülsenfrüchten lagern fünftausendsiebenhundert Pfund eingepökeltes Schweinefleisch, zweihundert Fässer Sardellen, neunhundertvierundachtzig Laibe Käse, vierhundertfünfzig Schnüre Knoblauch und Zwiebeln; ihnen hinzugefügt sind allerhand schmackhafte Dinge wie fünfzehnhundertzwölf Pfund Honig, dreitausendzweihundert Pfund Malagatrauben, Rosinen und Mandeln, reichlich Zucker, Essig und Senf. Sieben lebende Kühe (aber die braven Vierbeiner werden nicht lange leben) treibt man noch in letzter Stunde an Bord; damit ist für die erste Zeit Milch und für die spätere frisches Fleisch gesichert. Aber wichtiger als Milch dürfte den robusten Gesellen auf die Dauer doch der Wein sein. Um die Mannschaft in guter Stimmung zu halten, hat Magellan den besten und allerbesten in Xerez einkaufen lassen, und zwar nicht weniger als vierhundertsiebzehn Schläuche sowie zweihundertdreiundfünfzig Fässer; auch hier ist theoretisch auf zwei Jahre hinaus für jeden Matrosen sowohl Mittags- als Abendtrunk sichergestellt.

Die Liste in der Hand, wandert Magellan von Schiff zu Schiff, von Gegenstand zu Gegenstand. Welche Mühe, erinnert er sich, hat es gekostet, all dies zusammenzubringen, zu prüfen, zu berechnen, zu bezahlen! Welche Kämpfe bei Tag mit den Ämtern, den Händlern, und welche Angst dann in den Nächten, etwas vergessen, etwas falsch verteilt zu haben! Aber nun scheint endlich alles vorhanden, was zweihundertfünfundsechzig Mägen auf dieser Fahrt benötigen werden. Für die Menschen, für die Matrosen ist gesorgt. Doch auch Schiffe sind lebende, sind sterbliche Wesen, und jedes verbraucht im Kampf mit den Elementen viel von seiner Widerstandskraft. Der Sturm zerreißt die Segel, zerzerrt und zerfetzt die Taue, das Seewasser frißt am Holz und rostet das Eisen, die Sonne brennt die Farben aus, die Dunkelheit verbraucht Öl und Kerzen. Jedes einzelne Ausrüstungsstück muß also zweifach und mehrfach vorhanden sein, Anker und Tauwerk, Holz und Eisen und Blei, Stämme für neue Mäste, Sackleinwand für frische Segel. Nicht weniger als vierzig Wagenladungen Holz führen die Schiffe mit, um jeden Schaden sofort ausflicken, jede Planke, jede Rippe erneuern zu können, dazu ganze Tonnen voll Teer und Pech und Wachs und Werg, um die Fugen zu dichten; selbstverständlich fehlt nicht das nötige Arsenal von Zangen und Sägen und Bohrern und Schrauben und Schaufeln und Hämmern und Nägeln und Piken. Tausende von Angelhaken, Dutzende Harpunen und ein reichlicher Vorrat an Fischernetzen liegen gehäuft, um unterwegs Fische zu fangen, die neben dem mitgenommenen Brot die Hauptnahrung der Mannschaft sein müssen. Für die Beleuchtung des Nachts ist durch neunundachtzig kleine Laternen und vierzehntausend Pfund Kerzen auf längste Zeit gesorgt, nicht eingerechnet dabei die großen schweren Wachskerzen für die Messe. Auch für den nautischen Dienst ist alles auf weite Frist berechnet: Kompasse und Kompaßnadeln, Stundengläser, Astrolaben, Quadranten und Planisphären, unersetzlich jedes Stück, und für die Rechenbeamten fünfzehn leere Bücher (denn wie außer in China ein einziges Blatt Papier sich nachschaffen auf dieser Reise?). Unerfreuliche Zwischenfälle werden gleichfalls vorausbedacht: Medizinkasten für die Apotheke, Schröpfzangen für die Bader, Handschellen und Ketten für Unbotmäßige; aber ebenso ist für Unterhaltsamkeit gesorgt durch fünf große Trommeln und zwanzig Tambourine, zu denen wohl auch ein paar Fiedeln, Pfeifen und Dudelsäcke sich gefunden haben mögen.

Dies nur ein kleiner Auszug aus Magellans wahrhaft homerischem Schiffskatalog, nur einige wesentliche von den tausend Dingen, die Mannschaft und Schiffe auf so unberechenbarer Reise für sich benötigen. Aber diese Flotte, die mit aller Ausrüstung an die acht Millionen Maravedis kostet, hat der künftige

Herr beider Welten ja keineswegs bloß aus Neugier ins Unbekannte gesandt; diese fünf Schiffe sollen nicht nur kosmographische Resultate, sondern auch Geld und so viel Geld als möglich dem Konsortium der Unternehmer heimbringen! Tauschware für die erhofften Handelsartikel muß also reichlich mitgenommen und geschickt gewählt werden. Nun kennt Magellan von seinen Indienfahrten auf das genaueste den naiven Geschmack der Naturkinder. Er weiß, zwei Dinge machen überall Effekt: der Spiegel, in dem der schwarze, braune oder gelbe Erdbewohner zum erstenmal erstaunt sein eigenes Antlitz anstarren kann, und dann die Glocken und Glöckchen, dieses ewige Kinderentzücken. Nicht weniger als zwanzigtausend dieser kleinen Lärminstrumente führt man darum mit, dazu neunhundert kleine und zehn große Spiegel (von denen leider die meisten zerschlagen ankommen werden), vierhundert Messer, „made in Germany" (ausdrücklich vermerkt die Liste: „400 Docenas de cuchillos de Alemania de los peores", Messer aus Deutschland billigster Sorte), fünfzig Dutzend Scheren, dann natürlich die unvermeidlichen bunten Schnupftücher und roten Kappen, Messingarmringe, falsche Edelsteine und bunte Glasgüsse. Ein paar türkische Anzüge werden als Paradestücke beiseite gelegt sowie die üblichen grellen Fetzen aus Samt und Wollzeug – im ganzen eine heillose Ramschware, in Spanien so wertlos wie auf den Molukken das Gewürz, aber ideal so den Sinn eines Handelsgeschäfts erfüllend, bei dem Käufer und Verkäufer zehnfach den Wert der heimischen Ware im Tausche überzahlt bekommen und doch beide kräftig verdienen.

Diese Kämme und Kappen, Spiegel und Spielereien gelten freilich nur für den freundlichen Fall, daß die Eingeborenen zu friedlichem Tausch sich bereit finden. Jedoch auch für die andere, die kriegerische Möglichkeit, ist ausgiebig gesorgt. Achtundfünfzig Kanonen, sieben lange Falkonetten, drei schwere Mörser blinzeln böse aus den Luken, Kugeln aus Eisen und Stein beschweren reichlich den Schiffsbauch und dazu noch ganze Tonnen Blei, um weitere zu gießen. Tausend Lanzen, zweihundert Piken und zweihundert Schilde zeigen entschlossene Gesinnung, außerdem ist mehr als die Hälfte der Mannschaft mit Helmen und Brustplatten ausgerüstet. Für den Admiral selbst werden zwei Harnische eigens aus Bilbao bestellt, die ihn von Kopf bis Fuß ganz in Eisen kleiden: als übernatürliches, unverwundbares Wesen kann er darin den fremden Völkern entgegentreten. So ist, obwohl Magellan seinem Plane wie seinem Charakter gemäß jeden Kampf zu vermeiden gedenkt, diese Expedition militärisch nicht schlechter ausgerüstet als jene des Hernando Cortez, der im gleichen Sommer 1519 am andern Ende der Welt mit seiner Handvoll

Leute ein Millionenreich erobert: ein heldisches Jahr für Spanien kann beginnen.

Eindringlich und mit der wachen, unbeirrbaren Geduld, die ihn auszeichnet, hat Magellan noch einmal, zum letztenmal, jedes der fünf Schiffe auf Fahrtüchtigkeit, auf Ladung und Ausrüstung geprüft. Nun einen Blick auf die Mannschaft! Nicht leicht hat es gehalten, sie anzuheuern, Wochen und Wochen hat es gedauert, ehe man sie zusammenkehrte aus den letzten Hafengassen und Tavernen; zerlumpt, verdreckt, undiszipliniert sind sie angerückt gekommen, und noch immer reden sie durcheinander das krauseste Volapük, spanisch der eine, italienisch der andere, französisch der dritte, portugiesisch und griechisch, katalanisch und deutsch. Ja, es wird noch gute Zeit dauern, ehe diese Olla podrida zusammengekocht ist in eine gute, verläßliche, stramme Schiffsmannschaft. Aber ein paar Wochen an Bord, und er wird sie schon fest in die Hand bekommen! Wer selbst sieben Jahre simpler Sobresaliente, Matrose und Kriegsmann gewesen, weiß, was Matrosen brauchen, wieviel man von ihnen verlangen darf und wie man sie behandeln muß. Die Mannschaft macht dem Admiral wenig Sorge.

Aber eine unangenehme Spannung spürt er nahe der Galle, wenn er auf die drei spanischen Kapitäne blickt, die ihm als Kommandanten der andern Schiffe zugeteilt sind. Unwillkürlich straffen sich seine Muskeln wie die eines Ringers unmittelbar vor dem beginnenden Kampfe. Denn mit wie kalter, hochmütiger Miene, mit wie schlecht verhehlter und vielleicht sogar absichtlich schlecht verhehlter Verächtlichkeit sieht dieser veedor, dieser königliche Oberaufseher, Juan de Cartagena an ihm vorbei, dem er an Stelle Faleiros das Kommando des „San Antonio" übertragen mußte. Gewiß, Juan de Cartagena ist ein Seemann von Rang und Erfahrung und seine persönliche Ehrenhaftigkeit ebensowenig zu bezweifeln wie sein Ehrgeiz. Aber wird der adelige Kastilianer diesen Ehrgeiz bezähmen können? Wird dieser Vetter des Bischofs von Burgos, dem der König Faleiros Titel der „conjuncta persona" übertragen hat, sich wirklich, wie er geschworen hat, ihm unterordnen? Immer wieder erinnert sich Magellan, da er ihn anblickt, der Worte, die Alvarez ihm ins Ohr geflüstert, es hätten außer ihm noch andere besondere Vollmachten in der Tasche, von denen er erst erfahren werde, wenn es schon zu spät sei für seine Ehre. Nicht minder feindselig blickt Luis de Mendoza, der die „Victoria" kommandiert. Schon in Sevilla hat er einmal frech den Gehorsam verweigert, und doch durfte Magellan diesen heimlichen Feind nicht entlassen, den der Kaiser ihm als tesorero mitgegeben. Nein, es besagt nicht viel, daß feierlich alle diese Offiziere in der Kathedrale von Santa Maria de la Victoria im Schatten der entbreiteten Fahne ihm Treue und Gehorsam geschworen; im inneren Herzen bleiben sie Feinde und Neider. Man wird achthaben müssen auf diese spanischen Edelleute.

Ein Glück darum, daß es wenigstens einigermaßen gelungen ist, das königliche Reskript und die verärgerten Proteste der Casa de Contratacion zu umgehen und dreißig Portugiesen, darunter ein paar verläßliche Freunde und Blutsverwandte, in die Flotte zu schmuggeln. Da ist vor allem Duarte Barbosa, sein Schwager, trotz seiner Jugend schon ein erprobter Weltfahrer, da ist Alvaro de Mesquita, gleichfalls ihm nahe verwandt, und Estevão Gomez, der trefflichste Pilot Portugals. Da ist João Serrão, der zwar als Spanier in den Listen geführt wird und auf spanischen Expeditionen mit Pizarro und Pedro d'Arias in der Castilia del oro gewesen ist, aber als Verwandter des Francisco Serrão, des Blutsfreunds Magellans, doch irgendwie sein Landsmann sein muß. Großen Gewinn bedeutet ferner João Corvalho, der schon vor vielen Jahren in Brasilien gewesen ist und sogar einen Sohn an Bord mitbringt, den er drüben mit einer braunen brasilianischen Frau gezeugt hat. Beide können sie dank ihrer Sprache und Ortskenntnis in jenem Lande die besten Wegbereiter sein; gelingt es aber anderseits, von Brasilien hinüber in den malaiischen Sprachkreis, zu den Gewürzinseln und nach Malacca zu gelangen, dann wird Magellans Sklave Enrique sich als Dolmetsch bewähren. Ein halbes Dutzend oder ein Dutzend Männer sieht er also im ganzen unter den zweihundertfünfundsechzig, auf deren Treue er sich unbedingt verlassen kann. Das ist nicht viel. Aber wer keine Wahl hat, muß wagen, auch wenn die Zahl und die Stunde wider ihn steht.

Ernst, mit innerlichster Prüfung jedes einzelnen hat Magellan die Front abgeschritten, unaufhörlich im geheimenrechnend und überrechnend, wer im Entscheidungsfalle zu ihm stehen würde und wer wider ihn. Ohne daß er es bemerkt, hat die Anstrengung seine Stirn in Falten gestrafft. Aber auf einmal löst sich die Spannung, unwillkürlich muß er lächeln. Mein Gott, den hätte er beinahe vergessen, diesen einen Überzähligen und Überflüssigen, der da in letzter Stunde noch hereingeschneit kam! Wirklich nur durch einen blanken Zufall ist dieser stille, bescheidene, blutjunge Italiener Antonio Pigafetta, Angehöriger eines alten Adelsgeschlechts in Vincenza, in diese bunte Gesellschaft von Abenteurern, Ehrgeizigen, Geldraffern und Desperados gerutscht. Mit dem Gefolge des päpstlichen Protonotars an den Hof Karls V. nach Barcelona gekommen, hörte dort der noch unbärtige Rhodosritter von einer geheimnisvollen Expedition reden, die auf ganz unbekanntem Wege zu bisher unerreichten Zielen und Zonen führen soll. Nun hat Pigafetta wahrscheinlich das in seiner Vaterstadt Vincenza 1507 gedruckte Buch Vespuccis über die „Paese novamente retrovati“ gelesen, wo Vespucci von seiner Lust erzählt, „di andare e vedere parte del mondo e le sue meraviglie“. Vielleicht hat auch der vielgelesene „Itinerario“ seines Landsmannes Lodovico Varthema den jungen Italiener begeistert; mächtig erregt ihn der Gedanke, auch für sein eigen Teil etwas von den „großartigen und schauervollen Dingen des Ozeans“ mit eigenen Augen erblicken zu dürfen. Karl V., an den er sich mit seiner Bitte wendet, an dieser geheimnisvollen Expedition teilnehmen zu dürfen, empfiehlt ihn an Magellan, und mit einemmal steht zwischen all diesen professionellen Seefahrern, Geldmachern und Abenteurern ein sonderbarer Idealist, der nicht um des Ruhms und nicht um des Geldes willen sich in die Gefahr wagt, sondern aus ehrlicher Globetrotterleidenschaft, der als Dilettant im schönsten Sinne, also nur um seines diletto willen, um der Freude willen zu sehen, zu erfahren, zu bewundern, zu bestaunen, sein Leben für das Abenteuer einsetzt.

Aber in Wahrheit wird gerade dieser Unscheinbare und Überflüssige für Magellan der wichtigste Teilnehmer seiner Fahrt werden. Denn was gilt eine Tat, wenn sie nicht dargestellt wird? Nie ist eine historische Tat schon vollendet, wenn sie vollzogen wird, sondern immer erst, wenn sie der Nachwelt überliefert wird. Was wir Geschichte nennen, stellt keineswegs die Summe aller bedeutsamen Taten dar, die jemals in Raum und Zeit sich ereignet haben; die Weltgeschichte, die Welthistorie umfaßt einzig jenen kleinen belichteten Ausschnitt, der zufällig von dichterischer oder gelehrter Darstellung erhellt wurde. Nichts wäre Achill ohne Homer, Schatten bleibt jede Gestalt, und wie leere Welle zerrinnt jede Tat im unermeßlichen Meer der Geschehnisse ohne den Chronisten, der sie in seiner Darstellung erstarren läßt, oder den Künstler, der sie neu und bildnerisch formt. So wüßten wir auch wenig von Magellan und seiner Tat, hätten wir nur die eine Dekade Peter Martyrs, den knappen Brief des Maximilian Transsylvanus und die paar trockenen Aufzeichnungen und Logbücher der verschiedenen Piloten. Nur dieser eine kleine Rhodosritter, dieser Überzählige und Überflüssige, hat Magellans Tat der Nachwelt zur Anschauung gebracht.

Nun war unser braver Pigafetta gewiß kein Tacitus oder Livius. Auch in der Schriftstellerei wie in der Abenteurerkunst blieb er nichts als ein sehr sympathischer Dilettant. Menschenkenntnis kann man nicht gerade seine Stärke nennen; die wichtigsten seelischen Spannungen zwischen Magellan und den Kapitänen scheint er an Bord völlig verschlafen zu haben. Aber gerade weil Pigafetta sich um Zusammenhänge wenig kümmert, beobachtet er akkuratest die Einzelheiten und verzeichnet sie mit der munteren Sauberkeit eines Pennälers, der als Schulaufgabe seinen Sonntagsausflug zu schildern hat. Nicht immer ist er zuverlässig, manchmal läßt er sich in seiner naiven Art von den alten Piloten, die in ihm sofort das Greenhorn erkennen, die mächtigsten Bären aufbinden; aber all diese kleinen Fabeleien und Unverläßlichkeiten hat Pigafetta reichlich gutgemacht durch seine neugierige Sorgsamkeit, mit der er jede Einzelheit beschreibt; und daß er sich sogar die Mühe nahm, die Patagonier nach der Berlitz-Methode auszufragen, hat dem kleinen Rhodosritter unvermutet den historischen Ruhm gebracht, das erste schriftliche Wörterbuch amerikanischer Vokabeln angelegt zu haben. Jedoch noch höhere Ehre ist ihm geworden. Denn niemand geringerer als Shakespeare bedient sich für seinen „Tempest" einer Szene aus Pigafettas Reisebuch, und was kann einem mittelmäßigen Schriftsteller Herrlicheres geschehen, als daß ein Genius aus seinem vergänglichen Werk etwas für sein unvergängliches nimmt und so einen belanglosen Namen auf seiner Adlerschwinge mitaufhebt in seine ewige Sphäre?

Magellan hat seinen Rundgang beendet. Mit ruhigem Gewissen kann er sich sagen: alles, was ein sterblicher Mensch errechnen und vorausdenken konnte, hat er vorausberechnet und durchdacht. Aber eine Abenteuer-, eine Entdeckungsfahrt fordert noch höhere Mächte als die irdisch meßbaren und wägbaren heraus. Ein Mann, der alle Möglichkeiten des Gelingens auf das genaueste vorauszubestimmen versucht, muß auch das wahrscheinlichste Ende solcher Fahrt in Betracht ziehen: die Nichtwiederkehr. So verfaßt Magellan, nachdem er seinen Willen in irdisches Werk umgesetzt, zwei Tage vor der Ausfahrt seinen letzten Willen.

Dieses Testament Magellans kann man nicht ohne Ergriffenheit lesen. Denn im allgemeinen kennt, wer einen letzten Willen verfaßt und unterfertigt, wenigstens annähernd den Umfang seiner Habe. Aber wie könnte Magellan auch nur ungefähr abschätzen, wie viel er zu vererben hat? Noch steht in den Sternen geschrieben, ob er in einem Jahre ein Bettler sein wird oder einer der reichsten Männer der Erde. Denn seine ganze Habe besteht einzig in jenem Vertrag mit der Krone. Gelingt die Fahrt, findet Magellan den sagenhaften „paso", gelangt er zu den Gewürzinseln und von dort mit reichlicher Ladung zurück, dann kehrt, der als armer Abenteurer ausgefahren, als Krösus nach Sevilla heim. Entdeckt er außerdem neue Inseln unterwegs, so fällt Söhnen und Enkeln zu all diesem Reichtum noch der erbliche Titel eines Gouverneurs und Adelantados zu. Geht aber sein Weg in die Irre, zerschellen die Schiffe, dann werden seine Frau, seine Kinder vor den Kirchen mit erhobenen Händen das Mitleid der Frommen anrufen müssen, um nicht zu verhungern. Nur bei den oberen Mächten, denselben, die Wind und Wellen lenken, liegt die Entscheidung. Und Magellan als inbrünstig frommer Katholik beugt sich im voraus demütig vor Gottes unerforschlichem Willen. Ehe an die Menschen und die Ämter, wendet dies ergreifende Testament sich darum an den „höchsten und allmächtigen Gott, unseren Herrn, der ohne Anfang und Ende waltet". Erst spricht in diesem Testament der Christ, dann der Edelmann und am Ende erst der Gatte, der Vater.

Aber auch in frommen Verfugungen wird ein Magellan niemals vage und verworren sein, und die gleiche erstaunliche Vorausdenkekunst wie während seines Lebens wendet er auch an sein Nachleben. Alle Möglichkeiten sind vorausgesehen und sorgsam abgestuft. „Wenn dies mein gegenwärtiges Leben enden und das ewige beginnen sollte", wünsche er „am liebsten in Sevilla im Kloster von Santa Maria de la Victoria in einem eigenen Grabe bestattet zu werden". Sollte ihn dagegen der Tod auf der Reise ereilen und keine Möglichkeit bestehen, seinen Leichnam in die Heimat zu bringen, „dann möge man seine Leiche in der nächsten Kirche, die der Mutter Gottes gewidmet ist, zur letzten Ruhe betten". Fromm und präzise zugleich, verteilt der gläubige Christ die religiösen Legate. Ein Zehntel von jenem Fünftel aus dem Vertrage soll zu gleichen Teilen dem Kloster von Santa Maria de la Victoria, dem Kloster von Santa Maria Monserrat und dem Kloster von San Domingo in Oporto zufallen, tausend Maravedis der Kapelle von Sevilla, wo er das heilige Abendmahl (vor der Ausfahrt) empfangen habe und es mit Gottes Willen (nach der glücklichen Heimkehr) wieder zu erhalten hoffe. Einen Silberreal vermacht er dem heiligen Kreuzzug, einen andern Silberreal zur Auslösung christlicher Gefangener aus den Händen der Heiden, einen andern Real dem Siechenhaus von San Lazaro, einen vierten und fünften dem Hospital de las Bubas und der Casa de San Sebastian, damit die Empfänger des Almosens „dort zu Gott unserem Herrn für meine Seele beten mögen". Dreißig Messen sollen über seinem Leichnam und dreißig Tage nach seiner Bestattung noch ebenso viele in Santa Maria de la Victoria gelesen werden. Außerdem bestimmt er, „daß an diesem Tage meiner Bestattung drei Arme bekleidet werden mögen, daß jeder einen Rock von grauem Stoff, eine Mütze, ein Hemd und ein Paar Schuhe erhalte, damit sie zu Gott für meine Seele beten. Und ich wünsche, daß an diesem Tage nicht nur diese drei Armen gespeist werden, sondern noch zwölf andere, damit auch sie zu Gott für meine Seele flehen, und daß ein goldener Dukaten als Almosen für die Seelen im Fegefeuer gespendet werde."

Nachdem so die Kirche ihr frommes Teil an seinem Erbe erhalten, erwartet man, nun werde dieser letzte Wille sich endlich Frau und Kind zuwenden.

Aber rührenderweise bedrückt den tiefreligiösen Mann noch mehr die Sorge um das Schicksal seines Sklaven Enrique. Vielleicht hat schon vordem sein Gewissen Bedenken empfunden, ob ein wahrer Christ einen Sklaven und gar einen, der die christliche Taufe empfangen und damit ein Glaubensbruder, ein Wesen mit unsterblicher Seele geworden war, wie ein Stück Erde oder einen Rock sein Eigentum nennen dürfe. Keinesfalls aber will Magellan mit solcher Unruhe der Seele vor Gott hintreten; deshalb verfügt er, daß „von meinem Todestage an mein Gefangener und Sklave Enrique, geboren in der Stadt Malacca und etwa sechsundzwanzig Jahre alt, frei von jeder Verpflichtung der Sklaverei oder Unterwürfigkeit sei und er dann tun und lassen möge nach seinem Belieben. Ferner wünsche ich, daß aus meinem Nachlaß zehntausend Maravedis in barem Geld zu seiner Unterstützung gegeben werden. Dieses Erbe sichere ich ihm zu, weil er ein Christ geworden ist und damit er zu Gott bete für mein Seelenheil."

Nun erst, nachdem er inbrünstig an zukünftiges Leben gedacht und die „guten Werke vorausgesehen, welche auch für den Sündigsten Fürsprecher sein können bei dem Jüngsten Gericht", wendet sich Magellan in seinem Testament der Familie zu. Aber auch hier geht der Sorge um Geld und Gut die Verfügung über etwas Immaterielles voran: die Erhaltung seines Wappenschilds und adeligen Namens; bis ins zweite oder dritte Glied verfügt Magellan, wer, falls sein Sohn – düstere Ahnung! – ihn nicht überleben sollte, seine „armas", sein Wappenschild, führen dürfe. Wie der Christ, so sehnt auch der Adelsmann sich in diesem letzten Willen inbrünstig nach Unsterblichkeit. Dann erst verteilt Magellan sein – in Wind und Welle noch flutendes – Vermögen an Weib und Kind; mit fester, steifer Schrift, aufrecht wie er selber, unterschreibt der Admiral das Blatt „Hernando de Magallanes". Aber nicht mit einem Federstrich läßt das Schicksal sich binden, nicht mit Gelübden sich beschwichtigen – stärker ist sein herrischer Wille als eines Menschen inbrünstigster Wunsch. Nicht eine einzige Verfügung von all jenen, die Magellan getroffen, ist verwirklicht worden; ein leeres nichtiges Blatt wird Magellans letzter Wille bleiben. Die er zu Erben gesetzt, werden nicht erben, die Armen, die er bedacht, nicht getröstet werden; sein Leib wird nicht bestattet sein an der erbetenen Stätte und verloren sein Wappenschild. Nur die Tat, die er selbst erfüllte, wird den Weltfahrer überdauern und einzig die ganze Menschheit ihm ein Erbe zu danken haben.

Die letzte Pflicht in der Heimat ist getan. Nun kommt der Abschied. Zitternd steht vor ihm die Frau, mit der er ein einziges Jahr und ein halbes zum erstenmal in seinem Leben wahrhaft glücklich gewesen. Sie hält in den Armen den Sohn, den sie ihm geboren, Schluchzen schüttelt ihren abermals gesegneten Leib. Einmal sie noch umarmt, zum letztenmal, dann Barbosa die Hand gedrückt, dem er den Sohn, den einzigen, in sein Abenteuer entführt! Dann rasch, um nicht schwächlich zu werden an den Tränen der verlassenen Frau, im Boote hinab nach San Lucar, wo die Flotte ihn erwartet. Noch einmal empfängt in der kleinen Kirche von San Lucar nach geleisteter Beichte Magellan mit der gesamten Mannschaft das Abendmahl. Mit dem Morgengrauen – es ist Dienstag, der 20. September 1519, und es wird ein Datum der Weltgeschichte sein – klirren die Anker empor, die Segel flattern, die Geschütze donnern hinüber zum entschwindenden Land: die weiteste Entdeckungsfahrt, das kühnste Abenteuer in der Geschichte der Menschheit hat begonnen.

## Die vergebliche Suche

### 20. September 1519 - 1. April 1520

Am 20. September 1519 war die Flotte Magellans vom Festland abgestoßen. Aber schon beginnt in jenen Jahren Spanien weit über Europa hinauszureichen; als die fünf Schiffe sechs Tage später auf den Kanarischen Inseln in Teneriffa zwischenlanden, um die Vorräte an frischem Wasser und Lebensmitteln zu ergänzen, befinden sie sich noch immer im Hoheitsgebiet Karls V. Noch einmal ist es den Weltfahrern verstattet, mit ihren Füßen auf der guten, festen Heimatserde zu schreiten, noch einmal im eigenen Sprachkreis zu atmen, ehe sie weitersteuern ins Unbekannte.

Aber bald geht diese letzte erlaubte Rast zu Ende. Schon will Magellan wieder Segel setzen, da kommt, von ferne schon winkend, eine Karavelle von Spanien nachgefahren, die Magellan geheime Botschaft von seinem Schwiegervater Diego Barbosa bringt. Wie meist bedeutet geheime Nachricht zugleich schlimme Nachricht. Barbosa warnt seinen Schwiegersohn, er habe sichere Kunde von einem Geheimpakt der spanischen Kapitäne an Bord, Magellan unterwegs den Gehorsam zu verweigern; das Haupt der Verschwörung sei Juan de Cartagena, der Vetter des Bischofs von Burgos. Magellan hat keinen

Grund, an der Redlichkeit und Richtigkeit dieser Warnung zu zweifeln; allzu genau bestätigt sie die dunkle Drohung jenes Spions Alvarez, „es seien andere ausgesandt mit gegenteiligen Befehlen, aber das werde er erst zu einer Zeit erfahren, wenn es zu spät sei für seine Ehre". Jedoch die Würfel sind geworfen, und nur noch härter wird die Härte Magellans angesichts der offenbaren Gefahr. Stolz schreibt er nach Sevilla zurück, was immer geschehe; er werde beharren in seinem Dienste für den Kaiser und setze sein Leben als Pfand. Ohne einen einzigen an Bord ahnen zu lassen, welche düstere und allzu wahre Warnung ihm jener Brief gebracht, der letzte, den er zeitlebens empfängt, befiehlt er, die Anker zu heben, und nach wenigen Stunden verdämmert schon der Pik von Teneriffa in der Ferne. Zum letztenmal haben die meisten von ihnen die heimische Erde gesehen.

Die schwierigste Aufgabe Magellans inmitten aller Schwierigkeiten auf dieser Fahrt besteht darin, die fünf Segelschiffe, die völlig verschiedenes Tonnenmaß und jedes eine andere Fahrtgeschwindigkeit haben, ständig als einheitliche Gruppe zusammenzuhalten: verliert nur eines sich, so ist es im riesigen, weglosen Ozean für die Flotte verloren. Schon vor der Abreise hat Magellan darum im Einverständnis mit der Casa de Contratacion ein besonderes System ausgearbeitet, um ständigen Kontakt aufrechtzuerhalten. Zwar ist den Contromaestres, den Schiffskapitänen und Piloten die „derota", die allgemeine Fahrtrichtung, mitgeteilt, aber auf dem offenen Meere soll dann nichts als der Befehl gelten, dem Kielwasser der „Trinidad", des vorausfahrenden Flaggschiffs, einfach zu folgen. Bei Tag bedeutet dieses bloße Nachfolgen keinerlei besondere Anforderung; selbst bei schwerem Sturm können die Schiffe einander ständig in Sicht behalten; schwieriger dagegen wird es nachts für die fünf Segelschiffe, ständig in Fühlung zu bleiben, und ein besonders ersonnenes Verständigungssystem durch Lichtsignale muß diese Verbindung aufrechterhalten. Bei Einbruch der Dunkelheit wird am Heck der „Trinidad" eine hölzerne Fackel in einer Laterne (farol) entzündet, damit die nachfolgenden Schiffe die richtunggebende „Capitana" nicht aus dem Auge verlieren können. Zündet man aber auf der „Trinidad" außer der Holzfackel noch zwei andere Lichter auf, so ist damit den andern Schiffen bedeutet, sie sollten langsamer segeln oder wegen des ungünstigen Windes lavieren. Drei Lichter besagen, eine Bö sei zu erwarten, und raten an, das untere Segel einzuziehen, vier Lichter, alle Segel zu streichen. Unruhiges Flackerfeuer auf dem Admiralschiff oder Kanonenschüsse mahnen die nachfolgenden Schiffe zur Vorsicht, da Untiefen oder Sandbänke in der Nähe zu befürchten seien; auf diese Art ist für alle denkbaren Zufälle oder Unfälle ein ingeniöses Signalsystem durch nächtliche Feuersprache ausgearbeitet.

Jedes Zeichen aber dieses primitiven Lichttelegraphen hat jedesmal von jedem Schiffe sofort in gleicher Weise beantwortet zu werden, damit der Generalkapitän wisse, ob seine Befehle verstanden und vollzogen wurden; überdies hat jeden Abend knapp vor Einbruch der Dunkelheit jedes der vier Schiffe an das Flaggschiff heranzusteuern, den Admiral zu begrüßen mit den Worten: „Dios vos salve sefior capitan-general y maestre é buena compania“ und die Befehle für die Zeit der drei Nachtwachen entgegenzunehmen. Durch diesen täglichen Rapport aller vier Kapitäne vor dem Admiral scheint die Disziplin vom ersten Tage an gewährleistet; das Flaggschiff führt und die andern Schiffe folgen, der Admiral befiehlt den Kurs und die andern Kapitäne haben ihn ohne Frage und Klage einzuschlagen.

Aber gerade, daß die Führung derart straff und autoritativ in den Händen eines einzigen Mannes liegt und daß dieser schweigsame, auf seine Geheimnisse versessene Portugiese sie jeden Tag antreten läßt wie Rekruten und nach empfangener Ordre wieder wegschickt, als ob sie bloße Handlanger wären, verstimmt die Kapitäne der vier andern Schiffe. Ohne Zweifel hatten sie gehofft – und man muß es sagen: nicht ohne Berechtigung –, Magellan habe in Spanien nur deshalb so geheimniskrämerisch mit jeder Auskunft über das eigentliche Ziel der Reise zurückgehalten, weil er das Geheimnis des „paso“ nicht dem Schwatz und der Spionage aussetzen wollte; auf der offenen See aber werde er diese Vorsicht nicht mehr gelten lassen, sie an Bord des Admiralschiffs berufen und an Hand seiner Karten ihnen endlich den bisher eifersüchtig verschwiegenen Plan auseinandersetzen. Statt dessen sehen sie Magellan eher noch schweigsamer werden, noch kälter, noch unzugänglicher. Er beruft sie nicht an Bord, er befragt sie nicht um ihre Meinung, er holt nicht ein einziges Mal von einem der erprobten Kapitäne Rat ein. Nur der Fahne bei Tag, nur dem farol bei Nacht haben sie stumpf und gehorsam nachzufolgen wie der Hund seinem Herrn. Einige Tage nehmen die spanischen Offiziere die schweigende Selbstverständlichkeit, mit der ihnen Magellan wortlos voraussteuert, gelassen hin. Aber als der Admiral, statt geradewegs Südwest nach Brasilien zu segeln, den vorbesprochenen Kurs stärker südlich nimmt und bis Sierra Leone hinab knapp an der Küste Afrikas bleibt, stellt Juan de Cartagena bei dem abendlichen Appell die offene Anfrage, warum entgegen den ursprünglich gegebenen Instruktionen der Kurs geändert worden sei.

Diese offene Anfrage bedeutet keineswegs eine Überheblichkeit von seiten Juan de Cartagenas (und es tut not, dies ausdrücklich zu betonen, weil in den meisten Darstellungen, um Magellan zu entlasten, Juan de Cartagena von Anfang an als schwarzer Verräter dargestellt wird). Nur logisch und durchaus berechtigt muß man es nennen, wenn die vom König ernannte conjuncta persona, wenn der Kapitän des größten Schiffs und veedor der spanischen Krone den Oberkommandanten höflich fragt, warum eigentlich der vorbestimmte Kurs geändert worden sei. Überdies hat auch im nautischen Sinne Juan de Cartagena recht, denn der neu anbefohlene Kurs wird sich als ein völlig umwegiger erweisen, der zweifellos die Flotte überflüssige vierzehn Tage gekostet hat. Welche Gründe Magellan bewogen haben, die Route zu ändern, ist nicht bekannt. Vielleicht ist er die Küste Afrikas so tief bis Guinea hinabgefahren, um dort – ein technisches Geheimnis der portugiesischen Seefahrt, das die Spanier nicht kannten – „tomar barlavento", „den richtigen Passatwind zu fangen", oder er wich vom gewohnten Kurse ab, weil er den Schiffen, die König Manoel von Portugal angeblich nach Brasilien beordert hatte, um seine Flotte zu kapern, lieber ausweichen wollte. Jedenfalls wäre es für Magellan ein leichtes gewesen, in loyaler und kollegialer Weise den andern Kapitänen die Gründe seines Kurswechsels auseinanderzusetzen.

Aber Magellan geht es nicht um diesen Einzelfall, sondern um ein Prinzip. Nicht um ein paar Meilen mehr Südwest oder Südsüdwest, sondern um eine Feststellung, die von Anfang an die Disziplin der Flotte garantieren soll. Sind wirklich Verschwörer an Bord, wie sein Schwiegervater ihm berichtete, so will er sie lieber von Angesicht zu Angesicht kennen. Bestehen tatsächlich zweideutige Instruktionen, die man ihm verheimlicht hat, so müssen sie eindeutig gemacht werden, und zwar zugunsten seiner Autorität. Ausgezeichnet kommt es ihm darum zupaß, daß gerade Juan de Cartagena ihn zur Rede stellt, denn nun muß zum Austrag kommen, ob dieser spanische Hidalgo ihm gleichgestellt ist oder unterstellt. Etwas zweideutig ist ja in der Tat dieses Rangverhältnis geworden. Ursprünglich war Juan de Cartagena vom Kaiser als veedor-general mitgeschickt worden, und in dieser Eigenschaft sowie als Kapitän des „San Antonio" wäre er dem Admiral ohne Beratungs- und Befragungsrecht unterstellt gewesen. Anders aber wurde die Situation, als Magellan seinen Partner Faleiro abschob und an seiner Stelle Juan de Cartagena zur „conjuncta persona" ernannt wurde, denn „conjuncta" heißt doch beigeordnet. Beide können nun auf ein königliches Dokument pochen, Magellan auf das seine, das ihm klar den Alleinbefehl und Oberbefehl der Flotte zuteilt, Juan de Cartagena auf die „cedula", die ihn anweist, „darüber zu wachen in dem Falle, wenn er irgendeine Nachlässigkeit bemerke und die Scharfsicht oder Umsicht der andern versage". Hat aber diese conjuncta persona Rechenschaft auch vom Admiral zu fordern? Diese Frage will Magellan nicht einen Augenblick in Schwebe lassen. Und darum beantwortet er gleich die erste Anfrage Juan de Cartagenas mit dem groben Bescheid, „niemand hätte von ihm Erklärungen zu fordern und alle einfach ihm nachzufolgen" (que le siguissen y no le pidiessen mas cuenta).

Das ist grob; aber Magellan will lieber sofort mit dem Knüppel zuschlagen, als lange drohen oder paktieren. Deutlich ist damit den spanischen Kapitänen (und vielleicht Verschwörern) auf den Kopf zugesagt: „Gebt euch keiner Täuschung hin, ich behalte das Steuer eisern und allein in der Hand." Aber wenn auch eine griffige, eine grimmige, eine harte Faust, so fehlte der Hand Magellans doch manche gute Fähigkeit und eine vor allem: durch Geschicklichkeit wieder zu glätten, wo sie zu wild zugegriffen. Nie hat Magellan die Kunst erlernt, harte Dinge auf freundliche Weise zu sagen, sich auf herzliche, aufgetane Art mit Vorgesetzten oder mit Untergebenen zu verständigen. So mußte von Anfang an um diesen Mann, der ein Energiezentrum ersten Rangs war, eine gespannte, eine feindselige, verärgerte Atmosphäre entstehen und diese latente Mißstimmung sich in dem Maße verschärfen, als der von Juan de Cartagena beanstandete Kurswechsel sich tatsächlich als offenkundiger Fehler Magellans erweist. Der Windfang ist nicht: gelungen; zwei Wochen lang stocken und stehen die Schiffe auf dem windstillen Meer. Dann wieder geraten sie in so heftige Stürme, daß nach Pigafettas romantischem Bericht sie nur durch die leuchtende Erscheinung des Corpo Santo, der heiligen Leiber der Schutzpatrone St. Anselm, St. Nikolaus und Santa Klara (das St. Elmsfeuer) gerettet werden. Vierzehn Tage sind durch Magellans eigenwilligen Kurswechsel vertan, und schließlich kann und will Juan de Cartagena nicht mehr an sich halten. Da Magellan Rat mißachtet, da er Kritik nicht duldet, soll die ganze Flotte sehen, wie wenig Achtung er, Juan de Cartagena, vor diesem miserablen Seefahrer hat. Zwar steuert wie immer auch an jenem Abend gehorsam sein Schiff, der „San Antonio", an die „Trinidad" zum Rapport heran, um Magellans Aufträge zu empfangen. Aber zum erstenmal zeigt sich Juan de Cartagena nicht persönlich an Deck seines Schiffs zum vorgeschriebenen Salut. Er schickt an seiner Statt den Quartiermeister, und dieser begrüßt den Admiral mit den Worten: „Dios vos salve, señor capitan y maestre."

Magellan gibt sich nicht eine Minute der Täuschung hin, diese fehlerhafte Begrüßung sei ein absichtsloses, ein bloß zufälliges Versehen. Wenn gerade Juan de Cartagena ihn nur als Kapitän (capitan) und nicht als den Admiral (capitan-general) ansprechen läßt, soll damit vor der ganzen Flotte gesagt sein, daß die „conjuncta persona" Juan de Cartagena Magellan nicht als übergeordnet anerkenne. Sofort läßt er Juan de Cartagena melden, er hoffe in Hinkunft in der richtigen und gehörigen Weise begrüßt zu werden. Aber auch Juan de Cartagena zieht jetzt das Visier hoch. Kühl sendet er die Antwort zurück, er bedaure. Diesmal habe er ihn noch durch den besten Mann auf dem Schiffe begrüßen lassen; es könne nächstes Mal auch durch seinen Schiffsjungen geschehen. Durch drei Tage stellt der „San Antonio" – weithin sichtbar für die ganze Flotte – jede weitere Begrüßung ein, um allen andern darzutun, daß sein Kapitän die unbeschränkte Diktatur des portugiesischen Kommandeurs nicht anerkenne. Völlig offen – und dies macht Juan de Cartagena Ehre, der niemals, wie es so oft dargestellt wurde, ein geduckter und heimtückischer Verräter war – schleudert der spanische Hidalgo dem Portugiesen den Eisenhandschuh vor die Füße.

Den Charakter eines Menschen erkennt man niemals besser als an seinem Verhalten in entscheidenden Augenblicken. Immer treibt erst Gefahr die verborgensten Kräfte und Fähigkeiten eines Menschen heraus; alle jene verschatteten Eigenschaften, die bei gemäßigterer Temperatur unter dem Spiegel der Meßbarkeit liegen, zeichnen sich einzig in solchen kritischen Augenblicken wirklich plastisch ab. Magellans Reaktion auf Gefahr bleibt allezeit dieselbe. Jedesmal, wenn es um große Entscheidungen geht, wird Magellan auf eine unheimliche Weise schweigsam und kalt. Er friert gleichsam ein. Auch die gröbste Beleidigung läßt seine hinter den buschigen Augenbrauen verschatteten Pupillen nicht aufleuchten, kein Nerv zuckt um seinen verborgenen Mund. Völlig behält er sein Temperament in der Hand, aber diese Eisigkeit macht ihm die Dinge wie Kristall durchsichtig; während er sich einmauert in sein frostiges Schweigen, durchdenkt und errechnet er am besten seine Pläne. Niemals in seinem Leben hat Magellan hitzig oder übereilt einen Schlag geführt; immer ballt ein langes, dumpfes, dunkles Schweigen wie eine Wolke sich zusammen, ehe der Blitz niederfährt.

Auch diesmal schweigt Magellan; wer ihn nicht kennt – und noch kennen ihn die Spanier nicht –, müßte meinen, er habe die Herausforderung Juan de Cartagenas überhört. In Wirklichkeit rüstet Magellan schon für den Gegenschlag. Er weiß, daß er den Kapitän eines größeren und besser bewaffneten Schiffs nicht mit Gewalt mitten auf dem offenen Meer von seinem Posten holen kann. Geduld also, Geduld! Lieber sich stumpf, sich gleichgültig stellen! So schweigt Magellan zu der Beleidigung, wie eben nur er zu schweigen wußte: mit der Inbrunst eines Fanatikers, mit der Zähigkeit eines Bauern und der Leidenschaft eines Spielers. Gelassen sieht man ihn auf der „Trinidad" auf- und niedergehen, scheinbar völlig absorbiert von den alltäglichsten und kleinlichsten Geschehnissen auf dem Schiff. Daß der Gruß und Abendwunsch vom „San Antonio" völlig ausbleibt, scheint ihn nicht zu verärgern, und mit einiger Überraschung gewahren die Kapitäne bei diesem rätselhaften Menschen plötzlich sogar eine Neigung zur Versöhnlichkeit: zum erstenmal beruft anläßlich des schweren Sittlichkeitsvergehens eines Soldaten der Admiral die vier Kapitäne als Mitberatende auf sein Schiff. Es ist ihm also doch unbehaglich geworden, denken jene sofort, zu allen seinen Kameraden in Feindschaft zu stehen. Er hat doch eingesehen, seit sich sein Kurs als falsch erwiesen, daß man besser tue, alte, erfahrene Kapitäne zu befragen, statt sie als quantité négligeable zu behandeln. Auch Juan de Cartagena kommt an Bord des Admiralschiffes, und da ihm endlich die lang verweigerte Gelegenheit zu sachlicher Aussprache gegeben ist, wiederholt er seine Frage, warum Magellan eigentlich den Kurs geändert habe. Magellan bleibt seiner Art und auch seiner vorausbedachten Absicht gemäß völlig kühl; ihm kann es nur recht sein, wenn an seiner abweisenden Haltung Cartagena mehr und mehr sich erregt! Als oberster Beamter des Königs glaubt Cartagena das Recht freier Kritik zu haben und anscheinend hat er davon reichlich Gebrauch gemacht; schließlich muß es sogar zu einem hitzigen Ausbruch gekommen sein, zu einer Art offener Gehorsamsverweigerung. Gerade aber einen solchen Ausbruch offener Insubordination hat der gute Psychologe Magellan vorausberechnet und für seine Zwecke benötigt. Denn jetzt kann er zuschlagen. Sofort macht er von der unbedingten Justiz, die Karl V. ihm übertragen hat, Gebrauch. Er packt Juan de Cartagena an der Brust mit den Worten: „Sed preso", „Ihr seid mein Gefangener", und befiehlt seinem Alguacil (dem Waffenmeister und Polizeioffizier), den Aufrührer festzusetzen.

Betroffen starren die andern spanischen Kapitäne auf. Vor einigen Minuten noch waren sie vollkommen auf Seiten Juan de Cartagenas gewesen; auch jetzt stehen sie innerlich noch zu ihrem Landsmann und gegen den fremden Gewalthaber. Aber die Schnelle des Prankenschlags, die dämonische Energie, mit der Magellan seinen Gegner wie einen Verbrecher anfaßte und festnehmen ließ, hat ihren Willen gelähmt. Vergebens, daß Juan de Cartagena sie auffordert, sie mögen ihm zu Hilfe kommen. Keiner wagt einen Schritt, keiner wagt auch nur das Auge zu heben gegen den untersetzten, stämmigen Mann, der zum erstenmal etwas von seiner unheimlichen Energie aus der verschlossenen Hürde des Schweigens vorbrechen ließ. Erst als man Juan de Cartagena in die Kasematten abführen will, wendet sich einer an Magellan und ersucht mit aller Unterwürfigkeit, Juan de Cartagena als spanischen Edelmann nicht in Eisen werfen zu lassen. Es genüge, daß er einem von ihnen gegen Ehrenwort als Gefangener übergeben werde. Diesem Vorschlag stimmt Magellan zu, freilich nur unter der Bedingung, daß Luis de Mendoza, dem er Juan de Cartagena zur Aufsicht anvertraut, sich eidlich verpflichtet, ihn jederzeit zur Verfügung des Admirals zu halten. Damit ist alles erledigt. Eine Stunde später kommandiert ein anderer spanischer Offizier, Antonio de Coca, den „San Antonio“; richtig und fehlerlos begrüßt er abends den „capitan-general“ von seinem Schiffe, ohne weiteren Zwischenfall geht die Reise. Am 29. November meldet ein Ruf vom Mastkorb die brasilianische Küste, die sie, ohne zu landen, in der Nähe von Pernambuco sichten; endlich, am 13. Dezember, fahren die fünf Schiffe nach elfwöchentlicher ununterbrochener Seefahrt in die Bucht von Rio de Janeiro ein.

Die Bucht von Rio de Janeiro, landschaftlich gewiß nicht minder herrlich in jenen verschollenen Tagen als heute in ihrer städtischen Pracht, muß der abgemüdeten Mannschaft als wahres Paradies erschienen sein. Rio de Janeiro, getauft nach dem heiligen Januarius, weil an jenem Kalendertage entdeckt, und irrtümlich Rio benannt, weil man hinter dem Inselgewirr die Mündung eines mächtigen Flusses vermutete, liegt damals bereits innerhalb der portugiesischen Besitzsphäre. Gemäß seiner Instruktion müßte Magellan also eine Landung unterlassen. Aber noch haben die Portugiesen keine Niederlassung errichtet, noch droht keine Festung mit abwehrenden Geschützen, noch ist diese bunte Bai eigentlich ein Niemandsland; unbesorgt können die spanischen Schiffe vorbeigleiten an den zauberhaften Inseln, die den blühenden Strand beschirmen, und unbehelligt ankern. Kaum daß die Landungsboote sich nähern, eilen die Eingeborenen aus ihren Hütten und Wäldern und empfangen mit Neugier und ohne Argwohn die geharnischten Soldaten. Sie erweisen sich als völlig gutmütig und zutraulich, obzwar späterhin Pigafetta zu seiner Kränkung erfahren muß, daß sie als wackere Kannibalen gelegentlich getötete Feinde aufspieße stecken und wie von einem Pfingstochsen dann die schönsten gebratenen Stücke sich abschneiden. Aber gegen die göttlichen weißen Fremden zeigen die Guaranys keinerlei Gelüste dieser Art. So sind die Soldaten enthoben, die umständlichen Arkebusen und schweren Lanzen gebrauchen zu müssen.

Nach wenigen Stunden beginnt bereits ein reger Tauschhandel. Und nun ist der brave Pigafetta in seinem Element. Während der elfwöchentlichen Fahrt hat der ehrgeizige Chronist nicht viel zu schildern gefunden; gerade ein paar kleine Geschichten von Haifischen und sonderbaren Vögeln konnte er flunkern. Die Gefangensetzung Juan de Cartagenas scheint er verschlafen zu haben, aber jetzt hat er kaum Federn genug in seiner Schreibbüchse, um alle die Herrlichkeiten in seinem Tagebuch zu verzeichnen. Von der wunderbaren Szenerie gibt er freilich kein Bild, was ihm aber nicht angekreidet werden soll, denn Schilderung der Natur ist erst drei Jahrhunderte später durch Jean-Jacques Rousseau erfunden worden; ungemein dagegen beschäftigen ihn die neuen Früchte, die Ananas, „die großen runden Tannenzapfen ähnlich sind, aber außerordentlich süß und vortrefflich schmecken", dann die „Batate", die er ähnlich den Kastanien findet, und das „süße Rohr", das Zuckerrohr. Der wackere Junge kann sich gar nicht vor Begeisterung fassen, wie schrecklich billig dieses törichte Volk ihnen Lebensmittel verkauft. Für eine kleine Fischangel geben die braunen Narren fünf oder sechs Hühner, für einen Kamm zwei Gänse, für einen kleinen Spiegel zehn herrlich bunte Papageien, für eine Schere so viele Fische, daß ein Dutzend Männer davon sich satt essen können. Für ein einziges Glöckchen (und wir erinnern uns, daß die Schiffe nicht weniger als zwanzigtausend mitführen) schleppen sie einen schweren Korb mit Batate heran, für einen angeschmutzten König aus einem alten Kartenspiel kriegt er sogar fünf Hühner, wobei die Guaranys noch glauben, den unerfahrenen Rhodosritter betrogen zu haben. Erfreulich billig im Kurs stehen auch die jungen Mädchen, die, wie Pigafetta zartsinnig schreibt, „ihr Haar als einzige Bekleidung tragen"; für ein Messer oder ein Beil bekommt man gleich zwei oder drei auf Lebenszeit.

Während Pigafetta derart mit dem Notizbuch eifrig Reportage treibt, die Matrosen sich mit Essen, Angeln und mit den gefälligen braunen Mädchen die Zeit vertreiben, denkt Magellan einzig an die Weiterfahrt. Ihm kann es nur recht sein, daß die Mannschaft sich wieder aufmuntert, aber er hält zugleich strenge Zucht. Eingedenk seiner Verpflichtung gegen den König von Spanien, verbietet er längs der ganzen brasilianischen Küste den Ankauf von Sklaven sowie jede Gewalttat, damit die Portugiesen keinen Vorwand hätten, Beschwerde zu erheben.

Dieses loyale Verhalten bringt Magellan noch einen besonderen Erfolg. Da man ihnen nicht die geringste Unbill zufügt, verlieren die Eingeborenen jede Scheu; scharenweise strömt das gutmütige und kindliche Völkchen jedesmal zusammen, wenn am Strande feierlich Messe gehalten wird. Neugierig blicken sie auf die sonderbaren Zeremonien, und da sie sehen, daß die weißen Fremden, von denen sie glauben, daß sie ihnen den lang ersehnten Regen gebracht hätten, die Knie beugen vor einem emporgehobenen Kreuze, knien sie gleichfalls mit gefalteten Händen hin, was von den frommen Spaniern schon als sicheres Zeichen gedeutet wird, daß sie unbewußt das Mysterium des christlichen Glaubens in sich aufgenommen hätten. Als nach dreizehntägigem Aufenthalt zu Ende Dezember die Flotte die weitgeschwungene unvergeßliche Bucht verläßt, kann Magellan besseren Gewissens als sonst Konquistadoren jenes Zeitalters weitersteuern. Denn wenn er seinem Kaiser hier auch Land nicht erobern durfte, so hat er doch als frommer Christ seinem himmlischen Herrn neue Seelen gewonnen. Niemandem ist in diesen Tagen der geringste Harm geschehen, keiner der zutraulichen Einwohner ist gewaltsam von Erde und Heimat gerissen worden. In Frieden ist Magellan gekommen, in Frieden geschieden.

Ungern haben die Matrosen das paradiesische Rio de Janeiro verlassen, ungern steuern sie, ohne landen zu dürfen, an den lockenden Küsten Brasiliens vorbei. Jedoch Magellan darf ihnen keine weitere Rast mehr gönnen. Eine geheime, brennende Ungeduld treibt den äußerlich so Unerschütterbaren ungestüm jenem „paso“ entgegen, den er gemäß der Karte Martin Behaims und jenem Bericht an einer bestimmten Stelle vermutet. Dieser Durchlaß müßte, wenn jene Erzählungen der portugiesischen Piloten und die auf Martin Behaims Karte verzeichneten Breiteangaben richtig waren, unmittelbar hinter dem Cabo Santa Maria sich auftun, und deshalb steuert ohne Aufenthalt Magellan vorerst diesem Ziele zu. Endlich, am 10. Januar, sehen sie aus unübersehbarem Flachland einen kleinen Hügel sich erheben, den sie Montevidi (heute Montevideo) nennen. Und aus schlimmstem Wetter retten sie sich in die riesige Meeresbucht, die anscheinend endlos sich nach Westen erstreckt.

Diese riesige Meeresbucht ist in Wirklichkeit nichts anderes als die Mündung des La Plata-Stroms. Aber Magellan ahnt dies nicht. Er sieht nur mit innerer, mit einer kaum unterdrückten Genugtuung genau an der Stelle, die ihm jene geheimen Berichte verhießen, gewaltige Wassermassen westwärts fluten; das muß die gesuchte, die verheißene Straße sein, die er auf Martin Behaims Karte verzeichnet gesehen. Land und Lage scheinen genau zu jenen Beschreibungen zu stimmen, die er von seinen unbekannten Gewährsmännern in Lissabon erhalten; sicherlich ist dies das „Calfo“, durch das gemäß der Newen Zeytung vor zwanzig Jahren die Portugiesen nach Westen steuern wollten. Ausdrücklich bestätigt Pigafetta, daß auch alle andern an Bord einhellig der Überzeugung waren, mit dieser großartig breiten Wasserstraße sei die ersehnte Durchfahrt endlich gefunden. „Si era creduto una volta esser questo un canal che mettesse nel Mar del Sur“; denn unvergleichbar den schläfrigen Mündungen des Rheins, des Po, des Ebro, des Tajo, wo man immerhin zur Rechten und zur Linken noch deutlich die Ufer wahrnehmen kann, dehnt sich hier endlos die Weite der Wasser; ein anderes Gibraltar, ein anderer Ärmelkanal, ein anderer Hellespont muß mit dieser Bucht beginnen, Ozean und Ozean verbindend. Und unbedingt ihrem Führer vertrauend, träumen sie schon davon, in wenigen Tagen diese neue Straße durchfahren zu haben und damit das andere südliche Meer zu erreichen, das sagenhafte „Mar del Sur", das nach Indien, nach Japan, nach China, das nach den Gewürzinseln führt, hinüber, hinüber zu den Schätzen Golcondas und allem Reichtum der Erde!

Daß auch Magellan vom ersten Tage an bei dem Anblick dieser gigantischen Wassermassen vollkommen in der Gewißheit lebte, hier die erträumte Durchfahrt gefunden zu haben, erweist die Hartnäckigkeit, mit der er hier und gerade hier den „paso" sucht. Ganze fünfzehn Tage verbringt oder vielmehr verliert er an der La Plata- Mündung mit vergeblicher Suche. Kaum daß der Sturm, der sie gleich bei der Ankunft überfallen, nur ein wenig nachläßt, teilt Magellan die Flotte. Die kleineren Schiffe werden den vermeintlichen Kanal nach Westen (in Wahrheit stromaufwärts) geschickt. Die zwei großen Schiffe dagegen steuern unter seiner persönlichen Führung gleichzeitig quer über die Mündung des La Plata nach Süden, „por ver si habia pasage", um auch in dieser Richtung auszukundschaften, wie weit der vielgesuchte Weg eigentlich führe. Langsam, sorgfältig mißt er den ganzen Umkreis der Bucht gegen Süden aus, indes die kleineren Schiffe nach Westen unterwegs sind. Bittere Enttäuschung jedoch! Nach fünfzehn Tagen erregten Pilotierens in „Montevidi" leuchten endlich die Segel der zurückkehrenden Schiffe. Aber keine Wimpel wehen freudig am Mast, und die Kapitäne bringen niederschmetternden Bescheid: diese riesige Wasserstraße, die sie selbst voreilig für den gesuchten Kanal gehalten, sei nichts anderes als ein ungewöhnlich gewaltiger Strom mit süßem Wasser, den man zum Gedenken Juan de Solis', der hier gleichfalls den Weg nach Malacca gesucht und statt dessen den Tod gefunden, vorläufig Rio de Solis tauft (erst später wird man ihn Rio de la Plata nennen).

Nun heißt es für Magellan eisern die Muskeln straffen. Niemand der Kapitäne, niemand der Mannschaft darf merken, welchen mörderischen Schlag seine innere Sicherheit durch diese Enttäuschung erlitten. Denn eines weiß der Admiral jetzt schon: jene Karte Martin Behaims war falsch, jene Nachrichten der Portugiesen von der angeblich entdeckten Durchfahrt ein voreiliger Irrtum. Trügerisch waren die Informationen, auf die er seinen ganzen Plan der Weltumfahrung aufgebaut, irrig alle Berechnungen Faleiros, falsch seine eigenen Behauptungen, falsch, was er dem König von Spanien und dessen Räten versprochen. Wenn dieser Durchlaß überhaupt existiert und zum erstenmal muß der bisher ehern Überzeugte an dies „wenn überhaupt" denken –, so muß er tiefer im Süden liegen. Nach Süden steuern bedeutet aber nicht, der Wärme entgegensegeln, sondern, da sie den Äquator längst überschritten haben, wieder polaren Zonen sich nähern. Februar und März meinen jenseits des Äquators nicht wie in den heimischen Zonen Wintersende, sondern im Gegenteil Wintersanfang. Wenn also sich jetzt nicht bald ein Weg ins Südmeer auftut, nicht bald der hier vergeblich gesuchte „paso" sich erschließt, dann ist für die Umschiffung Südamerikas die günstige Jahreszeit endgültig versäumt und es bleiben nur zwei Möglichkeiten: entweder zurück in wärmere Zonen oder irgendwo hier zu überwintern.

Dunkle Gedanken müssen von diesem Augenblicke an, da die Rekognoszierungsschiffe enttäuscht zurückkehrten, Magellans Seele beschattet haben. Und wie im innern Raum seines Herzens verdüstert sich auch im äußern Räume die Welt. Immer unfreundlicher, immer nackter und leerer zeigt sich die Küste, immer finsterer der Himmel. Verloschen das weiße, das südliche Licht, verdüstert zu grauem Wolkengeschiebe der blaue Zenith. Dahin die tropischen Wälder mit ihrem schwülen und süßen Duft, der weit über die Küste hinaus noch die nahenden Schiffe umschmeichelte! Entschwunden für immer die freundliche Landschaft Brasiliens und ihre üppigen Bäume, mit Früchten behangen, die wehenden Palmen, die bunten Tiere, die gastlichen braunen Männer und Frauen! Hier stelzen am nackten sandigen Strand nur Pinguine herum, ängstlich fortwatschelnd, sobald man ihnen naht, dumm und faul wälzen sich Seelöwen auf den Klippen. Sonst will weit und breit kein Lebewesen sich zeigen, Mensch und Tier scheinen ausgestorben in der herzbeklemmenden Ödnis. Ein einziges Mal jagen am Land große, wilde Männer in wirrer Flucht davon, wie Eskimos ganz in Felle gehüllt. Aber nicht die Glöckchen, nicht die hingehaltenen bunten Kappen können sie heranlocken. Unfreundlich und abweisend rennen sie fort, sobald man sich ihnen nähern will, und vergeblich erweist sich jeder Versuch, eine Spur ihrer Behausung zu finden.

Immer mühsamer, immer langsamer wird die Fahrt, denn unerbittlich hält Magellan Kurs an der Küste. Jede kleine Bucht, jeder winzige Hafen wird auf das gründlichste durchforscht und mit dem Senkblei durchsucht. Zwar vertraut Magellan jener mysteriösen Karte, die ihn erst zur Reise verlockt und dann auf der Reise verraten, schon längst nicht mehr. Aber vielleicht geschieht dennoch, dennoch das Wunder, daß plötzlich an unvermuteter Stelle der „paso" sich zeigt und sie vor Winterbeginn noch hinübersteuern können ins „Mar del Sur“! Deutlich fühlt man, wie der unsicher Gewordene sich anklammert an diese eine, an die letzte Hoffnung, vielleicht hätten die Karte und jene Portugiesen sich nur in der Breitenbestimmung geirrt und die gesuchte Straße liege ein paar Meilen tiefer, als ihre Flunkereien behaupteten. Als die Flotte am 24. Februar sich abermals einer breiten und unübersehbaren Bucht, dem Golf von San Matthias, nähert, flackert wie eine vom Sturm gefaßte Kerze noch einmal Hoffnung hoch. Sofort läßt Magellan die kleineren Schiffe wieder vorausfahren, „viendo si habia alguna salida para el Maluco“, ob nicht etwa hier die ersehnte Durchbruchstelle zu den Molukken sei. Aber wieder nichts! Wieder nur eine geschlossene Bucht! Ebenso vergeblich werden zwei andere Buchten durchforscht, die Bahia de los Patos, so nach den vielen Pinguinen benannt, und die Bahia de los Trabajos (zum Gedenken der furchtbaren Mühsale, die dort die landende Mannschaft erlitten). Aber nur die Leichen von erschlagenen Seewölfen bringen die halb Erfrorenen zurück und nicht die ersehnte Botschaft.

Weiter, weiter also geht unter dem verdüsterten Himmel die Fahrt der Küste entlang. Immer grauenhafter wird die Öde, immer kürzer werden die Tage, immer länger die Nächte. Nicht mehr in mildem Blau, von leichter Brise sanft dahingetragen, gleiten die Schiffe dahin: eisige Stürme reißen jetzt wild an den Segeln, mit weißen Körnern schmettern Schnee und Hagel herab, grau und gefährlich bäumt sich das Meer. Zwei Monate braucht die Flotte, um das kleine Stück vom La Plata-Strom bis nach Port San Julian dem feindlichen Wetter abzukämpfen. Fast täglich hat die Mannschaft mit Orkanen zu kämpfen, den berüchtigten „pamperos“ jener Gegend, den brüsken Windstößen, welche die Mäste zerschmettern und Segel wegreißen, es wird kälter, es wird düsterer von Tag zu Tag, und noch immer, noch immer zeigt sich der „paso“ nicht. Grausam rächen sich jetzt die versäumten Wochen. Denn während die Flotte alle Winkel und Buchten durchforschte, ist ihr der Winter vorausgerannt. Nun steht er vor ihnen, der böseste, gefährlichste Feind, und sperrt mit Stürmen den Weg. Ein halbes Jahr ist vertan, und nicht näher weiß sich Magellan noch seinem eigentlichen Ziel als an dem Tage, da er wegsteuerte von Sevilla.

Allmählich beginnt die Mannschaft ihre Unruhe offen zu zeigen; aus Instinkt spüren sie alle, daß etwas nicht in Ordnung geht. Hat man ihnen denn nicht in Sevilla beim Anheuern erzählt, daß die Reise nach den Gewürzinseln ziele, in den strahlendsten Süden, in paradiesische Welt? Hat der Sklave Enrique ihnen seine Heimat nicht als Schlaraffenland geschildert, wo man mit bloßer Hand die kostbarsten Gewürze mühelos vom Boden aufliest? Hat man ihnen nicht Reichtum versprochen und baldige Heimkehr? Statt dessen führt dieser finstere Schweiger sie in immer kältere und armseligere Wüsteneien. In kleinem, kurzem Bogen schleicht manchmal eine kraftlose Sonne gelb durch die Wolken, aber meist ist der Himmel völlig verhangen, nach Schnee schmeckt die Luft. Mit kaltem Griff rasiert der Wind ihnen grob die Wangen und eisig greift er durch die zerfetzten Kleider; schon frieren die Hände an, wenn sie die gefrorenen Taue fassen wollen, und der Atem erstarrt vor dem Munde zu Rauch. Und dabei: welche Öde ringsum, welche grausame Trostlosigkeit! Selbst die Kannibalen sind hier der Kälte entflüchtet. Wenn man landet, findet man weder Tier noch Frucht außer Muscheln und Seewölfen: im eisigen Wasser haust hier Lebendiges noch lieber als an dem sturmgepeitschten, verlassenen Strand. Wohin hat dieser tolle Portugiese sie verraten? Wohin schleppt er sie weiter? Will er sie am Ende bis ins Eisland führen oder an den antarktischen Pol?

Vergebens sucht Magellan ihr lautes Murren zu beschwichtigen. Sie mögen sich doch nicht schrecken lassen von dem bißchen Kälte, redet er ihnen zu, und nicht gleich mutlos werden. Die Küsten von Norwegen und Island lägen in noch viel höheren Breiten und seien dennoch im Frühjahr ebenso leicht zu befahren wie die spanische See. Nur ein paar Tage sollten sie noch tapfer durchhalten. Im Notfall könne man ja immer noch überwintern und dann bei freundlicherem Wetter die Reise fortsetzen. Jedoch die Mannschaft läßt sich mit leeren Worten nicht mehr beschwichtigen. Nein, das sei nicht zu vergleichen. Eine Fahrt in solch eisige Zonen könne nicht vorgesehen worden sein von ihrem König, und wenn der Admiral ihnen was von Norwegen und Island vorschwätze, so wäre dies eine ganz andere Sache. Dort seien die Leute Kälte von Kind an schon gewöhnt und hätten außerdem die Beruhigung, immer bloß acht oder vierzehn Tage weit von Haus und Heim zu fahren. Sie aber habe man in eine Ödnis geschleppt, wo noch nie ein Christenmensch gewesen, wo nicht einmal Heiden und Menschenfresser, nicht einmal Bären und Wölfe hausten. Was hätten sie hier zu schaffen? Warum steuere man gerade diesen abwegigen Kurs, wo doch eine andere, die ostindische Straße bequem zu den Gewürzinseln führe, ohne solche Eiswüsten und mörderische Zonen zu berühren? So antworten offen und laut die Mannschaften auf die Beschwichtigungen des Admirals. Unter sich allein, im schützenden Schatten des Schiffsraums aber murren sie zweifellos noch heftiger. Wieder regt sich der alte Verdacht, der schon in Sevilla herumgemunkelt worden war, ob dieser verteufelte Portugiese nicht ein „tratto doble“, ein doppeltes Spiel treibe. Ob er nicht, um sich bei seinem portugiesischen König wieder zu Ehren zu bringen, fünf gute spanische Schiffe mit ihrer ganzen Mannschaft elend zugrunde richten wolle.

Mit stiller Befriedigung beobachten die spanischen Kapitäne den steigenden Unmut der Mannschaft. Sie selbst mengen sich nicht ein; sie vermeiden, mit dem Admiral zu sprechen, sie werden sogar auffälligerweise immer schweigsamer und stummer. Aber ihr Schweigen ist gefährlicher als der redselige Unmut der Matrosen. Da sie mehr vom nautischen Handwerk verstehen, konnte es ihnen nicht entgangen sein, daß Magellan durch falsche Karten irregeführt sein muß und daß er seines „Geheimnisses" längst nicht mehr sicher ist. Denn wenn dieser Mann wirklich auf den Längen- und Breitegrad genau die Lage jenes angeblichen „paso" gekannt hätte, warum hat er dann fünfzehn Tage ganz unnütz und sinnlos die Schiffe den Rio de la Plata hinaufgeschickt? Warum versäumt er immer wieder kostbarste Zeit, indem er jede kleine klägliche Bucht tagelang auszirkeln läßt? Entweder hat Magellan den König oder er hat sich selbst getäuscht mit seiner Behauptung, die Lage des „paso" zu kennen, denn dies ist jetzt schon gewiß – er sucht nur einen Weg, er kennt ihn noch nicht. Mit kaum verhehlter Schadenfreude beobachten sie darum, wie er immer wieder bei jeder Öffnung der Küste auf den zerrissenen Strand starrt. Nun, möge er nur noch weiter die Flotte in Frost und Ferne hineinsteuern! Sie brauchen ihm nicht mehr zu wehren, sich nicht mehr zu beschweren. Bald wird von selbst die Stunde kommen, da er eingestehen muß: ich kann, ich weiß nicht weiter. Dann aber ist auch der Augenblick gekommen, selbst das Kommando zu übernehmen und diesem hochmütigen Schweiger endgültig den Nacken zu beugen.

Eine fürchterlichere moralische Lage als die Magellans in jenen Wochen ist nicht zu erdenken. Denn Magellan kann, seit seine Hoffnung, den Durchgang zu finden, zweimal – das erste Mal bei der La Plata-Mündung, das zweite Mal bei der San Matthias-Bai – grausam enttäuscht wurde, sich nicht mehr länger verhehlen, daß sein heiliger Glaube an jene Karte Behaims und die allzu leichtfertig für wahr gehaltenen Behauptungen jener unbekannten Piloten ein Irrglaube gewesen. Selbst im günstigsten Fall, daß dieser angebliche „paso" wirklich existiert, kann er nur tiefer gegen Süden, also näher der antarktischen Zone, gelegen sein, und auch in diesem günstigsten Falle ist die Möglichkeit einer Durchfahrt für dieses Jahr schon versäumt. Der Winter hat ihn überholt und alle seine Berechnungen zunichte gemacht; vor dem Frühjahr kann die Flotte mit ihren ausgefahrenen Schiffen und ihrer unwilligen Mannschaft die gesuchte Straße, selbst wenn man sie jetzt noch entdeckte, nicht mehr nützen. Neun Monate sind vertan, und nicht an den Molukken ist Magellan gelandet, wie er voreilig versprochen. Noch immer irrt seine Flotte im Weglosen und kämpft gegen die grausamsten Orkane um ihr Leben.

Das Vernünftigste wäre: jetzt die Wahrheit einzugestehen. Die Kapitäne zusammenzuberufen, ihnen zu erklären, daß die Karten und jene Erzählungen ihn genarrt hätten und man erst im Frühjahr die Suche nach dem „estrecho" wieder aufnehmen könne. Besser jetzt umkehren, den Stürmen entweichen, wieder die Küste hinauffahren nach Brasilien, in das freundliche, das warme Land, dort in dem bekömmlichen Klima den Winter verbringen, die Schiffe und die Mannschaft retablieren, ehe man im Frühjahr neuerdings nach Süden steuert. Dies wäre der klarste Weg, die humanste Handlungsweise. Aber Magellan hat sich zu weit vorgewagt, um noch zurück zu können. Zu lange hat er den andern vorgetäuscht, der selbst Getäuschte, er wisse einen neuen, kürzeren Weg nach den Molukken. Zu heftig hat er jenebestraft, die sein „Geheimnis" auch nur leise anzweifelten; er hat die spanischen Offiziere beleidigt, er hat den höchsten Beamten des Königs an Bord abgesetzt und wie einen Verbrecher behandelt. All dies kann nur ein großer, ein entscheidender Triumph entschuldigen. Denn keine Stunde, keine Minute würden die Kapitäne, würde die Mannschaft ihm weiterhin das Kommando lassen, wenn er nur andeutete – geschweige denn eingestünde –, daß er seiner Sache keineswegs so sicher sei, wie er daheim ihrem Monarchen versprochen; der letzte Schiffsjunge würde sich weigern, die Mütze vor ihm zu lüften. Für Magellan gibt es kein Zurück mehr; im Augenblick, da er das Steuer nach Brasilien wenden ließe, wäre er nicht Befehlshaber mehr seiner Offiziere, sondern ihr Gefangener. So faßt er einen verwegenen Entschluß. Wie Cortez im gleichen Jahr die Schiffe hinter sich verbrennt, um seinen Soldaten die Möglichkeit der Rückkehr zu nehmen, beschließt Magellan, jetzt Schiffe und Mannschaft an einer so abgelegenen Stelle festzuhalten, daß selbst, wenn sie wollten, sie ihn nicht mehr zur Umkehr nötigen könnten. Findet er im Frühling dann den Durchgang, so ist alles gewonnen. Findet er ihn nicht, so ist alles verloren: für Magellan gibt es keinen Mittelweg mehr. Nur Starrsinn kann ihm jetzt Stärke schaffen, nur Verwegenheit ihn retten. Abermals rüstet in aller Stille der unberechenbare Rechner zu einem entscheidenden Schlag.

Immer wilder von Tag zu Tag, immer winterlicher wirft unterdessen sich der Sturm der Flotte entgegen. Kaum können die Schiffe mehr vorwärts, zwei ganze Monate werden vertan, um sich armselige zwölf Breitegrade gegen Süden vorwärtszukämpfen. Endlich am 31. März zeigt sich an der leeren Küste wieder eine Bucht. Erster Blick des Admirals und letzter Hoffnungsblick zugleich: ist die Bucht offen, kann sie der ersehnte „paso“ sein? Nein, die Bucht ist geschlossen. Trotzdem befiehlt Magellan, einzufahren. Und da schon die erste Erkundung zeigt, daß es hier an frischen Wasserquellen und Fischen nicht fehlt, gibt er den Befehl: nieder die Anker! Und zu ihrem Erstaunen und vielleicht Erschrecken erfahren Kapitäne und Mannschaft, daß ihr Admiral (ohne jemanden zu verständigen oder zu befragen) beschlossen hat, hier in San Julian, dieser unbekannten, unbesiedelten Bucht im neunundvierzigsten Breitegrad, an einem der düstersten und abgelegensten Orte der ganzen Erde, den noch nie ein Seefahrer erkundet, Winterquartier zu halten.

## Die Meuterei

### 2. April 1520 - 7. April 1520

In dem winterlichen Kerker dieser weltfernen, wolkenüberhangenen Bucht von San Julian müssen die gesteigerten Gegensätze notwendigerweise noch härter widereinanderprallen als auf der offenen See. Und nichts beweist großartiger die unerschütterliche Intransigenz Magellans, als daß er selbst angesichts einer dermaßen gespannten Stimmung vor einer Maßnahme nicht zurückschreckt, die unausbleiblich die Unzufriedenheit nur noch steigern muß. Magellan allein von allen weiß, daß die Flotte fruchtbare tropische Länder bestenfalls erst in vielen Monaten erreichen kann; darum gibt er Order, die mitgebrachten Lebensmittel in einer viel strengeren Weise als bisher zu rationieren. Phantastische Kühnheit dies: hier am Ende der Welt eine an sich schon mißgestimmte Mannschaft gleich am ersten Tage mit der Mitteilung zu verärgern, daß von nun ab die tägliche Zuteilung von Brot und Wein erhebliche Kürzung erfahren müsse.

In der Tat hat einzig diese energische Maßnahme späterhin die Flotte gerettet. Nie hätte sie jene berühmte, mehr als hunderttägige Fahrt durch den Pazifischen Ozean überstehen können, wäre die eiserne Ration nicht aufgespart worden. Aber die Mannschaft, innerlich gleichgültig gegen das ihr unbekannte Projekt, zeigt sich keineswegs gewillt, eine solche Einschränkung hinzunehmen. Ein – gar nicht unrichtiger – Instinkt sagt den abgerackerten Matrosen, daß, selbst wenn ihr Admiral durch diese Reise ewigen Ruhm bis an die Sterne erringen würde, mindestens drei Viertel von ihnen für seinen Triumph durch Hunger und Kälte, Mühsal und Not elend krepieren müßten. Wenn man nicht genug Lebensmittel habe, murren sie, solle man eben umkehren. Schließlich sei man weiter nach Süden gelangt als seit Menschengedenken ein Schiff. Niemand könne ihnen zu Hause vorwerfen, sie hätten ihre Pflicht nicht getan. Einige von ihnen seien der Kälte schon erlegen, und nicht für das Eismeer, sondern für die Molukken hätten sie sich anheuern lassen. Auf solcherlei rebellische Reden lassen zeitgenössische spanische Historiker Magellan mit einer Rede antworten, welche wenig zu der knappen, unpathetischen Art dieses Mannes passen will und allzusehr nach Plutarch und Thukydides schmeckt, um ganz glaubhaft zu sein. Er staune, lassen sie ihn sagen, daß sie als Kastilianer solche Schwäche zeigten und vergäßen, daß sie diese Fahrt doch nur im Dienst ihres Königs und ihres Vaterlands unternommen hätten. Als ihm das Kommando übertragen worden sei, habe er vorausgesetzt, bei seinen Begleitern jenen Geist des Muts zu finden, der von je die spanische Nation beseelt habe. Er für sein Teil sei entschlossen, lieber zu sterben, als schmachbedeckt zurückzukehren. Sie mögen also Geduld haben und warten, bis der Winter vorüberginge. Je größer ihre Entbehrungen, desto herrlicher werde dann die Belohnung ihres Monarchen sein.

In Wahrheit aber hat noch nie eine schöne Rede einen hungrigen Magen beschwichtigt. Nicht die Rhetorik rettet Magellan in jener kritischen Stunde, sondern die Festigkeit seines Entschlusses, nicht zu paktieren und nicht einen Zoll nachzugeben. Bewußt fordert er gleich in der ersten Stunde den Widerstand heraus, um ihn von vorneweg mit eherner Hand zu zerbrechen: lieber sofort eine endgültige Auseinandersetzung, als sie quälerisch verzögern! Lieber den heimlichen Feinden scharf entgegengehen, als sich an die Wand drücken lassen!

Daß eine solche endgültige Auseinandersetzung erfolgen, und zwar baldigst erfolgen muß, kann Magellan sich nicht mehr verhehlen. Zu stark ist in den letzten Wochen die Spannung des beiderseitigen Schweigens und Stumm-sich-Überwachens zwischen ihm und den Kapitänen geworden, zu unerträglich das kalte Aneinandervorübergehen, Tag für Tag, Stunde für Stunde an Bord des gleichen engen Schiffs. Irgendeinmal muß dieses Schweigen endlich ausfahren in Tumult oder Gewalttat.

Die Schuld an diesem gefährlichen Zustand liegt eher bei Magellan als bei den spanischen Kapitänen, und zu billig ist die übliche Art, Magellans unbotmäßige Offiziere einfach als einen Klüngel schwarzer Verräter, als die ewigen Neider und Befeinder des Genius darzustellen. In jenem kritischen Augenblick hatten Magellans Kapitäne nicht nur das Recht, sie hatten sogar geradezu die Pflicht, Auskunft über seine Absichten zu verlangen, denn es geht nicht nur um ihr eigenes Leben, sondern auch um das der ihnen vom König unterstellten Mannschaft. Wenn Karl V. ausdrücklich Cartagena, Mendoza und Antonio de Coca als Aufsichtsbeamte seiner Flotte, als veedor, tesorero und contador einsetzte, so hatte er mit Titel und Gehalt auch eine Verantwortung ihnen auferlegt. Sie haben über das königliche Eigentum, das die fünf Schiffe darstellen, zu wachen und, wenn dieses Eigentum der spanischen Krone in Gefahr gerät, den Kronbesitz zu verteidigen. Und Gefahr droht jetzt wirklich, tödliche Gefahr. Viele Monate sind vergangen, Magellan hat den verheißenen Weg nicht gefunden, die Molukken sind nicht erreicht. Nichts Unbilliges liegt also darin, daß angesichts der offenkundigen Ratlosigkeit Magellans die beeideten und besoldeten Schatzmeister des Königs endlich verlangen, er solle wenigstens einen Zipfel seines „großen Geheimnisses“ lüften und vor den Offizieren des Königs seine Karten aufdecken. Was die spanischen Kapitäne forderten, war nichts als das Natürlichste: ihr Führer solle endlich Schluß machen mit der Heimlichtuerei, sich mit ihnen an einen Tisch setzen, den weiteren Kurs der Flotte mit ihnen erörtern und, wie del Cano später in dem Protokoll zusammenfassend sagt, „que tomase consejo con sus oficiales é que diese la derrota a donde queria ir“.

Aber der unselige Magellan – dies seine Qual und seine Schuld – kann seine Karten nicht eher aufdecken, als er nicht völlig gewiß ist, wirklich den Trumpf in Händen zu halten. Er kann zu seiner Deckung jenen Portolan Martin Behaims nicht vorzeigen, weil dort fälschlicherweise der „paso“ schon im vierzigsten Breitegrad eingezeichnet ist. Er darf nicht eingestehen, nun nachdem er Juan de Cartagena abgesetzt hat: ich habe mich irreführen lassen von falschen Berichten und euch irregeführt. Er kann sich keine Fragen stellen lassen über Ort und Verbleib jenes versprochenen „paso“, weil er selbst noch immer, noch immer nicht die Antwort weiß. Er muß sich blind stellen, sich taub stellen, die Lippen verpressen und nur die Faust zum Gegenschlag bereithalten, falls ihm die unbequeme Neugier zu nah an den Leib rückt. In summa ist die Situation: die Kontrolleure des Königs wollen den hartnäckig Ausweichenden endlich am Ärmel fassen und Rechnungslegung über sein künftiges Vorhaben fordern. Und Magellan wieder, dessen Rechnung nicht stimmt, solange er den

„paso“ nicht gefunden hat, darf sich nicht fassen, sich nicht zu einer Auskunft zwingen lassen, sonst ist sein Kredit, seine Autorität verloren.

Klar steht also das Recht auf Seiten der Offiziere, die Not auf Seiten Magellans. Wenn sie ihm jetzt derart dringlich auf den Leib rücken, so ist ihr Drängen nicht müßige Neugier, sondern gebotene Pflicht. Gesagt muß auch sein zu ihrer Ehre: nicht heimtückisch haben die Kapitäne Magellan überfallen. Noch einen letzten Wink geben sie ihm, um ihn wissen zu lassen, ihre Geduld sei zu Ende, und wenn er wollte, könnte Magellan das Zeichen verstehen. Denn um die Erbitterung der Kapitäne über seine eigenmächtig gegebene Ordre durch eine gesellschaftlich-höfliche Geste zu lindern, hat er sie feierlich einladen lassen, am Ostersonntag gemeinsam die Messe zu hören und nachher mit ihm auf seinem Flaggschiffe zu speisen. Aber nicht so leichten Kaufs lassen sich die spanischen Edelleute „abspeisen“ im wörtlichsten Sinn des Wortes. Nachdem der hohe Herr Fernão de Magelhaes, der sich seinen Ritterorden von Santiago nur durch Flunkerei erschlichen, sie als erfahrene Seefahrer und Beamte des Königs während neun Monaten nicht einer einzigen Aussprache über die Dispositionen der Flotte würdig erachtet hat, danken sie höflich für die Gnade eines einmaligen Mittagstisches. Oder vielmehr: sie danken nicht einmal. Sogar diese bescheidenste Geste der Höflichkeit bleibt aus. Ohne sich die Mühe einer Absage zu nehmen, überhören oder vergessen geflissentlich die drei Kapitäne Gaspar Quesada, Luis de Mendoza, Antonio de Coca die Einladung ihres Admirals. Leer bleiben die bereitgestellten Stühle, unberührt die Teller. Allein, kläglich allein, sitzt Magellan an dem gedeckten Tische mit seinem Vetter Alvaro de Mesquita, den er aus eigener Machtvollkommenheit zum Kommandanten ernannt hat, und übel mundet ihm wahrscheinlich dies als Friedensfest vorbereitete Ostermahl. Offen haben durch ihr gemeinsames Fernbleiben die drei Kapitäne ihm den Fehdehandschuh vor die Füße geworfen. Offen haben sie Magellan wissen lassen: „Der Bogen ist überspannt! Hüte dich oder besinne dich!“

Magellan hat die Warnung verstanden. Aber nichts kann diesen eisennervigen Mann verstören. Ruhig bleibt er, ohne seine Erbitterung zu verraten, mit Mesquita bei Tisch, ruhig erteilt er auf dem Schiff die gewohnten Befehle, ruhig streckt er abends die schweren, wuchtigen Glieder zum Schlafe. Bald erlöschen alle Lichter; reglos wie große schwarze schlummernde Tiere liegen die fünf Schiffe im Schatten der Bucht; kaum nimmt man von einem den Umriß des andern wahr, so völlig ist die Finsternis dieser winterlich langen, dieser wolkenverhangenen Nacht. Nicht kann man es sehen inmitten des drückenden Dunkels, nicht kann man es hören über dem heftigen Anschlag der Flut, daß um Mitternacht ein einzelnes bemanntes Boot sich leise von einem der Schiffe löst und sich dem „San Antonio“ mit lautlosen Rudern nähert. Niemand kann ahnen, daß die drei königlichen Kapitäne Juan de Cartagena, Gaspar Quesada und Antonio de Coca in dem schmugglerisch leisen Boote versteckt sind. Der Plan der verbündeten Offiziere ist energisch und klug. Sie wissen, daß man Macht und Übermacht besitzen muß, um einen verwegenen Gegner wie Magellan an die Wand zu drücken. Diese Übermacht der spanischen Kapitäne hatte Karl V. wohlweislich gewünscht; bei der Abfahrt war nur eines, das Flaggschiff Magellans, einem Portugiesen anvertraut und wohlbedacht das Gegengewicht dadurch ausbalanciert, daß der spanische Hof die vier andern Schiffe unter spanische Führung stellte. Dieses vom Kaiser gewünschte Verhältnis hatte zwar Magellan inzwischen eigenmächtig umgestoßen, indem er erst Juan de Cartagena, dann Antonio de Coca wegen „Unverläßlichkeit“ das Kommando des „San Antonio“ abnahm und dies zweite und zweitwichtigste Schiff seinem Vetter Mesquita in die Hand gab. Mit den beiden größten Schiffen in fester Hand weiß er sich im Notfall auch militärisch Herr der Flotte. Um seine Verteidigungsfront zu brechen, um den Willen des Kaisers wiederherzustellen, gibt es daher nur ein Mittel: sich neuerdings des „San Antonio“ zu bemächtigen, den rechtswidrig eingesetzten Mesquita auf irgendeine unblutige Weise unschädlich zu machen. Dann stehen die Spanier wieder drei zu zwei gegen Magellan und können so lange dem Admiral die Ausfahrt sperren, bis er sich bequemt hat, den königlichen Beamten die gewünschte Auskunft zu geben.

Ausgezeichnet ist der Plan durchdacht, und nicht minder sorgsam wird er von den erprobten Kapitänen ausgeführt. Vorsichtig fährt das Boot mit dreißig bewaffneten Männern an den schlafenden „San Antonio“ heran, der hier im Hafen – wer denkt an Feinde? – keine Bordwache hält. Mit Strickleitern klettern die Angreifer an Bord empor, voran Juan de Cartagena und Antonio de Coca. Als frühere Kapitäne dieses Schiffs finden sie auch im Dunkel den Weg zum Schlafraum des Kommandanten; ehe Alvaro de Mesquita vom Bett auftaumeln kann, sieht er sich von Bewaffneten umringt, und schon ist er in Fußeisen gelegt und in das Gemach des Schiffsschreibers gestoßen. Jetzt erst wachen einige Matrosen auf. Einer, der maestre Juan de Eloriaga, wittert Verrat. Grob fragt er Quesada, was er nachts hier auf dem Schiffe zu schaffen habe. Aber Quesada antwortet mit sechs raschen Dolchstößen, und blutend bricht Eloriaga zusammen. Alle Portugiesen an Bord werden in Eisen gelegt: damit sind die verläßlichsten Anhänger Magellans schachmatt gesetzt; um die übrige Mannschaft zu gewinnen, läßt Quesada die Vorratskammern öffnen und erlaubt jedem der Matrosen, sich einmal endlich Wein und Brot in reichlicher Ration zu gönnen. Abgesehen von dem ärgerlichen Zwischenfall mit dem Dolchstoß, der dieses bloße kidnapping in eine blutige Rebellion verschärft, ist somit den spanischen Kapitänen der Handstreich restlos gelungen. Gelassen können Juan de Cartagena, Quesada und de Coca wieder zu ihren Schiffen zurückrudern, um sie für den Notfall kampfbereit zu machen; der „San Antonio" wird unterdes einem Manne anvertraut, dessen Name hier zum erstenmal erscheint, Juan Sebastian del Cano. In dieser Stunde ist er gerufen, um Magellan an der Verwirklichung seiner Idee zu hindern; in einer andern wird das Schicksal ihn und gerade ihn auswählen, um Magellans Werk zu vollenden.

Und dann liegen die Schiffe wieder reglos wie große schwarze schlummernde Tiere im Schatten der Bucht. Kein Laut und kein Licht läßt das Geschehene ahnen.

Winterlich, spät und düster bricht in diesen unwirtlichen Zonen der Morgen an. Reglos liegen die fünf Schiffe an der gleichen Stelle in dem eisigen Gefängnis der Bucht. An keinem äußern Zeichen kann Magellan bemerken, daß sein verläßlicher Vetter und Freund, daß alle Portugiesen an Bord des „San Antonio" in Ketten liegen und ein rebellischer Kapitän statt Mesquita das Kommando führt. Am Mast weht derselbe Wimpel wie vergangenen Tags, alles scheint, von ferne gesehen, unverändert, und wie jeden andern Morgen läßt Magellan das Tagwerk beginnen. Wie jeden Morgen schickt er von der „Trinidad" ein Boot ans Land, um die tägliche Ration an Holz und Wasser zu den Schiffen zu holen. Wie jeden Morgen legt dies Boot zuerst bei dem „San Antonio" an, der dann regelmäßig ein paar Matrosen zu gleichem Zwecke mitschickt. Aber sonderbar: als diesmal das Boot heranrudert, läßt man vom „San Antonio" keine Strickleiter herab, kein Matrose zeigt sich, und als die Ruderer ärgerlich zum Deck hinaufrufen, man möge sich sputen, erhalten sie den verblüffenden Bescheid: auf diesem Schiffe würden nicht mehr Befehle von Magellan, sondern einzig solche von Kapitän Gaspar Quesada entgegengenommen. Eine solche Antwort ist allzu erstaunlich, als daß das Boot nicht stracks zum Flaggschiff zurückkehrte, um dem Admiral Bescheid zu bringen.

Magellan übersieht sofort die Situation: der „San Antonio" ist in der Hand von Rebellen. Man hat ihn überspielt. Aber selbst eine mörderische Überraschung kann weder den Pulsschlag seiner Hand noch die Klarheit seines Denkens für einen Augenblick verwirren. Sein erstes ist, sich Übersicht über den Umfang der Gefahr zu schaffen: wie viele Schiffe sind noch für ihn? Wie viele gegen ihn? Unverzüglich sendet er das kleine Boot von Schiff zu Schiff. Außer dem unbeträchtlichen „Santiago“ erklären sich alle drei für die Rebellen, der „San Antonio“, die „Concepcion“, die „Victoria“. Drei gegen zwei oder vielmehr drei gegen eins, denn der „Santiago“ zählt im Fall eines Kampfs kaum mit. Die Partie scheint also verloren und jeder andere würde sie aufgeben: Magellans Unternehmen, dem er Jahre seines Lebens zugewandt, ist in einer einzigen Nacht vernichtet. Einzig mit seinem Flaggschiff kann er eine Fahrt ins Unbekannte nicht fortsetzen, und auf die andern Fahrzeuge vermag er weder zu verzichten noch ihren Gehorsam zu erzwingen. Hilfe kann von keiner Seite kommen in einer Zone, die noch nie der Kiel eines europäischen Schiffs gestreift. Nur zwei Möglichkeiten bleiben in dieser grauenhaften Situation für Magellan übrig. Die eine, die logische und angesichts seiner Unterlegenheit eigentlich selbstverständliche wäre: den eigenen Starrsinn zu zerbrechen, mit den spanischen Kapitänen Verständigung zu suchen. Und dann noch die zweite, die völlig absurde, aber heroische: alles auf eine Karte zu setzen und trotz der absoluten Aussichtslosigkeit einen entscheidenden Gegenschlag zu versuchen, um die Meuterer zu Paaren zu treiben.

Alles spricht für die Lösung im Sinne der Nachgiebigkeit. Denn noch haben die spanischen Kapitäne Magellan nicht persönlich bedroht, noch haben sie keine bestimmte Forderung an den Admiral gestellt. Reglos liegen ihre Schiffe, kein kriegerischer Angriff ist von ihnen vorläufig zu erwarten. Denn auch die spanischen Kapitäne, obwohl nun in der Übermacht, wollen tausende Meilen weit von der Heimat keinen sinnlosen Bruderkrieg. Zu gut entsinnen sie sich des in der Kirche von Sevilla geleisteten Eids, zu gut kennen sie die schimpflichen Strafen für Meuterei und Desertion. Edelleute wie Juan de Cartagena, Luis de Mendoza, Gaspar Quesada, Antonio de Coca, die der König zu seinen Vertrauensleuten erhoben, wollen in Ehren und nicht mit dem Makel des Verrats belastet nach Spanien zurückkehren. Darum pochen sie gar nicht auf ihre Überzahl, sondern erklären sich von Anfang an zu friedlicher Unterhandlung bereit: nicht eine blutige Rebellion wollen sie mit der Beschlagnahme des „San Antonio“ beginnen, sondern nur eine Pression ausüben und von dem beharrlichen Schweiger endlich ein klares Wort über den weiteren Kurs der königlichen Flotte erzwingen.

Keineswegs ist also der Brief, den jetzt Gaspar Quesada als Vertrauensmann der spanischen Kapitäne an Magellan sendet, eine Herausforderung. Im Gegenteil – „supplicacion“, das heißt: Bittschrift, ist er demütig betitelt, und in den höflichsten Formen beginnt er mit einer Rechtfertigung der nächtlichen Maßnahme. Nur wegen der schlechten Behandlung, die sie von dem Admiral erfahren, hätten sie sich genötigt gesehen, das Schiff zu beschlagnahmen, als dessen Kommandanten sie der König eingesetzt. Diese Aktion möge Magellan aber nicht dahin deuten, als ob sie ihm damit das Admiralsrecht absprechen wollten, das Seine Majestät ihm verliehen. Sie beanspruchten nur in Hinkunft bessere Behandlung, und falls er diesem ihrem berechtigten Wunsche nachkommen wolle, würden sie nicht nur gehorsam, wie es ihre Pflicht sei, sondern auch mit größtem Respekte ihm zu Diensten stehen (der spanische Text des Briefs ist zu grotesk schwülstig, um wörtlich übersetzt zu werden. „Y si hasta alli le habian llamado de merced, dende en adelante le llamarian de senoria y le besarian pies y manos.“).

Angesichts der unverkennbaren militärischen Überlegenheit der spanischen Kapitäne bedeutet dieser Appell ein ausgezeichnetes Angebot. Jedoch Magellan hat sich bereits längst für die andere, die heroische Lösung entschieden. Mit seinem rapiden Blick hat er den schwachen Punkt bei seinen Gegnern erkannt: ihre Unsicherheit. Irgendwie muß ihm der Ton des Briefs verraten haben, daß die Führer der Rebellion im innersten Herzen nicht zum Äußersten entschlossen sind, und in dieser Schwäche gewahrt er ihre einzige Unterlegenheit bei größter numerischer Übermacht. Nutzt man diese Chance aus, schlägt man blitzhaft zu, so kann man vielleicht das Blatt noch wenden und durch Kühnheit die schon verlorene Partie wieder zurückgewinnen.

Aber – man muß es immer von neuem betonen und wiederholen – der Begriff Kühnheit hat bei Magellan eine besondere Färbung. Kühn handeln meint bei ihm keineswegs, heiß zugreifen, impulsiv vorstoßen, sondern im Gegenteil: etwas unerhört Gefährliches mit dem Maximum von Vorsicht und Berechnung unternehmen; Magellans verwegenste Pläne sind immer wie ein guter Stahl zwar im Feuer der Leidenschaft geschmiedet, aber dann im Eis nüchternster Überlegung gehärtet; jederzeit triumphiert er wider alle Gefahren durch diese Mischung von Phantasie und Vorsicht. In einer Sekunde ist sein Plan fertig, die übrige Zeit wird nur dienen, dessen Einzelheiten präzis zu durchdenken. Magellan erkennt: er muß dasselbe tun wie seine Kapitäne, er muß wenigstens eines Schiffs sich bemächtigen, um wieder in die Vorhand zu kommen. Jedoch wie leicht hatten es die Kapitäne, wie schwer Magellan! Sie überfielen im Dunkel der Nacht ein völlig ahnungsloses Schiff. Schlafend lag der Kapitän, schlafend die Mannschaft. Keine Abwehr war gerüstet, keiner der Matrosen hatte eine Waffe zur Hand. Jetzt aber ist heller Tag. Mißtrauisch beobachten von drei Schiffen die Kapitäne jede Bewegung an Magellans

Flaggschiff, Kanonen und Bombarden sind bereitgestellt, Arkebusen gespannt; denn die Aufrührer kennen Magellans Mut genug, um ihm auch einen tollkühnen Angriff zuzutrauen.

Doch sie kennen nur seinen Mut, nicht auch seine List. Sie ahnen nicht, daß dieser rapide Rechner auch das Unwahrscheinlichste wagen wird, nämlich am hellichten Tage mit einer Handvoll Leute angesichts dreier schwerbewaffneter Schiffe eine Attacke zu unternehmen. Schon dies ist ein geniales Diversionsmanöver, daß er für seinen verwegenen Coup nicht den „San Antonio" ins Auge faßt, wo sein Vetter Mesquita in Ketten liegt. Denn selbstverständlich wird hier sein Angriff am ehesten erwartet. Aber gerade, weil sein Schlag zur Rechten erwartet wird, schlägt Magellan zur Linken zu, nicht gegen den „San Antonio", sondern gegen die „Victoria".

Jede Einzelheit dieses Gegenschlags ist blendend durchdacht. Zunächst hält Magellan die Mannschaft, die ihm die Supplicacion, das Verhandlungsangebot Quesadas, überbracht hat, mit ihrem Ruderboot zurück. Damit ist zweierlei gewonnen: erstens ist für den Fall eines Zusammenstoßes die Mannschaft der Meutererschiffe bereits um einige Kämpfer geschwächt, zweitens hat er durch diesen raschen Zugriff statt eines Ruderboots zwei in Händen, und dieser scheinbar winzige Vorteil wird bei der Attacke sich bald als entscheidend erweisen. Denn, sein eigenes Boot zurückbehaltend, kann er auf dem weggekaperten Boot jetzt seinen unbedingt verläßlichen Waffenmeister, den Alguacil der Flotte, Gonzalo Gomez de Espinosa, mit fünf Mann zur „Victoria" senden, um dem meuterischen Kommandanten Luis de Mendoza einen Brief zu überbringen.

Arglos sehen von Bord ihrer wohlgerüsteten Schiffe die Rebellen dieses winzige Boot heranrudern. Kein Verdacht regt sich bei ihnen. Denn wie sollte ein Boot mit fünf Mann ein Schiff mit sechzig gutgerüsteten Soldaten und geladenen Bombarden angreifen, das ein so verläßlicher Kapitän wie Mendoza befehligt? Freilich, das eine können sie nicht merken, daß diese fünf Männer, unter ihren Kleidern versteckt, Waffen mit sich tragen und Gomez de Espinosa dazu einen bedeutsamen Auftrag. Gemächlich, sehr gemächlich, mit einer bestimmt ausgesparten und berechneten Langsamkeit – jede Sekunde ist auskalkuliert – klettert er hinter seinen fünf Soldaten an Bord hinauf und übergibt dem Kapitän Luis de Mendoza Magellans schriftliche Einladung, er möge zu einer Besprechung auf das Flaggschiff kommen.

Mendoza liest den Brief. Aber er erinnert sich zu genau an die Szene, wie damals Juan de Cartagena auf der „Trinidad“ plötzlich wie ein Verbrecher verhaftet wurde. Nein, so töricht wird ein Luis de Mendoza nicht sein, in die gleiche Mausefalle sich locken zu lassen! „Dorthin wirst du mich nicht kriegen“, „no me pillarás allá“, lacht er während des Lesens. Aber dieses Lachen endet kraß mit einem kollernden Laut – der Dolch des Alguacil ist ihm tödlich in die Kehle gefahren.

Genau in diesem kritischen Augenblick – und hier erkennt man, wie phantastisch exakt Magellan jede Minute und jeden Meter des Hinüberruderns von Schiff zu Schiff vorauskalkuliert hatte – sind fünfzehn schwerbewaffnete Mann, die Duarte Barbosa mit dem andern, dem eigenen Boot der „Trinidad“ an die „Victoria“ herangerudert hat, an Bord geklettert. Starr blickt die Mannschaft auf die Leiche ihres Kapitäns, den der Waffenmeister der Flotte mit einem Stoß justifiziert hat, und noch haben sie nicht Zeit genug gehabt, um das Vorgefallene zu verstehen und sich zu entscheiden, da hat schon Duarte Barbosa das Kommando übernommen, schon haben seine Leute alle Posten besetzt, schon erteilt er Befehle, und ängstlich gehorcht die verschüchterte Mannschaft. Im Nu sind die Anker gelichtet, die Segel gehißt, und ehe die beiden andern Meutererschiffe den aus heiterm Himmel niederfahrenden Blitz überhaupt recht wahrgenommen haben, steuert die „Victoria“ bereits als rechtmäßige Prise ihres Admirals auf das Flaggschiff zu. Drei Schiffe, die „Trinidad“, die „Victoria“ und der „Santiago“, stehen jetzt dem „San Antonio“ und der „Concepcion“ gegenüber und sperren die Mündung der Bucht gegen jeden Fluchtversuch der Meuterer.

Mit einem Ruck ist durch dieses rasante Manöver die Waagschale wieder hochgeschnellt, die schon verlorene Partie zurückgewonnen. Innerhalb von fünf Minuten sind die Kapitäne in die Hinterhand gekommen; ihnen verbleibt jetzt nur dreifache Möglichkeit: zu flüchten, zu kämpfen oder sich kampflos zu ergeben. Gegen Flucht hat der Admiral rechtzeitig vorgesorgt, indem er mit seinen drei Schiffen die Mündung sperrt. Zu einem Kampf kann es nicht mehr kommen: der plötzliche Prankenschlag Magellans hat den Mut seiner Gegner zerschmettert. Vergeblich, daß Gaspar Quesada in voller Rüstung, die Lanze in der einen Hand, das Schwert in der andern, die Mannschaft zum Kampf aufrufen will. Seine erschrockenen Leute leisten ihm keine rechte Gefolgschaft mehr; und es braucht nur ein Boot mit Magellans Matrosen an Bord zu kommen und jeder Widerstand erlischt auf der „Concepcion“ und dem

„San Antonio". Nach wenigen Stunden ist Alvaro de Mesquita befreit; in denselben Ketten, die den treuen Gefolgsmann Magellans gedemütigt, liegen jetzt die meuterischen Kapitäne.

Rasch wie ein sommerliches Gewitter hat sich die Spannung entladen, und gleich der erste Blitz hat den Aufruhr bis zur Wurzel zerspellt. Vielleicht aber war dieser offene Kampf noch der leichtere Teil der Aufgabe, denn unabwendbar muß nach Seerecht und Kriegsrecht die Sühnung folgen. Ein fürchterlicher Zwiespalt beginnt für Magellan. Ausdrücklich ist ihm vom König das unbeschränkte Recht über Leben und Tod zuerkannt, aber die Hauptschuldigen sind gleichfalls Vertrauensleute der Krone. Um seiner Autorität willen müßte er jetzt hart bestrafen und darf doch nicht alle Meuterer bestrafen. Denn wie weiterfahren, wenn er nach Kriegsrecht ein Fünftel der Mannschaft an die Rahen knüpft? Tausend Meilen weit von der Heimat, in unwirtlicher Gegend, kann er als Admiral nicht hundert arbeitende Arme entbehren; er muß also die Schuldigen weiter mitnehmen, er muß sie durch Güte wiedergewinnen und doch anderseits durch ein hartes Exempel erschrecken.

Magellan entschließt sich, um seine Autorität durch eine energische Einschüchterung sichtlich zu machen, einen einzelnen zu opfern, und er wählt den einzigen, der mit blanker Waffe vorgegangen war, Gaspar Quesada, den Kapitän, der mit dem Dolch seinen getreuen Piloten Eloriaga tödlich verletzte. Feierlich beginnt das hochnotpeinliche Verfahren; die Schreiber, die escribeiros, werden berufen, die Zeugen zum Protokoll herangeholt, und mit genau derselben Weitschweifigkeit, demselben Formalismus, als säßen sie auf einer Schreiberbank in Sevilla oder Saragossa, verschreiben sie in der Ödnis der patagonischen Küste seitenlang das hier unersetzliche Papier. Mesquita eröffnet als Vorsitzender mitten in Niemandsland das Verfahren wegen Mord und Aufruhr wider Gaspar Quesada, vormals Kapitän der Armada. Und Magellan fällt den Spruch. Gaspar Quesada wird zum Tode verurteilt, und die einzige Gnade, die der Admiral dem spanischen Edelmann zuerkennt, ist, daß die Hinrichtung nicht durch die garotta, den Strick, sondern durch das Schwert vollzogen werden soll.

Wer aber soll der Henker sein? Schwer wird irgendeiner der Mannschaft sich freiwillig bereit finden. Endlich treibt man einen Henker auf, und zwar um grausamen Preis. Auch der Diener Quesadas hat mit Hand angelegt bei diesem Überfall auf Eloriaga, auch er ist des Todes schuldig erklärt worden. Nun bietet man ihm Begnadigung an, falls er die Enthauptung Quesadas vollziehen wolle. Die Alternative, selbst hingerichtet zu werden oder lieber seinen

Herrn hinzurichten, mag für Luis de Molino, den Diener Quesadas, bitterer Gewissenskampf gewesen sein. Aber schließlich erklärt er sich bereit. Mit einem Schlage säbelt er seinem Herrn das Haupt ab und rettet damit das eigene. Nach dem gräßlichen Brauch der Zeit werden der Leichnam Quesadas und ebenso die Leiche Mendozas gevierteilt, die verstümmelten Stücke an Pfählen aufgesteckt und so die schauerliche Sitte des Tower und der andern Hinrichtungsstätten Europas zum erstenmal in die patagonische Welt verpflanzt.

Aber noch ein anderes Urteil muß Magellan fällen, und wer kann sagen, ob es milder oder grausamer gewesen als Tod durch das Schwert? Auch Juan de Cartagena, der eigentliche Führer des Aufstands, und ein Priester, der immer wieder zum Aufruhr geschürt, sind schuldig befunden worden. Aber hier schreckt selbst dem verwegenen Magellan die Hand zurück, ein klares Todesurteil zu unterzeichnen. Den Mann, den ihm der König als conjuncta persona beigeordnet, durch Henkershand hinrichten zu lassen, darf sein Admiral nicht wagen, und Blut eines Priesters, dessen Haupt gesalbt ist mit heiligem Öl, zu vergießen, wird der fromme Katholik niemals auf sein Gewissen nehmen. In Ketten die beiden Hauptanstifter um die halbe Erde zu schleppen ist gleichfalls untunlich. So entflüchtet Magellan der Entscheidung, indem er die beiden zur Aussetzung bestimmt. Wenn die Flotte wieder unter Segel geht, sollen die beiden, mit Wein und Lebensmitteln für einige Zeit versehen, hier zurückgelassen werden an dem Strand von San Julian, und dann soll Gott allein entscheiden über Leben oder Tod.

War Magellan im Recht, war er im Unrecht bei diesem Blutspruch in Port San Julian? Sind die Protokolle einwandfrei, die sein Vetter Mesquita in San Julian aufnehmen ließ und die der Verteidigung nicht das Wort lassen? Sind anderseits wieder die späteren Aussagen der spanischen Offiziere in Sevilla richtig, die behaupten, Magellan hätte den Alguacil und seine Mannschaft für den mörderischen Überfall auf Mendoza mit zwölf Dukaten entlohnt und außerdem ihnen die Habe der beiden getöteten Edelleute zugesprochen – diese Aussagen, die Magellan, der Tote, nicht mehr entkräften kann? Schon einen Augenblick nach einer Tat wird fast jedes Geschehnis in seiner Darstellung zweideutig, und wenn die Geschichte seitdem Magellan recht gegeben, so vergesse man nicht, daß sie fast immer dem Sieger recht gibt wider den Besiegten. Hebbel sagt einmal das wunderbare Wort: „Der Geschichte ist es gleichgültig, wie etwas geschieht. Sie stellt sich auf die Seite der Vollbringer, der Vollender." Hätte Magellan den Durchgang nicht gefunden, seine Tat nicht vollbracht, so wäre die Beseitigung der spanischen Kapitäne, die gegen sein gefährliches Abenteuer Einspruch erhoben, als blanker Mord gewertet worden. Da aber Magellan seine Leistung recht gegeben und ihm Unsterblichkeit errungen, bleiben die ruhmlos Gestorbenen vergessen, und wenn nicht moralisch, so hat doch historisch der Erfolg Magellans Härte und Unbeugsamkeit nachträglich gerechtfertigt.

Gefährliches Beispiel jedenfalls ist Magellans blutiges Urteil für den genialsten seiner Nachfahren und Nachfolger, für Francis Drake geworden. Als siebenundfünfzig Jahre später dieser englische Held und Pirat auf gleich gefährlicher Fahrt von gleich gefährlichem Aufruhr innerhalb seiner Mannschaft bedroht wird, zollt er, in demselben Unglückshafen von San Julian landend, Magellans martialischer Handlungsweise einen düsteren Tribut, indem er sie nachahmt. Francis Drake kennt genau die Vorfälle auf der Fahrt seines Vorgängers, er kennt die Protokolle und Magellans unbarmherzige Justiz an den Meuterern; angeblich hat er sogar den blutigen Block in Port San Julian noch vorgefunden, an dem vor siebenundfünfzig Jahren das Urteil an dem Meuterer vollstreckt worden war. Sein unbotmäßiger Kapitän heißt Thomas Doughty; wie Cartagena war er auf der Fahrt in Ketten gelegt worden und – seltsame Identität – an demselben Strand, in demselben „porto negro" von San Julian wird ihm nun das Urteil gesprochen. Auch hier lautet das Urteil auf Tod. Nur läßt Francis Drake seinem einstigen Freunde die finstere Wahl, ob er wie Gaspar Quesada den raschen und ehrenhaften Tod durch das Schwert erleiden oder wie Juan de Cartagena in dieser Bucht ausgesetzt werden wolle. Doughty, der gleichfalls die Geschichte der Magellansfahrt gelesen, weiß, daß nie mehr eine Spur Cartagenas und des mit ihm ausgesetzten Priesters gefunden wurde – unter entsetzlichen Qualen müssen sie zugrunde gegangen sein –, und wählt lieber den gewissen, aber geschwinden, den männlichen und ritterlichen Tod durch das Schwert. Noch einmal rollt ein Haupt in den Sand – ewiges Verhängnis der Menschheit, daß ihre denkwürdigsten Taten fast immer befleckt sind von vergossenem Blut und gerade den Härtesten das Größte gelingt!

## Der große Augenblick

## 7. April 1520 - 28. November 1520

Vier Monate, fünf Monate bleibt die Flotte Magellans in diesem tristen Hafen des Unglücks vom Winter eingeschlossen. Leer und lastend dehnt in der entsetzlichen Einsamkeit sich die Zeit, aber der Admiral, wohl wissend, daß nichts Menschen unzufriedener macht als Müßiggang, beschäftigt von Anfang die Matrosen mit unablässiger anstrengender Arbeit. Er läßt die Schiffe, die fast ein Jahr unterwegs sind, vom Kiel bis zum Mast gründlich überholen, er befiehlt, frisches Holz zu schlagen, Balken zu schneiden; vielleicht erfindet er sogar überflüssige Beschäftigung, nur um der Mannschaft vorzutäuschen, die Fahrt würde bald aufgenommen werden und sie aus der unerträglichen Wintersöde zu den ersehnten Südinseln führen.

Endlich zeigt sich ein erstes Frühlingszeichen. In all diesen frostdunkeln, vernebelten Wochen hatte die Mannschaft bereits gemeint, in ein Niemandsland, in eine völlig von Mensch und Tier verlassene Gegend verschlagen zu sein, und das verständliche Angstgefühl, hier wie in einer urzeitlichen Höhle, abgesondert von allem Menschlichen, zu hausen, mochte ihre Stimmung noch mehr verdüstert haben. Eines Morgens erscheint nun auf dem Hügel eine sonderbare Gestalt, ein Mensch, den sie zunächst gar nicht als ihresgleichen erkennen, denn im ersten Schreck der Überraschung scheint er ihnen um das Doppelte das gewohnte Mannesmaß zu überragen. „Duobus humanam superantes staturam“, schreibt Peter Martyr, und Pigafetta bestätigt: „So groß war dieser Mann, daß wir gerade bis zu seinem Gürtel reichten. Er war gut gewachsen, hatte ein breites Gesicht, das rot und mit gelben Ringen um die Augen bemale war und mit zwei herzförmigen Klecksen auf den Wangen. Sein Haar war kurz und weiß gefärbt, seine Kleidung bestand aus den trefflich zusammengenähten Fellen irgendeines Tieres.“ Besonders bestaunen die Spanier die riesigen Füße dieses gewaltigen Menschenungeheuers, und um dieses „Großfußes“ (patagão) willen benennen sie die Eingeborenen Patagonier und das Land Patagonien. Aber bald weicht der erste Schrecken vor dem Enaksohn. Denn das fellbekleidete Wesen entbreitet immer wieder grinsend die Arme, es tanzt und singt und streut sich dabei unablässig Sand auf das weißgefärbte Haar. Magellan, von früher her einigermaßen in den Sitten der Naturkinder erfahren, deutet richtig dies Zeichen als Wunsch nach freundlicher Annäherung und befiehlt einem Matrosen, in ähnlicher Art zu tanzen und sich gleichfalls Sand auf den Kopf zu streuen. Zum Gaudium der abgearbeiteten, abgemüdeten Seeleute nimmt tatsächlich der wilde Mann diese Pantomime als Willkommgruß und kommt ganz zahm heran. Nun haben die Trinculos nach dem „Tempest“ endlich ihren Caliban, zum erstenmal gibt es für die armen, gelangweilten Matrosen in dieser Ödnis Abwechslung und ausgiebigen Spaß. Denn als man dem gutmütigen Riesen einen metallenen Spiegel unvermutet vor die Nase hält, springt er vor Überraschung, sein eigenes Antlitz zum erstenmal zu sehen, so jäh zurück, daß er in seinem Sturz vier Matrosen mit sich reißt. Sein Appetit läßt die Mannschaft die eigene schmale Ration vergessen. Mit aufgerissenen Augen starren sie zu, wie dieser Gargantua einen ganzen Kübel Wasser mit einem Schluck aussäuft und einen halben Korb Zwieback nachstopft wie eine Pfeffernuß. Und welches Hallo erst, da er ein paar Ratten, die sie seiner unbändigen Freßlust präsentieren, zum heiteren Grausen der Zuschauer mit Haut und Haaren frischlebendig hinunterfrißt! Beiderseits, bei dem Fresser und den Matrosen, entsteht herzliche Sympathie, und als ihm Magellan noch ein paar Glöckchen schenkt, holt er bald andere „Riesen“ und auch einige „Riesinnen“ heran.

Aber gerade diese Unbekümmertheit bringt den arglosen Naturkindern Verderben. Magellan hat wie Columbus und alle andern Konquistadoren von der Casa de Contratacion gemessenen Auftrag, nicht nur von Pflanzen und Erz, sondern auch von allen neuen Menschenspezies, die sie auf der Reise entdecken, einige Exemplare heimzubringen. Einen solchen „Giganten“ lebend anzufangen, scheint den Matrosen allerdings zunächst nicht minder gefährlich, als einen Walfisch an der Flosse zu packen. Ängstlich schleichen sie um die Patagãos herum, aber im letzten Augenblick sackt ihnen immer wieder der Mut zusammen. Endlich ersinnen sie eine gemeine List. Man steckt zwei der „Riesen“ soviel Geschenke in die Hände, daß sie alle Finger benötigen, um ihre Beute festzuhalten; dann zeigt man den beseligt Grinsenden noch ein besonders köstlich blinkendes, klirrendes Ding, nämlich ein paar Fußschellen, und fragt, ob sie so etwas am Fuße tragen möchten. Die armen Patagonier lachen von einem Ohr zum andern und nicken begeistert – herrlich träumen sie sich's aus, wie diese klappernden Dinger bei jedem Schritt dann klirren und klingeln werden. Krampfhaft ihre Geschenke haltend, blicken sie neugierig von oben zu, wie man ihnen Ketten um die Gelenke paßt, diese schönen kalten Ringe, die so lustige Musik machen – aber schnapp, und sie sind gefangen. Jetzt kann man angstlos die Riesen hinwerfen wie einen Sandsack, gefesselt sind sie nicht mehr gefährlich. Vergebens, daß die Betrogenen heulen, sich wälzen, um sich schlagen und – den Namen hat Shakespeare ihnen abgeborgt – ihren Zaubergott Setebos anrufen: die Casa de Contratacion will Kuriositäten! Wie geschlagene Ochsen schleppt und schleift man die Wehrlosen auf die Schiffe, wo sie aus Mangel an Nahrung erbärmlich zugrunde gehen werden. Durch diesen perfiden Überfall der „Kulturträger" ist sofort mit einem Schlag das gute Einvernehmen zerstört. Die Patagonier halten sich von den Betrügern fern, und als einmal ein Trupp Spanier ihnen nachsetzt – hier wird Pigafettas Bericht merkwürdig verschwommen –, um auch einige Riesenweiber einzufangen oder zu besuchen, setzen sie sich zur Wehr, und einer der Matrosen büßt das Abenteuer mit dem Leben.

Aber ebenso wie den Eingeborenen bringt auch den Spaniern dieser Unglückshafen von San Julian nichts anderes als Unheil. Nichts glückt Magellan hier, nichts will ihm gelingen: Verhängnis haftet an dem blutbefleckten Strand. Nur bald fort von hier, nur zurück, stöhnt die Mannschaft. Nur bald weiter, nur bald vorwärts, sehnt sich Magellan, und beider Ungeduld wächst mit den längeren Tagen. Kaum lassen die wildesten Winterstürme nach, so versucht Magellan schon einen Vorstoß. Er sendet das beweglichste, das behendeste seiner Schiffe, die kleine „Santiago", mit dem verläßlichen Kapitän Serrão als Noahstaube um Kundschaft aus. Serrão soll nach Süden vorstoßen, die Buchten abspüren und mit seiner Meldung nach einer bestimmten Frist wieder zurückkehren. Bald ist die Zeit verstrichen, ungeduldig und unruhig blickt Magellan auf das Meer. Aber statt vom Meere kommt Botschaft vom Lande: eines Tags wanken und schwanken vom Hügel her zwei sonderbare Gestalten herab, Patagonier vermeint man zuerst und schon hält man die Armbrust bereit. Aber die nackten, halb erfrorenen, halb verhungerten, die ausgemergelten, verwilderten Menschengespenster schreien ihnen spanische Worte entgegen – es sind zwei Matrosen von der „Santiago". Sie bringen schlimme Botschaft. Schon sei Serrão glücklich an einen Fluß mit bequemer Mündung und reichlichem Fischfang, den Rio de Santa Cruz, gelangt; aber bei der weiteren Rekognoszierung habe ein Sturm das Schiff an die Küste geschlagen und zerschellt. Bis auf einen Neger habe sich die ganze Mannschaft gerettet und warte am Rio de Santa Cruz in äußerster Not; sie allein hätten sich die Küste entlang bis San Julian durchgeschlagen und all diese entsetzlichen elf Tage ausschließlich von Wurzeln und Gras gelebt.

Magellan sendet sofort ein Boot. Die Schiffbrüchigen werden heimgeholt. Aber was helfen die Menschen – ein Schiff ist dahin, das beweglichste, das geschickteste von allen! Es ist der erste Verlust und wie jeder Verlust hier am andern Ende der Erde ein unersetzlicher. Da endlich Magellan am 24. August

Befehl zum Aufbruch gibt und mit einem letzten Blick auf die beiden ausgesetzten Meuterer die Unglücksbucht von San Julian verläßt, verwünscht er vielleicht im stillen den Tag, der ihn hier landen ließ. Ein Schiff ist verlorengegangen, drei Kapitäne haben hier ihr Leben gelassen, und vor allem: ein unwiederbringliches Jahr ist vorbei und nichts noch erreicht, nichts noch gefunden, nichts noch getan.

Diese Tage müssen die dunkelsten im Leben Magellans gewesen sein, die einzigen vielleicht, in denen er, der sonst unbeirrbar Gläubige, heimlich verzagt hat. Schon daß er bei der Abfahrt von San Julian mit falscher Festigkeit mitteilt, er sei entschlossen, die patagonische Küste im Notfall auch bis zum fünfundsiebzigsten Breitegrad hinabzusegeln und nur, wenn auch dann noch nicht die Durchfahrt zum andern Meere gefunden sei, den üblichen Weg um das Kap der Guten Hoffnung zu wählen schon diese Verklausulierung mit „notfalls“ und „vielleicht“ verrät seine Unsicherheit. Zum erstenmal hält Magellan sich die Möglichkeit eines Rückzugs offen, zum erstenmal gibt er vor seinen Offizieren zu, daß der gesuchte Durchlaß vielleicht gar nicht existiert oder erst in arktischen Gewässern. Offenkundig hat er die innere Gewißheit verloren; aber auch die gnädige Ahnung, die ihn jenen „paso“ erträumen ließ, verläßt ihn jetzt in entscheidender Stunde. Kaum hat je die Geschichte eine ironischere, eine boshaftere Situation erfunden als jene Magellans, da er nach zweitägiger Seefahrt wieder haltmacht an der von Serrão entdeckten Mündung des Santa Cruz-Flusses und abermals zwei Monate Winterschlaf für die Schiffe anbefiehlt. Denn man vergegenwärtige sich aus der Vista unserer nachträglichen besseren geographischen Kenntnis die ganze Widersinnigkeit dieses Entschlusses. Da ist ein Mann, der, von einer großen Idee getrieben, von einer ungenauen und überdies unrichtigen Nachricht verwirrt, sich zum Lebensziel gesetzt hat, die Durchfahrt vom Atlantischen in den Pazifischen Ozean und damit als erster den Weg um die Erde zu finden. Dank seinem dämonischen Willen hat er den Widerstand der Materie überwunden, er hat Helfer für seinen fast unrealisierbaren Plan gefunden, er hat einem fremden Monarchen durch die Suggestivkraft seiner Idee eine Flotte abgerungen und glücklich diese Flotte weiter die südamerikanische Küste hinabgeführt als je ein Seefahrer vor ihm. Er hat die Elemente des Meers gemeistert und die Meuterei; keine Hemmung, keine Enttäuschung konnte bisher seinen fanatischen Glauben brechen, er müsse diesem „paso“, diesem Ziel seiner Träume, räumlich schon ganz nahe sein. Nun plötzlich und gerade vor dem Siege verhüllt sich dem bisher so hellsichtigen Mann der ahnende Blick. Es ist, als hätten die Götter, die ihn nicht liebten, ihm böswillig eine Binde um seine Augen getan.

Denn an diesem 26. August 1520, da Magellan seiner Mannschaft befiehlt, noch einmal zwei Monate tatlos sich zu verliegen, ist er eigentlich schon am Ziel. Nur zwei Breitegrade, nur zwei Tage Seefahrt nach dreihundert Tagen der Reise, nur ein paar Meilen nach tausend und tausend schon durchmessenen müßte er jetzt noch entschlossen weiterfahren, und aufjauchzen könnte seine verstörte Seele. Aber – Hohn und Bosheit des Schicksals – der Unselige weiß und ahnt nicht, wie nahe er seinem Ziel ist. Zwei lange und leere Monate der Sorge, des Mißtrauens wartet und wartet er auf den Frühling an der Mündung dieses kleinen Flusses, wartet er an dieser öden, menschenvergessenen Küste, einem Manne ähnlich, der im Schneesturm vor der eigenen Hütte sich frierend zusammenkauert, ohne zu ahnen, daß er nur noch einen Schritt vorwärtstasten müßte, und er wäre geborgen. Zwei Monate, zwei endlose, sinnlose Monate sitzt und brütet und sorgt sich Magellan in dieser Ödnis, ob er den „paso" erreichen werde oder nicht, und nur zwei Tagereisen weit wartet die Straße, die seinen Namen tragen wird in die Ewigkeit! Bis zum letzten Augenblick muß der Mann, der prometheisch der Erde das letzte Geheimnis entreißen will, die marternde Geierklaue des Zweifels fühlen.

Aber um so herrlicher dann die Entkettung! Immer erreicht nur jene Seligkeit die letzte Höhe des Gefühls, die von letzten Tiefen des Verzagens sich aufgeschwungen. Am 18. Oktober 1520, nach zwei Monaten leeren, überflüssigen Rastens, gibt Magellan neuerdings Befehl zur Weiterfahrt. Messe wird feierlich gelesen, die Mannschaft nimmt das Abendmahl, dann steuern mit vollen Segeln die Schiffe nach Süden. Scharf stemmt sich noch einmal der Wind ihnen entgegen, Zoll für Zoll muß abgerungen werden dem feindseligen Element. Noch immer tröstet kein mildes Grün den Blick, leer, flach, öde und unwirtlich dehnt sich die unbewohnte Küste, immer nur Sand und Felsen und Felsen und Sand. Am dritten Tage, am 21. Oktober 1520, erhebt sich endlich ein Kap mit weißen Klippen vor einem merkwürdig zerrissenen Strand, und siehe, hinter diesem von Magellan zu Ehren der Kalenderheiligen „Cabo de las Virgines" benannten Vorsprung eröffnet sich eine tiefe Bucht mit schwarzem Gewässer. Die Schiffe steuern näher heran. Merkwürdige, mächtige und strenge Landschaft! Schroff abfallende Hügel, unruhig und zerklüftet, und ganz in der Ferne – seit Jahren nicht gesehener Anblick – mit weißem Schneehaupt hohe Gipfel. Aber wie tot diese Weite! Kein menschliches Wesen ringsum, kaum Baum und Strauch; nur das stete Sausen und Brausen des Winds durchfährt das starre Schweigen dieser gespenstisch leeren Bucht. Unfreudig blickt die Mannschaft auf die finsteren Gewässer. Absurd scheint es ihnen allen, daß diese bergumstandene Bucht und ihre Hadesgewässer weiterführen könnten zu einem flachen Strand oder gar dem „Mar del Sur“, dem hellen, dem sonnigen, dem südlichen Meer. Einhellig äußern die Piloten ihre Überzeugung, dieser tiefe Einschnitt könne nur ein Fjord sein ähnlich jenen im Nordland, und es sei verlorene Mühe, vergeudete Zeit, diese geschlossene Bucht mit dem Senkblei zu durchforschen oder mit den Schiffen rundzufahren. Schon zu viele Wochen habe man versäumt mit der Rekognoszierung all dieser patagonischen Buchten, deren doch keine sich aufgetan zur ersehnten Straße. Nur jetzt keine Verzögerung mehr! Rasch weiter und weiter und, wenn nicht bald der „estrecho“ sich zeige, mit der günstigen Jahreszeit nach Hause zurück oder über das Kap der Guten Hoffnung nach dem Indischen Meer!

Aber Magellan, von seiner idée fixe der verborgenen Straße besessen, besteht darauf, auch diese merkwürdige Bucht völlig auszufahren. Verärgert gehorchen die andern dem Befehl, obwohl sie lieber weitersteuerten, denn “wir alle dachten und sagten, es wäre nur eine geschlossene Bucht“ (serrato tuto in torno). Zwei Schiffe bleiben zurück, das Flaggschiff und die „Victoria“, um die äußere Bucht zu untersuchen. Die andern beiden, der „San Antonio“ und die „Concepcion“, erhalten Auftrag, vorzustoßen, so weit es ihnen gelinge, aber spätestens in fünf Tagen wieder zurück zu sein. Denn die Zeit ist kostbar geworden und knapp der Proviant. Nicht fünfzehn Tage wie am La Plata kann Magellan mehr Frist gewähren. Fünf Tage Rekognoszierung – das ist der letzte Einsatz, den er noch wenden kann an diesen letzten Versuch!

Nun ist der große dramatische Augenblick gekommen. Die beiden Schiffe Magellans, die „Trinidad“ und die „Victoria“, beginnen die Vorderbucht rund zu umfahren, bis der „San Antonio“ und die „Concepcion“ von ihrem Vorstoß in die innere Bucht wiederkehren. Aber noch einmal bäumt sich der Gegenwille der Natur empor, als weigerte sie sich, ihr letztes Geheimnis leichthin preiszugeben. Jählings frischt der Wind auf, wird zum Sturm und bald zu einem jener plötzlichen Orkane, wie sie häufig in dieser Gegend aufspringen, von der die alten spanischen Landkarten warnend verzeichnen, „no hay buenas estaciones“, „hier gibt es niemals günstige Jahreszeiten“. Im Nu schäumt die Bucht in weißem und wildem Quirl, losgerissen werden schon bei dem ersten Aufschwall die Ankertaue; mit eingezogenen Segeln müssen sich die beiden Schiffe wehrlos umtreiben lassen – ein Glück nur, daß sie der hartnäckige Sturm nicht an die Klippen schleudert. Einen Tag, zwei Tage dauert diese entsetzliche Not. Aber nicht das eigene Schicksal verstört Magellan, denn seine beiden Schiffe, sie schwanken und schaukeln immerhin in offener

Bucht, wo es möglich ist, sie weit vom Ufer zu halten. Aber die beiden andern Schiffe, der „San Antonio“ und die „Concepcion“! Sie muß der Sturm in der inneren Bucht gefaßt haben, im Engpaß hat der grimmige Orkan sie überfallen, in dieser engen Röhre, wo sie nicht Raum haben, zu lavieren, nicht die geringste Möglichkeit, zu ankern und sich zu bergen: wenn kein Wunder geschehen ist, müssen die beiden von dem Sturm längst an die Küste getrieben oder an den Felsen in tausend Stücke zerschellt sein.

Fiebriges, schauriges, ungeduldiges Warten in diesen Tagen, in diesen Stunden, den Schicksalsstunden Magellans. Ein Tag und kein Zeichen. Ein zweiter, und sie sind nicht wiedergekehrt. Ein dritter Tag, ein vierter, und sie sind nicht zurück. Und Magellan weiß: wenn diese beiden Schiffe gestrandet und mit ihrer Mannschaft verloren sind, dann ist alles verloren. Mit zwei Schiffen allein kann er die Weiterfahrt nicht wagen. Seine Tat, sein Traum ist dann an diesen fremden Felsen zerschellt.

Endlich ein Signal vom Mastkorb. Aber Entsetzen! Nicht die Schiffe, die heimkehrenden, hat der Späher erblickt, sondern eine Rauchsäule in der Ferne. Fürchterlicher Augenblick. Ein Rauchsignal kann nur bedeuten, daß Schiffbrüchige um Hilfe rufen. Gescheitert also der „San Antonio“! Gescheitert die „Concepcion“, seine besten Schiffe, gescheitert sein ganzes Unternehmen in dieser noch namenlosen Bucht! Schon befiehlt Magellan, Boote herabzulassen, um in jene innere Bucht zu rudern und an Menschenleben zu retten, was noch zu retten ist. Aber in diesem Augenblick ereignet sich die Wende! Es ist derselbe glorreiche Augenblick wie im „Tristan“, wo die schon matt hinsterbende, die klagende und verzagende Todesmelodie der Hirtenflöte plötzlich umspringt und aufspringt in die beschwingte, die jubelnde, die wirbelnde Tanzweise des Glücksüberschwangs. Ein Segel! Ein Schiff! Ein Schiff! Gepriesen sei Gott – ein Schiff wenigstens ist gerettet! Nein, beide Schiffe, beide! Der “San Antonio“ und die „Concepcion“, beide kehren wieder, beide heil und wohlbehalten. Aber sieh, was ist das? Kaum, daß sie Magellans und seiner Flotte ansichtig werden, blitzt es drüben auf Backbord, einmal, zweimal, dreimal, und breit rollt das Echo des Kanonendonners von den Bergen wider. Was ist geschehen? Warum lösen sie, die sonst mit jedem Korn Pulver sorgsam sparen, verschwenderisch eine Salve nach der andern? Warum, kaum wagt es Magellan zu glauben, sind alle Flaggen, alle Wimpel gehißt? Warum winken, warum schreien die Kapitäne, die Matrosen, und was winken, was rufen sie? Noch versteht er nicht aus der Ferne die wirren Worte, noch erfassen die Kameraden nicht den Sinn ihrer Rufe. Aber alle fühlen sie zugleich und Magellan als erster: dies ist die Sprache des Triumphs!

Und wahrhaftig, es ist gesegnete Botschaft, welche die beiden Schiffe bringen. Mit plötzlich aufgeweitetem Herzen lauscht Magellan dem Bericht Serrãos. Erst ist es den beiden Schiffen schlimm gegangen. Schon waren sie tief eingedrungen in die innere Bucht, als jener Sturm losbrach. Obwohl sie sofort alle Segel refften, hatte der Quirl der Strömung sie doch wehrlos weitergetrieben, weiter und weiter hineingepeitscht; schon hatten sie gemeint, wehrlos müßten sie zerschellen am Ende der Bucht und ihren felsigen Ufern. Da hätten sie im letzten Augenblick gemerkt, daß die zerklüftete Felsenmauer vor ihnen gar nicht völlig geschlossen sei, sondern abermals hinter einem Vorsprung sich öffne zu einer Art von Kanal. Durch diese stillere Straße seien sie in eine zweite Bucht gelangt, die sich abermals verengte, um sich abermals zu erweitern und zu verbreitern. Drei Tage seien sie so gefahren, ohne an ein Ende dieser erstaunlichen Wasserstraße zu gelangen. Noch hätten sie ihren letzten Ausgang nicht gefunden, doch keinesfalls könne dieser merkwürdige Wasserweg ein Fluß sein. Denn unverändert salzig bleibe das Wasser, regelmäßig und gleichmäßig zeichne Ebbe und Flut sich am Strande ab. Nicht wie ein Strom, nicht wie der La Plata verschmälere sich dieses sonderbare Gewässer, wenn man von der Mündung aufwärts fahre, sondern im Gegenteil: breit und meerhaft dehne bei beständigem Tiefgang immer wieder von neuem die Fläche sich aus. Mehr als wahrscheinlich sei es darum, daß dieser Fjord, dieser Kanal hinüberführe in das langgesuchte Mar del Sur, dessen Ufer Nuñez de Balboa vor wenigen Jahren von den Höhen von Panama herab als erster Europäer erblickt habe.

Eine bessere Kunde hat Magellan, der vielgeprüfte Mann, seit einem Jahre nicht vernommen. Und nur ahnen kann man, wie diese Hoffnungsbotschaft das düstere und verkrampfte Herz ihm plötzlich aufgehellt. Schon hatte er im Innersten verzagt:, schon den Rückweg über das Kap der Guten Hoffnung ins Auge gefaßt, und niemand weiß, welche heimlichen Gebete und Gelübde er kniend zu Gott und seinen Heiligen erhoben. Und nun, gerade im Augenblick, da sein Glaube zu schwinden begonnen, beginnt Wahn zur Wahrheit, der Traum Ereignis zu werden. Keinen Augenblick jetzt mehr gezögert! Die Anker gehoben! Die Segel entbreitet! Noch einmal eine Salve zu Ehren des Königs, ein Gebet dem obersten Admiral! Und dann mutig hinein in das Labyrinth! Findet er aus diesen acherontischen Gewässern einen Weg in das andere Meer, dann hat er als erster den Weg um die Erde gefunden. Und mit allen vier Schiffen steuert Magellan mutig in diesen Kanal, den er zu Ehren des Tags den Kanal Todos los Santos tauft. Aber die Nachwelt wird ihn dankbar die Magellanstraße nennen.

Ein sonderbarer, ein gespenstischer Anblick muß es gewesen sein, wie zum erstenmal die vier ersten Schiffe der Menschheit leise und lautlos in diese schweigsame, schwarze, seit ewigen Zeiten noch nie von einem Irdischen befahrene Straße hineingleiten. Ein ungeheures Schweigen erwartet sie. Wie Magnetberge starren metallisch die Hügel am Ufer, dunkel lastet der immer hier verwölkte Himmel, schwarz schattet das Wasser; wie Charons Boot auf den stygischen Gewässern, Schatten zwischen Schatten, so steuern die vier Schiffe schweigsam durch diese Hadeswelt. Von ferne leuchten Berge mit schneeigen Gipfeln, und eisigen Hauch trägt nachts der Wind von ihnen her. Kein Lebewesen zeigt sich rings, und doch müssen Menschen verborgen hier hausen, denn nachts leuchten zur Seite flackernde Feuer im Dunkel, weshalb Magellan dies Land terra de fuego, Feuerland, benennt. (Diese ständig brennenden Feuer sind noch durch Jahrhunderte beobachtet worden. Sie erklären sich aus dem Umstand, daß die Feuerländer als kulturell völlig niedere Rasse noch nicht die Technik des Feueranmachens kannten und darum ununterbrochen Tag und Nacht in ihren Hütten Holz und dürres Gras brannten.) Aber nie, während beklommen die Seefahrer nach allen Seiten spähen, eine Stimme, nie eine bewegte Gestalt; als Magellan einmal Matrosen mit einem Boot ans Ufer sendet, finden sie nicht Haus und nicht Spuren von Leben, sondern nur Wohnstatt von Toten, ein paar Dutzend verlassene Gräber. Auch das einzige Tier, das sie aufspüren, ist tot, ein Walfisch, dessen riesige Leiche die Flut an den Strand gespült hat: nur zum Sterben ist er hierhergekommen an diesen Strand der Vergängnis und des ewigen Herbstes. Staunend starren die Fahrenden in die gespenstische Stille; es ist, als ob sie in eine ausgebrannte, ausgestorbene Sternlandschaft geraten wären. Ach, nur weiter! Nur weiter! Und wieder gleiten, langsam von der Brise vorwärtsgetrieben, die Schiffe durch die nächtigen Gewässer, die noch nie den Kiel eines Schiffes gefühlt. Immer wieder taucht das Senkblei in die Tiefe und findet keinen Grund; immer wieder lugt Magellan ängstlich nach allen Seiten aus, ob die Bucht sich nicht plötzlich schließen werde und die freie Wasserbahn ende. Doch immer neu und immer weiter setzt sich die Straße fort, immer neue Zeichen bekunden, daß sie überführen müsse in die offene See. Doch noch unsichtbar bleibt dieser ersehnte Augenblick, noch verworren der Weg, noch verstört die Seele. Weiter und weiter geht die verzauberte Fahrt durch die kimmerische Nacht, einzig begleitet von dem wilden und unverständlichen Gesang des Winds, der schrill und kalt zwischen den Bergen saust.

Aber wenn eine düstere, so ist diese Fahrt auch eine gefährliche zugleich. Nicht im mindesten ähnelt die aufgeschlossene Straße jenem schnurgeraden

Phantasiekanal, den in ihren bequemen deutschen Stuben die biedern Kosmographen, den Schöner und vor ihm wohl Behaim in ihre Karten gezeichnet haben, und es bedeutet eigentlich bloß einen abkürzenden Euphemismus, die Magellanstraße überhaupt: Straße zu nennen; in Wahrheit stellt sie einen ununterbrochenen Kreuzweg dar, ein zerfetztes, labyrinthisches Gewirr von Windungen und Wendungen, von Buchten, Baien, Fjorden, Sandbänken und verwickelten Wasserdärmen, das Schiffe nur mit größter Kunst und größtem Glück heil zu durchfahren vermögen. In den sonderbarsten Formen spitzen oder ballen sich diese Buchten, unberechenbar in ihrem Tiefgang, in ihrem Ausgang, dicht mit Inseln durchspickt, mit Untiefen besät; dreimal, viermal gabelt sich zur Rechten, zur Linken jedesmal von neuem die Straße, und nie weiß man, welche die richtige ist, ob jene nach Westen, nach Norden oder nach Süden. Sandbänke müssen vermieden, Felsen umfahren werden, und immer wieder fegt der feindliche Wind mit plötzlichen Wirbelstößen, den sogenannten „williwaws", durch den unruhigen Sund, die Gewässer aufrührend, die Segel zerspellend. Erst an den vielen Schilderungen der Nachfahren begreift man, warum die Magellanstraße noch für Jahrhunderte den Schrecken aller Seeleute gebildet hat. Denn immer „weht hier Nordwind von allen vier Himmelsrichtungen", nie gibt es hier stille, sonnige, gemächliche Durchfahrt. Zu Dutzenden scheitern bei den nachfolgenden Expeditionen Schiffe in dem unwirtlichen und heute noch nicht recht besiedelten Sund, und nichts bezeugt besser, welch ein Meister nautischer Kunst Magellan gewesen ist, als daß gerade er, der als erster diesen gefährlichen Seeweg bewältigt, auf Jahre und Jahre hinaus auch der letzte blieb, dem es gelang, jene Straße ohne Verlust eines einzigen Schiffs zu durchfahren. Bedenkt man die Unbehilflichkeit seiner Fahrzeuge, die ohne jeden andern Antrieb als den eines bauchigen Segels und eines hölzernen Steuers einzeln die hundert Arterien und Seitengänge auskundschaften mußten, unablässig vor- und zurückfahrend, um immer wieder einander an bestimmten Stellen zu treffen, und dies in unfreundlicher Jahreszeit und mit schon abgemüdeter Mannschaft, dann erst mutet seine glückliche Durchfahrt als das Wunder an, als das es Generationen von Seeleuten gerühmt haben. Aber wie in allen Sphären war auch in Magellans nautischer Kunst sein eigentliches Genie die Geduld, die unerschütterliche Vorsicht und Voraussicht. Einen ganzen Monat verharrt er in seiner verläßlichen, verantwortlichen Suche. Er eilt nicht, er jagt nicht in ungeduldiger Erwartung weiter, obwohl ihm gewiß innerlich die Seele schon bebt, endlich, endlich, endlich den Ausgang, endlich das südliche Meer schauen zu dürfen. Immer wieder, bei jeder Gabelung, teilt er seine Flotte; jedesmal, wenn zwei

Schiffe einen Nordfjord erkunden, durchforschen gleichzeitig die beiden andern den südlichen Pfad. Als wüßte dieser einsame Mann, daß er, unter dunklen Sternen geboren, niemals dem Glück vertrauen darf, überläßt er nicht ein einziges Mal die Wahl unter den vielfachen Wegen dem Zufall, auf gerad oder ungerad die Münze werfend; immer sucht und durchforscht er alle Wege, um den einen, den rechten zu finden, und so triumphiert mit seiner genialen Phantasie zugleich die nüchternste und die eigenste seiner Tugenden: die heroische Beharrlichkeit.

Triumph: die ersten Meerengen der Straße sind glücklich überwunden und schon die zweiten bewältigt. Abermals ist Magellan an einen Kreuzweg gelangt, wo die verbreiterte Bucht sich zur Rechten und zur Linken in zwei verschiedene Arme gabelt, und wer kann wissen, welcher dieser beiden Wege geradeaus zum offenen Meere führt und welcher als tote Sackgasse für ihn wertlos ist. Abermals teilt deshalb Magellan seine kleine Flotte. Der „San Antonio“ und die „Concepcion“ sollen die Buchtung nach Südosten verfolgen, während er selbst mit dem Flaggschiff und der „Victoria“ den Kanal nach Südwesten untersucht. Als Treffpunkt ist spätestens nach fünf Tagen die Mündung eines kleinen Flusses, den sie um seines Fischreichtums willen den Sardinenfluß nennen werden, ausersehen, und genauestens sind bereits die Instruktionen an die Kapitäne verteilt. Schon könnten die Schiffe die Segel hissen. Aber da ereignet sich etwas Unverhofftes, das kein einziger in der Flotte erwartete: Magellan beruft alle Kapitäne an. Bord seines Flaggschiffes, um vor jeder weiteren Aktion sich Rapport über die Vorräte erstatten zu lassen und ihre Meinung zu hören, ob man die Reise jetzt noch weiter fortsetzen oder nach gelungener Erkundung umkehren solle.

Um ihre Meinung zu hören? Was hat, fragt man sich erstaunt, sich ereignet? Weshalb diese verblüffende demokratische Geste mit einemmal? Warum erhebt der eherne Diktator, der bisher keinem seiner Kapitäne das Recht zuerkannte, eine Frage zu tun oder einen Befehl zu bemäkeln, gerade bei dem Anlaß eines ganz geringfügigen Manövers seine Offiziere aus Untergebenen wieder zu Kameraden? In Wirklichkeit ist nichts logischer als dieser Umschwung. Immer können Diktatoren nach dem restlosen Triumph eher der Humanität ihr Recht lassen und viel leichter die freie Rede verstatten nach der Sicherung ihrer Macht. Nun, da er den „paso“, den „estrecho“ gefunden, muß Magellan keine Frage mehr scheuen. Nun, da er den Trumpf in der Hand hält, kann er den andern willfahren und die Karten aufdecken. Immer ist es leichter, im Glück gerecht zu handeln als im Unglück. So lockert nun endlich, endlich,

endlich der harte, der verschlossene, der in sich vermauerte Mann das Schweigen, das er gewaltsam hinter die Zähne verbissen. Seit sein Geheimnis nicht mehr Geheimnis ist, sondern offenbar, kann Magellan mitteilsam sein.

Die Kapitäne erscheinen und erstatten Bericht. Allerdings ist ihre Meldung nicht erfreulich. Die Vorräte seien gefährlich zusammengeschmolzen, jedes Schiff führe bestenfalls noch Proviant für drei Monate. Magellan nimmt das Wort. Es stünde nun fest, erklärt er nachdrücklich, daß das erste Ziel der Reise erreicht sei, der „paso", der Durchgang in das Mar del Sur soviel wie gefunden. Nun bitte er seine Kapitäne, frei ihre Ansichten zu äußern, ob die Flotte mit diesem Erfolg sich begnügen oder zu vollenden suchen solle, was er dem Kaiser versprochen: auch die Gewürzinseln zu erreichen und sie für Spanien in Besitz zu nehmen. Gewiß, er gebe willig zu, die Vorräte seien schon äußerst knapp und große Fährnisse stünden ihnen noch bevor. Aber groß sei auch der Ruhm und der Reichtum, der sie alle bei glücklicher Vollbringung erwarte. Sein Mut sei unerschüttert. Aber ehe er eine endgültige Entscheidung treffe, ob sie mit diesem halben Erfolg schon jetzt heimkehren sollten oder um der Ehre willen noch dem letzten Ziele zustreben, wolle er die Meinung seiner Offiziere hören.

Die Antwort der einzelnen Kapitäne und Piloten ist uns nicht überliefert, aber man geht wohl nicht fehl mit der Annahme, daß die meisten ziemlich schweigsam geblieben sind. Noch entsinnen sie sich zu deutlich des Strands von San Julian und der gevierteilten Gliedmaßen ihrer spanischen Kameraden; noch immer bleibt es ihnen unbehaglich, diesem eisernen Portugiesen wider den Willen zu sprechen. Nur ein einziger äußert klar und scharf seine Bedenken, Estevão Gomez, der Pilot des „San Antonio", ein Portugiese und angeblich sogar mit Magellan verwandt. Gomez sagt offen, jetzt, nachdem allem Anschein nach der „paso" tatsächlich gefunden sei, täte man besser, nach Spanien zurückzukehren und lieber mit einer frisch ausgerüsteten Flotte auf dem nun aufgeschlossenen Wege die Fahrt nach den Gewürzinseln zu wiederholen. Denn die eigenen Schiffe seien seiner Meinung nach nicht mehr genug seetüchtig, außerdem unzulänglich mit Proviant versehen, und niemand wisse, wie weit sich das Mar del Sur, dieser neue, unbekannte Ozean noch hinter der neuentdeckten Straße erstrecke. Wenn sie fehlsteuerten auf dieser unbekannten See und nicht bald einen Hafen fänden, müsse die Flotte auf elendeste Weise zugrunde gehen.

Mit Estevão Gomez spricht die Vernunft, und wahrscheinlich tut Pigafetta, der jeden Widersacher Magellans von vorneweg verdächtigt, diesem erfahrenen Manne unrecht, wenn er ihm allerhand kleinliche Gründe für seine Bedenken unterschiebt. In Wirklichkeit war vom logischen, vom sachlichen Standpunkt aus der Vorschlag Estevão Gomez', jetzt in Ehren zurückzukehren und mit einer zweiten Expedition das vorgesetzte Ziel zu erreichen, der richtige; er hätte Magellan und fast zweihundert Menschen das Leben gerettet. Aber Magellan geht es nicht um das sterbliche Leben, sondern um die unsterbliche Tat. Wer heldisch denkt, muß notwendigerweise widervernünftig handeln. Ohne zu zögern, nimmt Magellan das Wort zur Gegenrede. Gewiß stünden ihnen Schwierigkeiten bevor, wahrscheinlich würden sie Hunger und alle denkbare Not erleiden müssen, aber – ein merkwürdig prophetisches Wort – selbst wenn sie das Leder, mit dem die Segelstangen beschlagen seien, schlingen müßten, erachte er es als seine Pflicht, weiterzufahren und das Land zu entdecken, das er versprochen habe (de pasar adelante y descubrir lo que habia prometido). Mit diesem Aufruf zum Abenteuer scheint die psychologisch so merkwürdige Beratung bereits erledigt gewesen zu sein, und von Schiff zu Schiff wird Magellans Befehl laut ausgerufen, die Reise werde fortgeführt. Im geheimen jedoch erteilt Magellan seinen Kapitänen den Befehl, der Mannschaft die Knappheit der Vorräte sorgfältigst zu verschweigen. Jeder, der auch nur eine Andeutung verlauten lasse, habe sein Leben verwirkt.

Stillschweigend haben die Kapitäne den Befehl übernommen, und bald sind die beiden Schiffe, welchen die Aufgabe obliegt, den südlichen Kanal zu durchforschen, der „San Antonio“ unter dem Kommando Mesquitas und die „Concepcion“ unter jenem Serrãos, im Gewirr der gezackten und gewundenen Buchten verschwunden. Die beiden zurückgebliebenen Schiffe, die „Trinidad“, das Flaggschiff Magellans, und die „Victoria“, haben indes bequemere Zeit. Sie ankern an der Mündung des Sardinenflusses, und statt selbst den Weiterlauf des Kanals nach Westen zu erkunden, überläßt Magellan diese erste Rekognoszierung einem kleinen Boot. Gefahr besteht keine in diesem stillen Teil des Kanals; nur den einen Befehl, spätestens am dritten Tage von ihrer Erkundung zurück zu sein, erteilt Magellan; dadurch bleiben den beiden großen Schiffen die drei Tage, bis die „Concepcion“ und der „San Antonio“ zurückkehren, zu völliger Rastpause. Und es wird eine gute Rast, die Magellan mit den Seinen in dieser linderen Landschaft hält. Sonderbar hat sich in den letzten Tagen, je mehr sie gegen Westen vordrangen, die Gegend verschönt. Statt der schroffen sandigen Felsen grüßen hier Wiese und Wald. Weicher senken sich die Hügel nieder, ferner leuchten die eisigen Gipfel. Milder ist die

Luft geworden, Quellen mit süßem Wasser erquicken die Matrosen, die wochenlang nur das stinkende Brackwasser ihrer Schiffstonnen gekannt. Nun liegen sie lässig im weichen Grase, sehen faul dem Wunder der in der Luft fliegenden Fische zu, aber sputen sich dann wieder kräftig, um die Sardinen in dem Fluß zu fangen, die sich hier in unglaublicher Fülle finden. So viele gute und würzige Kräuter entdecken sie, daß sie seit Monaten endlich wieder sich satt essen können, und so schön und schattig umschmeichelt sie die Natur, daß Pigafetta begeistert ausruft: „Credo che non sia al mondo el più bello e miglior stretto, comè è questo."

Aber was will dies kleine Glück der Behaglichkeit, der Bequemlichkeit, des faulen Entspannens gegen das andere besagen, gegen das große, das feurig betörende, das schwunghaft aufhebende, das Magellan jetzt umrauscht? Schon naht es, schon schwingt es heran; denn siehe, am dritten Tag kehrt gehorsam die ausgesandte Schaluppe zurück, und wieder winken schon von ferne die Matrosen wie damals an dem Tage Todos los Santos, da sie den Eingang zur Straße entdeckten. Nun aber – tausendmal wichtiger dies! – haben sie endlich den Ausgang gefunden! Sie haben das Meer, in das dieser Kanal mündet, mit eigenen Augen gesehen, das Mar del Sur, das große unbekannte Meer! Thalassa, thalassa, der tausendjährige Jubelruf, mit dem die Griechen, nach endloser Fährnis heimkehrend, das ewige Gewässer begrüßten, hier hallt er wider in einer andern Sprache und doch mit gleicher Begeisterung; selig schwingt er sich auf in eine Sphäre, die noch nie den Jubel menschlicher Stimme vernommen.

Diese eine Minute ist Magellans großer Augenblick, jener Augenblick äußerster und unüberbietbarer Entzückung, wie ihn jeder Mensch in seinem Leben nur einmal erlebt. Alles hat sich erfüllt. Er hat das Wort eingelöst, das er dem Kaiser gegeben. Er hat wahrgemacht, er, der erste und einzige, was Tausende vor ihm nur träumten: er hat den Weg in das andere Meer gefunden. Gerechtfertigt und der Unsterblichkeit geweiht weiß er sein Leben durch diesen Augenblick.

Und da geschieht, was niemand zu vermuten gewagt bei diesem harten, in sich selbst verschlossenen Manne. Plötzlich überwältigt den strengen Soldaten, der noch nie und an keinen sein Gefühl verriet, die innen aufbrennende Wärme. Die Augen strömen ihm über, Tränen, heiße, brennende Tränen rollen ihm nieder in den dunkeln Busch seines Barts. Das erste, das einzige Mal in seinem Leben weint dieser eiserne Mann Magellan vor Glück (El capitano generale lacrimò per allegrezza).

Einen Augenblick, einen einzigen knappen Augenblick in seinem ganzen dunkeln und mühseligen Leben hat Magellan die höchste Lust fühlen dürfen, die dem schöpferischen Menschen vergönnt ist: seine Lebensidee verwirklicht zu wissen. Aber diesem Manne ist es in den Sternen bestimmt, vom Schicksal keinen Atemzug Glück ohne bittern Zoll und Zahlung zu empfangen. An jeden seiner Triumphe ist unverweigerlich eine Enttäuschung gebunden. Nur anblicken darf er das Glück, nicht es umfangen, nicht es zu halten versuchen, und auch dieser eine knappe Augenblick der Entzückung, dieser reichste seines Lebens, löscht vorzeitig dahin, noch ehe er ihn ganz zu Ende gefühlt. Denn wo bleiben die beiden andern Schiffe? Warum zögern sie so lange? Jetzt, seitdem jenes Boot den Ausgang ins Meer erkundet, ist ja alles weitere Suchen nach dem Ausgang zur Südsee nurmehr überflüssiger Zeitverlust. Ach, wenn sie nur kämen, die beiden ausgesandten Schiffe, der „San Antonio" und die „Concepcion", die gute Botschaft zu empfangen! Wenn sie nur endlich schon kämen! Ungeduldig und immer ungeduldiger späht Magellan in die Tiefe der Bucht. Längst ist die vereinbarte Zeit überschritten, bereits der fünfte Tag vorüber, und noch immer kein Zeichen, keine Spur von ihnen.

Hat sich am Ende ein Unfall ereignet? Haben sie den Weg verloren? Magellan ist zu erregt, um länger untätig an der vereinbarten Stelle müßig zu warten. Er befiehlt, Segel zu setzen und Kurs zurück in den Kanal, um den säumigen Schiffen entgegenzusteuern. Aber leer, immer leer der Horizont, leer das kalte, tote Gewässer. Nirgends ein Zeichen, nirgends eine Spur.

Endlich, am zweiten Tage der Suche, leuchtet ein Segel. Es ist die „Concepcion" unter dem Kommando des verläßlichen Serrão. Aber wo ist das andere Schiff, das wichtigste, weil größte der Flotte, der „San Antonio"? Serrão weiß keine Antwort. Gleich am ersten Tage sei der „San Antonio" ihnen vorausgefahren und seitdem verschwunden. Im ersten Augenblick vermutet Magellan noch nichts Böses. Vielleicht hat der „San Antonio" sich nur verirrt oder sein Kommandant die Vereinbarung mißverstanden. So sendet er jetzt alle Schiffe der Flotte nach verschiedenen Seiten, um alle Winkel des Hauptkanals, des Admiralsunds (Admiralty Sound) zu durchforschen. Er läßt Feuerzeichen geben, neben aufgesteckten Fahnen werden Briefe mit Instruktionen hinterlegt, falls das verirrte Schiff die Richtung verloren haben sollte. Aber nirgends eine Spur. Etwas Schlimmes muß sich ereignet haben. Entweder ist der „San Antonio" gescheitertund mit Mann und Maus zugrunde gegangen, was aber nicht wahrscheinlich ist, denn gerade in diesen Tagen war das Wetter auffallend windstill. Oder – naheliegendere Möglichkeit – jener Pilot des „San Antonio", Estevão Gomez, der im Kriegsrat schleunige Rückkehr gefordert, hat rebellisch seine Forderung wahrgemacht: er und die spanischen Offiziere jenes Schiffs haben den verläßlichen Kapitän einfach überwältigt und sind mit dem ganzen Proviant desertiert.

Magellan kann in jener Stunde nicht wissen, was geschehen ist. Er weiß nur, etwas Furchtbares ist ihm geschehen. Das Schiff ist fort, das beste, das größte, das am reichlichsten mit Nahrungsmitteln versehene seiner Flotte. Aber wohin ist es, und was hat sich mit ihm, was hat sich auf ihm ereignet? Niemand kann ihm Auskunft geben in dieser ungeheuren menschenleeren Öde, ob es am Grunde des Meers liegt oder ob es desertiert ist und eiligen Kurs nach Spanien genommen hat. Nur die fremden Gestirne, das Kreuz des Südens, umblinkt von der ganzen funkelnden Schar, nur sie waren schauende Zeugen des geheimen Geschehens. Nur sie kennen den Weg des „San Antonio", nur sie allein könnten ihm Antwort sagen. Verständlich darum, daß Magellan, wie alle seiner Zeit der Sterndeutung als einer Wahrheitswissenschaft vertrauend, den Astrologen und Astronomen Andres de San Martin, der an Stelle Faleiros das Schiff begleitet, zu sich ruft, ihn, den einzigen, der vielleicht vermöchte, in den Sternen zu lesen. Er befiehlt ihm, das Horoskop zu stellen und durch seine Kunst zu erklären, was mit dem „San Antonio" sich ereignet habe. Und ausnahmsweise behält die Astrologie recht; der wackere Astrologe, der sich genau an die entschlossene Haltung Estevão Gomez' bei jenem Kriegsrat erinnert, weissagt – und die Tatsachen werden es bestätigen –, das Schiff sei desertiert und sein Kapitän ein Gefangener.

Abermals, zum letztenmal, steht Magellan vor einer unaufschiebbaren Entscheidung. Zu früh hat er gejubelt, zu leichten Herzens sich gefreut. Nun ist ihm – abermalige merkwürdige Parallelität der ersten Weltumseglung zur zweiten – das gleiche geschehen, was Francis Drake, seinem Nachfahrer, zustoßen wird, dem ebenfalls sein bestes Schiff mit dem meuterischen General Winter heimlich des Nachts desertiert. Mitten im Siegeslauf ist ein Landsmann, ein Feind aus dem eigenen Blut Magellan heimtückisch in den Rücken gefallen, und war die Flotte schon vordem knapp an Lebensmitteln, so droht nun die offene Not. Denn gerade der „San Antonio" hatte die meisten, die besten Vorräte an Bord, außerdem hat man durch das sinnlose Warten und Suchen neuerdings sechs Tage Proviant vergeudet. Der Vorstoß ins unbekannte Südmeer, vor acht Tagen schon bei ungleich besserer Konstellation ein verwegenes Wagestück, ist nun nach der Flucht des „San Antonio" ein beinahe selbstmörderischer Akt geworden.

Von dem höchsten Gipfel stolzer Gewißheit ist Magellan mit einem Ruck in den untersten Abgrund der Verstörung zurückgestürzt. Und es bedürfte gar nicht des Berichts, den Barros uns übermittelt: „Quedó tan confuso que no sabia lo que habia de determinar", „er war so verwirrt geworden, daß er nicht wagte, irgendeinen Beschluß zu fassen", denn Magellans innere Unruhe erkennen wir allzu deutlich aus dem Schiffsbefehl – dem einzigen, der uns erhalten geblieben ist –, den er in diesem Augenblick der Verstörung allen Offizieren seiner Flotte übermittelte. Zum zweitenmal innerhalb weniger Tage fordert er ihre Meinung ein, ob die Flotte weiterfahren solle oder zurückkehren; diesmal aber befiehlt er seinen Kapitänen, ihm schriftlich die Antwort zu geben. Denn Magellan will – und dies zeigt seine weitdenkende Voraussicht – ein Alibi. Scripta manent; er benötigt für später einen geschriebenen, vorlegbaren Beweis, daß er seine Kapitäne befragt hat. Ihm ist vollkommen klar – und auch dies werden die Tatsachen bekräftigen –, daß jene Meuterer auf dem „San Antonio", kaum in Sevilla gelandet, als seine Ankläger auftreten werden, um selbst nicht wegen Insubordination angeklagt zu werden. Zweifellos werden sie ihn, den Abwesenden, als einen Mann des Terrors darstellen, sie werden das spanische Nationalgefühl mit übertreiblichen Schilderungen aufreizen, wie er, der landfremde Portugiese, die vom Könige bestellten Beamten grausam in Ketten legen, wie er kastilianische Edelleute enthaupten, vierteilen oder elend verhungern ließ, um dann gegen den strikten Befehl des Königs die Flotte ausschließlich Portugiesen in die Hände zu spielen. Um diesen unausbleiblichen Vorwurf zu entkräften, daß er während der ganzen Reise jede freie Meinungsäußerung seiner Offiziere durch brutalen Terror unterdrückt habe, verfaßt Magellan nun jenen sonderbaren Befehl, der eher wie eine Selbstverteidigung als wie eine kameradschaftliche Anfrage anmutet. „Gegeben im Kanal von Todos los Santos enfrente del Rio del Isleo 21. November", beginnt diese Ordre: „Ich, Ferdinand Magellan, Ritter des Ordens von Santiago und Generalkapitän dieser Armada ... habe wohl vernommen, daß es Euch allen ein verantwortlicher Entschluß erscheint, weiterzufahren, weil Ihr die Zeit schon stark vorgeschritten erachtet. Ich bin nun ein Mann, der niemals die Meinung oder den Rat eines andern verschmäht, sondern alle seine Angelegenheiten mit allen gemeinsam besprechen und durchführen will."

Wahrscheinlich lächeln die Offiziere leise bei dieser sonderbaren Selbstcharakteristik. Denn wenn ein Charakterzug, so kennzeichnet Magellan doch gerade seine unbeugsame Selbstherrlichkeit in Führung und Befehl. Zu genau erinnern sich alle, wie ebenderselbe Mann jeden Einspruch seiner Mitkapitäne mit gepanzerter Faust niedergeschlagen hat. Aber auch Magellan weiß, wie sehr sie sich an seine unbarmherzige Meinungsdiktatur erinnern müssen, und fährt darum fort: „Es möge also niemand Furcht haben in Hinblick auf die Vorfälle im Hafen von San Julian, sondern jeder von Euch hat die Pflicht, mir ohne Angst zu sagen, was Eure Ansicht über die Sicherheit unserer Armada ist. Es wäre gegen Euren Eid und gegen Eure Pflicht, wenn Ihr mir Eure Ansicht verhehlen wolltet." Jeder einzelne (cada uno de por si), verlangt er, solle deutlich, und zwar schriftlich (por escrito), seine Meinung kundgeben, ob man weiterfahren solle oder zurückkehren, und die Gründe dafür ausführen.

Aber nicht in einer Stunde läßt sich ein in Monaten und Monaten verlorenes Vertrauen zurückkaufen. Noch steckt den Offizieren die Angst zu arg in den Knochen, um völlig freimütig die Umkehr zu fordern, und die einzige Antwort, die uns erhalten geblieben ist, die des Astronomen San Martin, zeigt, wie wenig sie geneigt waren, gerade jetzt, da die Verantwortung riesengroß geworden war, sie mit Magellan zu teilen. Der wackere Astrologe redet, wie es seinem Handwerke geziemt, zweideutig und nebulos, mit einerseits und anderseits auf das geschickteste voltigierend. Er zweifle zwar, daß man durch diesen Kanal de Todos los Santos nach den Molukken gelangen könne (aunque yo dude que haya Camino para poder navigar a Maluco por este canal), aber er rate doch weiterzufahren, weil sie „das Herz des Frühlings in Händen hätten". Aber anderseits solle man wieder nicht zu weit fahren und lieber in der Mitte des Januar umkehren, denn die Leute seien schwächlich und in ihren Kräften heruntergekommen. Vielleicht sei es besser, nicht nach Westen zu fahren, sondern nach Osten, aber Magellan möge tun, wie es ihm richtig scheine, und Gott ihm den Weg weisen. Ähnlich unbestimmt dürften sich auch die anderen Offiziere geäußert haben.

Jedoch Magellan hat seine Offiziere gar nicht gefragt, um Antwort zu bekommen, sondern nur, um nachweisen zu können, daß er sie überhaupt befragt habe. Er weiß: zu weit hat er sich vorgewagt, um noch zurückweichen zu können. Nur als Triumphator kann er heimkehren, sonst ist er verloren. Und selbst wenn jener wortreiche Astronom ihm den Tod geweissagt hätte, er müßte weiter auf seinem heldischen Weg. Am 22. November 1520 verlassen auf seinen Befehl die Schiffe den Hafen am Sardinenfluß, wenige Tage später ist die Magellanstraße durchfahren – denn so wird sie heißen für alle Zeiten – , und am Auslauf des Sunds sieht er hinter einem Vorgebirge, das er dankbar das Cabo deseado, das ersehnte Kap, nennt, mit unendlichen Wogen das neue, das noch nie von einem europäischen Schiff befahrene Meer. Erschütternder Blick: im Westen dort drüben hinter dem endlosen Horizont müssen sie liegen, die Gewürzinseln, die Inseln des Reichtums, und hinter ihnen die riesigen Reiche des Orients, China und Japan und Indien, und dann weiter, unendlich weiter wieder die Heimat, Spanien, Europa! Noch einmal Rast darum, die letzte Rast vor dem entscheidenden Abstoß in den unbekannten, noch nie seit Anbeginn der Erde durchquerten Ozean! Dann am 28. November 1520 die Anker gehoben, die Fahnen gehißt! Und mit donnernder Artilleriesalve grüßen die drei kleinen einsamen Schiffe respektvoll das unbekannte Meer, so wie man ritterlich einen großen Gegner begrüßt, den man zum Zweikampf herausfordert auf Tod oder Leben.

## Magellan entdeckt sich sein Königreich

### 28. November 1520 - 7. April 1521

Die Geschichte dieser ersten Durchquerung des bisher noch namenlosen Ozeans – „ein Meer, so weit, daß der menschliche Geist es kaum erfassen kann", heißt es im Bericht des Maximilian Transsylvanus – ist eine der unsterblichen Heldentaten der Menschheit. Schon die Fahrt des Columbus in das räumlich Unbegrenzte war von seiner Zeit und allen Zeiten als unvergleichliche Mutleistung empfunden worden, und doch: selbst diese Tat ist im Sinn der Aufopferung nicht dem Sieg zu vergleichen, den Magellan unter namenlosesten Entbehrungen den Elementen abgezwungen. Denn Columbus segelt mit seinen drei frisch vom Kiel geholten, neu aufgetakelten, wohlversorgten Schiffen im ganzen nur dreiunddreißig Tage, und eine Woche schon, ehe er landet, bekräftigen ihm das treibende Gras auf der See, schwimmende fremde Hölzer und Landvögel, daß er irgendeinem Kontinente sich nähere. Seine Mannschaft ist gesund und ausgeruht, seine Schiffe so reichlich mit Lebensmitteln versehen, daß er schlimmstenfalls unverrichteter Dinge heimkehren könnte. Nur vor ihm liegt das Unbekannte, und im Rücken hat er die Heimat als letzten Weg und Ausweg. Magellan aber fährt völlig ins Leere, und er fährt nicht von einem vertrauten Europa mit Hafen und Heim fort, sondern von einem fremden, unwirtlichen Patagonien. Seine Mannschaften sind erschöpft von monatelangen Strapazen. Hunger und Entbehrung liegt hinter ihnen, Hunger und Entbehrung fährt mit ihnen, Hunger und Entbehrung droht vor ihnen. Abgenützt ist ihre Gewandung, zerfetzt jedes Segel, verbraucht jedes Tau. Seit Wochen und Wochen haben sie kein neues Menschengesicht gesehen, keine Frau, keinen Wein, kein frisches Fleisch, kein frisches Brot mehr erblickt, und im stillen beneiden sie wohl die verwegeneren Kameraden, die rechtzeitig desertiert und heimgefahren sind, statt ausgesetzt zu sein in so unendlicher Wasserwüste. Und so segeln die drei Schiffe zwanzig Tage, dreißig Tage, vierzig Tage, fünfzig Tage und sechzig Tage, und noch immer kein Land, noch immer kein Hoffnungszeichen, daß sie dem Lande sich nähern! Und wieder eine Woche und noch eine Woche und noch eine und noch eine und noch eine – hundert Tage, dreimal die Zeit, in der Columbus den Ozean durchfahren! Tausend und tausend und tausend leere Stunden segelt Magellans Flotte vollkommen im Leeren. Seit dem 28. November, da das Cabo deseado, das ersehnte Kap, am Horizonte verdämmerte, gilt keine Karte mehr und kein Maß. Falsch haben sich alle Distanzen erwiesen, die Faleiro daheim errechnete, längst glaubt Magellan an Cipangu, an Japan, vorübergesteuert zu sein und hat in Wahrheit kaum erst ein Drittel des unbekannten Ozeans durchmessen, den er um seiner Windstille willen für alle Zeiten „il Pacifico", den Friedlichen, tauft.

Aber wie grausam diese Friedlichkeit, welche Marter der Monotonie in dieser tödlichen Stille! Immer gleich blau und spiegelnd das Meer, immer gleich wolkenlos und glühend der Himmel, immer gleich stumm, gleich tonlos die Luft, immer gleich weit und gleich rund der Horizont, ein metallener Schnitt zwischen demselben Himmel und demselben Wasser, der allmählich sich tief ins Herz schneidet. Immer das gleiche riesige blaue Nichts um die winzigen Schiffe, dies einzig Bewegte inmitten der gräßlichen Unbewegtheit, immer das gleiche grausam scharfe Licht des Tags, in dem man nur immer das Eine, das Gleiche, dasselbe gewahrt, und immer des Nachts die gleichen kalten schweigsamen Sterne, die vergeblich befragten. Immer die gleichen Gegenstände in dem kleinen Menschenraum, dasselbe Segel, derselbe Mast, dasselbe Deck, derselbe Anker, dieselben Kanonen, dieselben Tische. Immer der gleiche faulige, süßliche Gestank von Verdorbenem, der aus den Eingeweiden des Schiffsbauches schwelt. Immer, morgens, mittags, abends und nachts, immer wieder einander unvermeidlich begegnend dieselben Gesichter, die sich in dumpfer Verzweiflung anstarren, nur daß die Gesichter der Menschen von Tag zu Tag mehr verfallen. Tiefer kriechen die Augen in die Höhlen, matter wird mit jedem vergeblichen Morgen ihr Glanz, mehr und mehr höhlen sich die Wangen, schlaffer und schwächer wird Schritt um Schritt. Als Gespenster gehen um, hohlwangig und fahl, die vor wenigen Monaten noch als frische verwegene Burschen auf und nieder die Leitern kletterten und die Rahen takelten im Sturm. Wie Kranke wanken sie nun oder liegen erschöpft auf ihren Matten. Jedes der drei Schiffe, die ausgefahren zu einem der kühnsten Abenteuer der Menschheit, ist nur mehr von Wesen bewohnt, die man als Matrosen kaum mehr zu erkennen vermag, jedes Deck ein schwimmendes Hospital, ein wanderndes Siechenhaus.

Denn fürchterlich vermindern sich die Vorräte auf dieser unerwartet langen Durchquerung, entsetzlich mehrt sich die Not. Längst muß man es eher Unrat als Nahrung nennen, was täglich der Proviantmeister an die Mannschaft verteilt. Restlos ist der Wein verbraucht, der noch einigermaßen die Lippe, die Seele erfrischte. Das Süßwasser aber, gekocht von der unerbittlichen Sonne, brackig geworden in den verschmutzten Fässern und Schläuchen, gibt derart pestilenzialischen Gestank von sich, daß die Unglücklichen mit den Fingern die Nase sich zuhalten müssen, während sie mit dem einzigen Schluck, der ihnen täglich zugemessen ist, die verdorrte Kehle feuchten. Der Schiffszwieback wiederum, nebst den Fischen, die sie fangen, ihre einzige Nahrung, ist längst zu einem grauen, schmutzigen Pulver zerfallen, in dem die Würmer wühlen, und überdies noch verpestet von den Exkrementen der Ratten, die, selber toll geworden, sich auf den letzten erbärmlichen Rest von Nahrung gestürzt hatten. Um so begehrter sind sie nun ihrerseits geworden, die widrigen Tiere, und wenn man verzweifelt diesen Räubern der letzten Vorräte in alle Winkel nachjagt, so geschieht es nicht bloß, um sie zu erschlagen, sondern auch, um ihre Kadaver sogleich als kulinarische Kostbarkeit zu verhandeln; ein halber Dukaten in Gold wird dem geschickten Jäger bezahlt, der eines dieser quiekenden Tiere eingefangen, und gierig schlingt der glückliche Käufer den ekelhaften Braten hinab. Um ihren Magen, der sich in grausamen Krämpfen nach Nahrung schmerzhaft zusammenpreßt, zu betrügen, um dem würgenden Hunger nur irgendeine Befriedigung vorzutäuschen, erfindet die Mannschaft immer gefährlicheren Betrug: man klaubt Sägespäne zusammen und mischt sie in den Abfall des Schiffszwiebacks, um trügerisch so die kärgliche Ration zu vermehren. Schließlich wird die Not dermaßen groß, daß das fürchterlich prophetische Wort Magellans sich erfüllt, sie würden das Leder von den Ochsenhäuten verzehren, mit denen die Segelstangen eingefaßt sind; wir finden bei Pigafetta eine Beschreibung der Praktik, welche die Hungernden in ihrer Verzweiflung versuchten, selbst dies Ungenießbare noch genießbar zu machen. „Wir aßen schließlich, um nicht Hungers zu sterben, auch die Stücke Rindsleders, mit denen die große Rahe überzogen war, um die Taue vor dem Zerreißen zu schützen. Jahrelang dem Regen, der Sonne und dem Wind ausgesetzt, waren diese Lederstücke so steinhart geworden, daß wir sie immer vier bis fünf Tage lang ins Meer hängen mußten, um sie ein wenig aufzuweichen. Dann erst legten wir sie ein wenig über das Kohlenfeuer und so schlangen wir sie dann hinunter."

Daß auch die widerstandsfähigsten unter diesen eisenstarken, leidensgewohnten Männern solche Kost auf die Dauer nicht ertragen können, ist kaum verwunderlich. Skorbut bricht aus infolge des Mangels an frischer (wir würden sagen: vitaminhaltiger) Nahrung. Das Zahnfleisch beginnt den Erkrankten zu schwellen und dann zu eitern, die Zähne werden unfest und fallen aus, Geschwüre bilden sich im Mund, schließlich schwillt der Gaumen so schmerzhaft an, daß, selbst wenn sie Nahrung hätten, die Unseligen nicht mehr imstande wären, sie hinabzuwürgen, und elend zugrunde gehen. Aber auch den Überlebenden bricht der Hunger die letzte Kraft. Mit eiternden oder gelähmten Beinen tappen sie, auf Stöcke gestützt, herum oder kauern erschöpft in den Winkeln. Nicht weniger als neunzehn, also etwa ein Zehntel der übriggebliebenen Mannschaft, gehen auf dieser Hungerfahrt unter entsetzlichen Qualen zugrunde; einer der ersten ist der arme patagonische Riese, den sie Juan Gigante getauft haben und der vor wenigen Monaten gerade deshalb noch so sehr bewundert wurde, weil er auf einen Ruck eine halbe Kiste Schiffszwieback fraß und einen Eimer Wasser hinabgoß wie einen Becher. Jeder Tag der endlosen Fahrt vermindert die Zahl der noch arbeitsfähigen Matrosen, und mit Recht betont Pigafetta, daß mit so geschwächten Menschenkräften nie die drei Schiffe einem Sturm oder Unwetter hätten standhalten können: „Hätten Gott und seine gebenedeite Mutter uns nicht so gutes Wetter geschenkt, wir wären alle vor Hunger in diesem riesengroßen Meer gestorben."

Drei Monate und zwanzig Tage lang wandert im ganzen die einsame Karawane dieser drei Schiffe durch die unendliche Wasserwüste, alle erdenklichen Qualen erleidend, und auch die fürchterlichste bleibt ihr nicht erspart: die Qual der enttäuschten Hoffnung. Denn wie in der Wüste die Verdurstenden plötzlich eine Oase zu erblicken meinen, schon schwanken grün die Palmen, schon bauschen sich die Schatten kühl und blau zwischen dem grellen, giftigen Licht, das ihnen seit Tagen die Augen blendet, schon glauben sie die Quelle rauschen zu hören, aber kaum taumeln sie mit letzter Kraft voran, da schwindet plötzlich die Erscheinung dahin und Wüste liegt wieder um sie, noch feindseliger als vordem – so fallen die Leute Magellans einem ähnlichen Fata Morgana-Zauber zum Opfer. Eines Morgens schallt plötzlich ein heiserer Ruf vom Mastkorb – ein Matrose hat Land erspäht, eine Insel, zum erstenmal Land seit undenklicher Zeit. Wie Irre stürzen die Verhungernden, die Verdurstenden auf Deck, selbst die Kranken, die wie ausgelaugte Wäsche schlaff auf dem Boden gelegen, schleppen sich taumelnd heran. Wahrhaftig, es ist eine Insel, der sie sich nähern. Rasch, rasch jetzt die Boote bemannt – schon sehen ihre überreizten Sinne sprudelnde Quellen, schon träumen sie von Wasser und guter Rast im Schatten der Bäume, schon lechzen sie, nach Wochen und Wochen ewigen Umgetriebenseins wieder einmal Land unter den Sohlen zu spüren, nicht immer nur schwankende Bretter auf schwankender Welle. Aber erbärmlicher Betrug! Da sie näher heransteuern, erweist sich diese Insel und späterhin eine zweite, die sie in ihrer Erbitterung deshalb las Islas Desaventuradas, die Unglücksinseln, nennen, als vollkommen leerer Fels, unbewohnt und unbewohnbar, eine Einöde ohne Mensch und Getier, ohne Quelle und Frucht. Vergeblicher Zeitverlust wäre es, an diese unwirtlichen Felsen nur einen Tag zu verschwenden! Und weiter und weiter geht die Fahrt durch die blaue Wüste, weiter, weiter, weiter noch Tage und Tage und Wochen und Wochen, diese vielleicht fürchterlichste und entbehrungsreichste Seefahrt, welche die ewige Chronik menschlichen Leidens und menschlicher Leidensfähigkeit, die wir Geschichte nennen, verzeichnet.

Endlich, am 6. März 1521, mehr als hundertmal hat sich die Sonne erhoben über gleich leerem, reglosem Blau, mehr als hundertmal ist sie hinabgetaucht in dasselbe leere, reglose, erbarmungslose Blau, hundertmal ist Tag zu Nacht geworden und Nacht zu Tag, seit die Flotte aus der Magellanstraße in die offene See gesteuert, da hallt abermals der Schrei vom Mastkorb: Land, Land. Es war Zeit, allerhöchste Zeit. Zwei Tage noch, drei Tage im Leeren, und wahrscheinlich wäre nie eine Spur jener heldischen Tat auf die Nachwelt gelangt. Mit verhungerter Mannschaft, ein wandernder Friedhof, wären die Schiffe steuerlos umhergeirrt und schließlich in einem Sturme oder an einem Strande zerschellt. Diese neue Insel aber, gottlob, sie ist bewohnt, sie wird Wasser für die Verschmachtenden haben. Kaum nähert sich die Flotte der Bucht, noch sind Segel und Anker nicht niedergelassen, und schon flitzen unheimlich flinke Kanus heran, kleine bemalte Boote, deren Segel aus zusammengenähten Palmblättern gefertigt sind. Gelenkig wie Affen klettern die vollkommen nackten und naiven Naturkinder an Bord, und so fremd ist ihnen jeder Begriff sittlicher Konvention, daß sie alles, was sie stehen oder liegen sehen, einfach an sich nehmen. Im Nu verschwinden die verschiedensten Gegenstände wie durch Taschenspielerei; auf einmal ist sogar das kleine Landungsboot der „Trinidad“ vom Schlepptau abgeschnitten. Heiter und völlig unbeschwert von jedem Verdacht, etwas Böses begangen zu haben, lachend, so leicht etwas noch nie Gesehenes gewonnen zu haben, rudern sie mit ihrer schönen Beute davon. Denn diesen naiven Heiden scheint es genauso natürlich und selbstverständlich – nackte Leute haben keine Taschen –, ein paar blitzende Dinge sich ins Haar zu stecken, als es den Spaniern, dem Papst und dem Kaiser natürlich und selbstverständlich dünkte, all diese unentdeckten Inseln mit ihren Menschen und Tieren von vorneweg zum legalen Eigentum des allerchristlichsten Königs zu erklären.

Magellan in seiner schwierigen Lage kann nun wenig Verständnis für Annektieren ohne kaiserliches und päpstliches Dokument aufbringen. Unmöglich für ihn, jenes kleine Landungsboot, das schon in Sevilla laut der Rechnung in den Archiven dreitausendneunhundertundsiebenunddreißigeinhalb Maravedis gekostet hat und das hier, tausende Meilen weit, eine unersetzliche Kostbarkeit darstellt, den flinken Räubern einfach zu lassen. So landet Magellan am nächsten Tage vierzig bewaffnete Matrosen, um sein Ruderboot zurückzuholen und den unehrlichen Insulanern eine Lektion zu erteilen. Ein paar ihrer Hütten werden niedergebrannt, aber zu einem wirklichen Kampf kann es gar nicht kommen, denn diese armen Naturkinder sind derart unbelehrt in der Tötekunst, daß, als ihnen plötzlich die Pfeile der Spanier im blutenden Körper stecken, sie gar nicht verstehen, wie von der Ferne aus diese spitzen, gefiederten Dinger ihnen tief unter die Haut fahren konnten und jetzt so schrecklich weh tun. Verzweifelt zerren sie und ziehen sie an den Pfeilen und flüchten dann in wildem Tumult vor den abscheulichen weißen Barbaren in die Wälder zurück. Nun können die ausgehungerten Spanier endlich etwas Wasser für die halb Verschmachteten holen und gründliche Razzia nach Nahrungsmitteln machen. In gieriger Eile schleppen sie aus den verlassenen Hütten alles zusammen, was sie raffen können, Hühner, Schweine und Früchte; und nachdem sie einander so beiderseits bestohlen haben, die Eingeborenen die Spanier und die Spanier die Eingeborenen, taufen die kultivierten Räuber zur Strafe die Inseln für ewige Zeiten mit dem Schandnamen: die Diebsinseln, die Ladronen.

Immerhin: diese Razzia rettet die Halbverhungerten. Drei Tage Rast, die Beute an frischen Früchten und Fleisch sowie das reine erquickende Quellwasser haben die Mannschaft erfrischt. Noch sterben während der Weiterfahrt einige Matrosen vor Erschöpfung, darunter der einzige Engländer an

Bord, noch liegen einige Dutzend kraftlos und krank. Aber das äußerste Grauen ist vergangen, und mit neuem Mut steuern die Schiffe weiter nach Westen. Als dann nach einer weiteren Woche, am 17. März, abermals der Umriß einer Insel auftaucht und daneben eine zweite, weiß Magellan, daß das Schicksal sich ihrer erbarmt hat. Das müssen seiner Berechnung nach die Molukken sein. Jubel! Jubel! Er ist am Ziel! Aber selbst die brennende Ungeduld, sich seines Triumphes möglichst bald zu versichern, macht diesen Mann nicht vorschnell oder unvorsichtig. Statt auf Suluan, der größeren der beiden Inseln, zu landen, wählt Magellan eine kleinere, die Pigafetta „Humunu" benannt, als Ankerplatz, gerade weil sie unbewohnt ist und Magellan bei seinem hohen Krankenstand jeder Begegnung mit Eingeborenen zunächst ausweichen will. Erst die Mannschaft retablieren, ehe man verhandelt oder kämpft! Die Kranken werden ans Land getragen, mit frischem Wasser erquickt, eines der Schweine, die man auf den Diebsinseln gestohlen hat, für sie geschlachtet: nur Rast zuerst und keinerlei Abenteuer! Aber es dauert nicht lang, am Nachmittag des nächsten Tags nähert sich schon von der größeren Insel her vertrauensvoll ein Kahn mit freundlich winkenden Eingeborenen. Sie bringen Früchte, die dem braven Pigafetta neu sind und die er gar nicht genugbestaunen kann, denn es sind Bananen und Kokosnüsse, deren milchiges Wasser ganz wunderbar die Kranken erquickt. Ein eiliger Handel beginnt: Fische, Hühner und Palmwein, Orangen und alle Arten von Gemüsen und Früchten können die Ausgehungerten nun erwerben gegen ein paar Glöckchen oder bunte Gläser. Und zum erstenmal seit Wochen und Monaten essen Kranke und Gesunde sich wieder satt.

Im ersten Überschwang hatte Magellan vermeint, das wahre Ziel seiner Reise, die Inseln der Gewürze, die „islas de la especeria", bereits erreicht zu haben. Aber siehe, es sind gar nicht die Molukken, an denen er ahnungslos gelandet ist, denn sonst könnte, sonst müßte Enrique sofort die Landessprache verstehen. Es sind nicht seine Landsleute, und darum muß es ein anderes Land sein, ein anderer Archipel, auf den sie der Zufall verschlagen hat. Abermals haben sich die Berechnungen Magellans, die ihn einen um zehn Grade nördlicheren Kurs durch den Pazifischen Ozean nehmen ließen, als total falsch erwiesen. Und abermals hat sein Irrtum eine Entdeckung gezeitigt. Magellan ist gerade durch sein fehlerhaftes Steuern zu weit nach Norden und statt an die Molukken auf eine völlig unbekannte Inselgruppe gelangt, zu einem von keinem Europäer bisher je erwähnten oder nur geahnten Archipel. Er hat auf der Suche nach den Molukken die Philippinen entdeckt und damit für den Kaiser Karl eine neue Provinz gefunden, die einzige überdies, welche länger als alle von Columbus, von Cortez, von Pizarro entdeckten und eroberten im Besitz der spanischen Krone bleiben wird. Aber auch für sich selber hat er mit dieser unverhofften Entdeckung ein Reich begründet, denn gemäß seinem Vertrage steht ihm und Faleiro das Recht auf zwei der neuen Inseln zu, falls er mehr als sechs entdecken würde. Seit einer Nacht ist, der gestern noch ein armer Abenteurer, ein Desperado gewesen und scharf an der Kippe des Untergangs, nun Adelantado eines eigenen Lands, Teilhaber auf Ewigkeit an allen Gewinnen, die aus diesen neuen Kolonien fließen werden, und damit einer der reichsten Männer der Erde.

Wunderbare Wende eines einzigen Tags nach hundert und aberhundert düsteren und vergeblichen! Nicht minder als die reichliche, frische und gesunde Kost, welche die Eingeborenen täglich von Suluan in das improvisierte Naturhospital hinüberrudern, belebt das herrlich wirkende seelische Elixier der endlichen Geborgenheit die Kranken. Nach neun Tagen sorgsamer Pflege an diesem stillen tropischen Strande sind beinahe alle genesen, und Magellan kann bereits Vorbereitungen treffen, nun die gegenüber liegende Insel Massawa zu erkunden. Fast hätte freilich im letzten Augenblick ein ärgerlicher Unfall dem endlich Beglückten die Freude verstört. Sein Chronist und Freund Pigafetta lehnt sich nämlich beim Angeln ein wenig zu weit vor und fällt ins Wasser, ohne daß jemand seinen Sturz bemerkt. Beinahe wäre uns damit auch die ganze Geschichte jener ersten Weltumseglung weggeschwommen, denn anscheinend kann der gute Pigafetta nicht schwimmen und steht im besten Begriff, zu ertrinken. Zum Glück faßt er in letzter Minute ein vom Schiff niederhängendes Tau, und auf sein kräftiges Geschrei hin holt man den uns so unentbehrlichen Chronisten wieder an Bord.

Fröhlich werden diesmal die Segel gehißt. Alle wissen: der gräßliche große Ozean ist zu Ende; nicht mehr bedrückt und bedrängt jene fürchterliche Leere. Nur ein paar Stunden, nur ein paar Tage haben sie zu reisen, und während der Fahrt schon tauchen zur Rechten, zur Linken immer wieder schattenhaft die Linien naher Eilande auf. Endlich, am vierten Tage, am 28. März, dem Tag vor Karfreitag, landet die Flotte auf Massawa, um noch einmal Rast zu halten vor dem letzten Anlauf zu dem so lang und so vergeblich gesuchten Ziel.

Auf Massawa, dieser winzigen, gleichgültigen philippinischen Insel, die man nur mit dem Vergrößerungsglas auf normalen Karten findet, erlebt Magellan abermals einen jener großartig dramatischen Augenblicke seines Lebens; immer zucken, ganz in eine Sekunde zusammengeballt wie eine steil aufschießende Flamme, innerhalb seiner dunklen und mühseligen Existenz solche Glücksmomente auf, durch ihre berauschende Intensität die zähe, schwere, beharrliche Geduld unzähliger einsamer und sorgenvoller Stunden wundervoll vergeltend. Der äußere Anlaß kleidet sich diesmal höchst unscheinbar. Kaum, daß die drei großen fremden Schiffe mit geschwellten Segeln dem Strande von Massawa sich nähern, sammelt sich freundlich und neugierig das Volk, um die Fremden zu erwarten. Aber ehe Magellan selbst landet, sendet er zur Vorsicht seinen Sklaven Enrique als Friedensvermittler voraus, richtig vermutend, daß die Eingeborenen einem Manne brauner Hautfarbe mehr Vertrauen entgegenbringen dürften als einem der weißhäutigen, sonderbar bekleideten und bewaffneten Bartmenschen.

Und nun begibt sich das Unerwartete. Schwatzend und schreiend umdrängen die halbnackten Insulaner Enrique – und plötzlich staunt und stutzt der malaiische Sklave. Denn er hat einzelne Worte verstanden. Er hat verstanden, was diese Leute ihm sagen, verstanden, was sie ihn fragen. Er, der seit Jahren von der Heimat Weggeraubte, hat zum erstenmal wieder Bruchstücke seiner eigenen Sprache vernommen. Denkwürdiger, unvergeßbarer Augenblick, einer der größten in der Geschichte der Menschheit – zum erstenmal, seit die Erde durch das Weltall kreist, ist ein einzelner lebender Mensch rund um die ganze Erde wieder zurück in seine Heimatszone gelangt. Gleichgültig, daß es ein unbeträchtlicher Sklave war – nicht in dem Menschen, sondern in seinem Schicksal liegt hier die Größe. Denn dieser belanglose malaiische Sklave, von dem wir nicht mehr wissen als seinen Sklavennamen Enrique, er, den man mit der Peitsche weggetrieben von der Insel Sumatra und über Indien und Afrika nach Lissabon, nach Europa geschleppt, er ist als erster der Myriaden Menschen, die je die Erde bevölkerten, über Brasilien und Patagonien, über alle Ozeane und Meere wieder zurückgekehrt in die Sphäre, wo man seine eigene Sprache spricht; vorbei an hundert, an tausend Völkern und Rassen und Stämmen, die jedes Wort für einen Begriff anders im Munde formen, ist er als der erste um den rollenden Ball zurückgekommen zu dem einzigen Volk, das er versteht, das ihn versteht.

In dieser Sekunde weiß Magellan: das Ziel ist erreicht, seine Tat ist getan. Er hat, von Osten her kommend, den Rand des malaiischen Sprachkreises wieder betreten, den er vor zwölf Jahren westwärts steuernd verlassen; bald wird er diesen Sklaven nach Malacca, wo er ihn gekauft, heil wieder zurückbringen können. Ob dies morgen geschieht, ob in späterer Zeit, ob ein anderer statt seiner die verheißenen Inseln erreicht, das ist gleichgültig. Denn das Eigentliche seiner Tat ist schon vollendet in diesem einen Augenblick, der zum erstenmal die Tatsache für alle Zeiten bewiesen, daß, wer beharrlich auf dem Meere fortsteuert, sei es der Sonne nach, sei es der Sonne entgegen, heimkehren muß an die Stelle, von der er ausgegangen. Was die Weisesten vermuteten seit tausenden Jahren, was die Gelehrten träumten, nun ist es durch den Mut eines einzelnen Gewißheit geworden: rund ist die Erde. Denn siehe, ein Mensch hat sie umrundet.

Diese Tage in Massawa sind die seligsten und entspannendsten der ganzen Reise. Magellans Stern steht im Zenit. In drei Tagen, am Ostersonntag, wird der schlimme Tag sich jähren, daß er in Port Julian mit Dolch und Gewalttat sich der Verschwörung erwehren mußte, und seitdem, wieviel Unheil, wieviel Qual, wieviel Not! Hinter ihm liegt grenzenloses Grauen: die gräßlichen Tage des Hungers, der Entbehrung, die Sturmnächte in fremder See. Hinter ihm liegt die Qual aller Qualen, die entsetzliche Unsicherheit, die ihm Monate und Monate die Seele gewürgt, der brennende Zweifel, ob er nicht falsch die anvertraute Flotte geführt. Aber nun ist für immer der grausame Zwist in den eigenen Reihen begraben – ein wahrhaftes Auferstehungsfest darf der wunderbar Gläubige an diesem Ostertage feiern, und glorreich erglänzt, da das Gewölk der Gefahren sich verzogen, die geleistete Tat. Das Unvergängliche, dem all sein Sinnen und Mühen sich seit Jahren durstig zusehnte, es ist vollbracht: Magellan hat die Weststraße nach Indien gefunden, die vergebens Columbus, Vespucci, Cabot, Pinzon und alle die andern Seefahrer gesucht. Er hat Länder entdeckt und Gewässer, die vor ihm keiner gesehen, er hat einen neuen gewaltigen Ozean als erster Europäer, als erster Mensch aller Zeiten glücklich durchfahren. Er ist weiter gelangt im irdischen Weltraum als je ein Irdischer vor ihm. Wie klein, wie leicht gegen dies glorreich Erreichte, dies sieghaft Vollbrachte liegt das Geringe vor ihm, das noch zu leisten ist: ein paar Tage bloß mit sichern Piloten zu den Molukken, den reichsten Inseln der Welt, dann ist das Gelöbnis vollgültig gelöst, das er dem Kaiser geleistet. Dankbar den Freund Serrão dort umarmt, der den Mut ihm gestrafft und den Weg ihm gewiesen – dann aber rasch den Schiffen die Bäuche gefüllt mit Gewürzen und heim auf dem ihm wohlbekannten Weg über Indien und das Kap, wo jeder Hafen und jede Bucht genau eingezeichnet ist in seinem Gedächtnis! Heim über die andere Wende der Erde, nach Spanien als Sieger, als Triumphator, als reicher Mann, als Adelantado und Gouverneur, den Lorbeer, den unverwelklichen, der Unsterblichkeit um die Stirn!

Keine Eile darum, keine Ungeduld! Endlich auch Rast genießen, das reine Glück der Erfüllung nach den leidvollen Monaten des Umgetriebenseins.

Friedlich ruhen sie aus, die siegreichen Argonauten, in dem gesegneten Port. Herrlich ist die Landschaft, paradiesisch das Klima, freundlich die Eingeborenen, die noch im goldenen Zeitalter leben, friedliebend, unbekümmert und faul. (Questi popoli vivano con iusticia, peso e misura; amano la pace, l' otio e la quiete.) Aber außer der Faulheit und der Ruhe lieben diese Urkinder der Natur noch besonders Essen und Trinken, und so geraten – es ist wie im Märchen – die ausgehungerten Matrosen, die eben noch Sägespäne und rohes Rattenfleisch in die von Hunger verkrümmten Mägen gewürgt, mit einemmal in ein Schlaraffenland. Zu unwiderstehlich locken die Versuchungen der wohlschmeckenden frischen Speisen, als daß nicht sogar der fromme Pigafetta, der nie vergißt, der Madonna und allen Heiligen zu danken, in schwere Sünde fiele. Denn es ist nicht nur Freitag, sondern überdies Karfreitag, da ihn Magellan zu dem König der Insel schickt, und Calambu (so heißt ihr König) führt ihn mit vieler Festlichkeit in die Bootshütte aus Bambus, und dort brutzelt im Kessel wunderbares, knuspriges und fettes Schweinefleisch. Aus Höflichkeit gegen den Häuptling, vielleicht auch aus Leckerei, begeht nun Pigafetta die Sünde: er kann dem verführerischen Duft nicht widerstehen, er ißt am heiligsten und strengsten aller Fasttage von diesem köstlichen Fleisch und trinkt wacker Palmwein dazu. Aber kaum ist das Gastmahl beendet, kaum haben sich die ausgehungerten und unverwöhnten Sendboten Magellans ihre Bäuche gefüllt, so lädt sie der König schon zu einem zweiten Gastmahl in die eigene Pfahlhütte. Mit untergeschlagenen gekreuzten Beinen – „wie Schneider bei der Arbeit", erzählt Pigafetta – müssen sich die Gäste abermals zum Mahle setzen, und sofort marschieren randvolle Schüsseln mit gebratenen Fischen, mit frisch gepflücktem Ingwer und Palmwein auf, und der Sünder sündigt weiter. Aber noch schlimmer! Denn eben haben Pigafetta und sein Begleiter diese zweite Mahlzeit beendet, da begrüßt sie der Sohn des Häuptlings aus dem Schlaraffenland, und um der Höflichkeit Genüge zu tun, müssen sie nun an seiner Tafel zum drittenmal schmausen. Diesmal werden zur Abwechslung gesottener Fisch und gewürzter Reis aufgetragen und dazu so mächtig pokuliert, daß der übermästete Begleiter Pigafettas torkelnd und lallend zur Bambusmatte geführt werden muß, um den ersten philippinischen Rausch eines Europäers auszuschlafen. Und man kann sicher sein, er träumt vom Paradies.

Aber auch die Insulaner sind nicht minder begeistert als ihre hungrigen Gäste. Was für wunderbare Menschen sind da über das Meer gekommen, welch herrliche Geschenke haben sie mitgebracht, glatte Gläser, in denen man seine eigene Nase mit seinen eigenen Augen sehen kann, blitzende Messer und schwere Äxte, die mit einem Hieb einen Palmbaum umhauen! Herrlich auch die feuerrote Kappe und das türkische Kleid, in dem jetzt ihr Häuptling stolziert, unglaublich dieser blanke Wunderharnisch, der unverwundbar macht! Auf Befehl des Admirals steckt einer der Matrosen sich in die stählerne Rüstung, und nun stoßen und schießen mit ihren armen Knochenpfeilen die Eingeborenen auf den eisernen Mann und hören dabei den unverwundbaren Soldaten in seinem Eisen lachen und sie verspotten. Was für Zauberer! Zum Beispiel dieser Pigafetta! Der hält ein Holz oder die Feder von irgendeinem gefiederten Tier in der Hand, und wenn man etwas spricht, so kritzelt er schwarze Zeichen mit der Feder auf das weiße Blatt und später kann er einem ganz genau wiederholen, was man vor zwei Tagen zu ihm gesprochen! Und wie herrlich erst, was diese weißen Götter am Sonntag, den sie Ostersonntag nennen, für ein Schauspiel bereiten! Da stellen sie am Strande ein seltsames Ding auf, einen Schrein, den sie Altar nennen, und ein Kreuz leuchtet darauf in der Sonne. Und dann kommen sie alle, je zwei und zwei, der Admiral und fünfzig Männer in ihren schönsten Kleidern, und während sie hinknien vor dem Kreuz, fahren plötzlich Blitze aus den Schiffen, und bei hellem blauen Himmel rollt Donner über die See.

Im Gefühl, daß es etwas Wundertätiges sein müsse, was diese weisen und mächtigen Fremden hier verrichten, ahmen die Eingeborenen scheu und ehrfürchtig ihre Bewegungen nach. Sie knien gleichfalls nieder und küssen das Kreuz. Und freudig danken die bisherigen Heiden dem Admiral, als er ihnen erklärt, er wolle ihnen ein solches Kreuz von so großer Gestalt zimmern lassen, daß es von überall an der See gesehen werden könne. Ein Zwiefaches haben wenige Tage vollbracht: der Häuptling dieser Insel ist nicht nur Bundesgenosse des Königs von Spanien, sondern auch christlicher Bruder geworden. Nicht nur ein Land ist der Krone gewonnen, sondern auch die ahnungslos sündigen Seelen dieser Naturkinder der katholischen Kirche und ihrem Heiland.

Herrliche, idyllische Tage, diese Woche in Massawa! Aber genug nun der Rast, Magellan! Die Matrosen sind erfrischt und erheitert, laß sie nun heimwärts fahren! Wozu länger noch zögern, was kann es dir gelten, noch ein Inselchen mehr zu entdecken, da du die größte Entdeckung des Zeitalters vollbracht hast? Nur noch zu den Gewürzinseln, damit ist dein Auftrag erfüllt, das Gelübde gelöst, und dann heim, wo eine Frau deiner wartet, den zweiten Sohn, den nachgeborenen, dem Vater zu zeigen! Heim, um die Meuterer zu überführen, die feig dich verleumden! Heim, die Welt zu lehren, was Mut eines portugiesischen Edelmanns, was Entschlossenheit und Entbehrungskraft spanischer Mannschaft vermochten! Laß deine Freunde nicht länger warten, laß nicht irre werden, die dir vertrauten! Heim, Magellan, steure heim!

Doch immer ist der Genius eines Menschen zugleich seine innerste Gefahr; und Magellans Genie war die Geduld, das große Wartenkönnen, das große Schweigenkönnen. Stärker als die Lust, im Triumph einzuziehen und von dem Herrn beider Welten Dank zu empfangen, beseelt ihn das Gefühl der Pflicht. Alles was dieser Mann bisher unternommen, hat er sorgsam begonnen und gründlich vollendet. So will auch diesmal Magellan den von ihm entdeckten Archipel der Philippinen nicht eher verlassen, bevor er nicht die neue Provinz Kaiser Karls einigermaßen erkundet und für Spanien dauernd gesichert weiß. Seinem strengen Pflichtgefühl kann es nicht genügen, nur ein kleines Inselchen besucht und annektiert zu haben; er will, da er zu wenig Mannschaft hat, um Vertreter und Faktoren hier zurücklassen zu können, auch mit den mächtigeren Fürsten des Inselreiches ähnliche Verträge abschließen wie mit diesem unbeträchtlichen Häuptling Calambu und über den ganzen Archipel die kastilische Fahne und das katholische Kreuz als dauerhaftes Hoheitszeichen erheben.

Auf sein Befragen bezeichnet ihm der Häuptling Sebu (Zubu) als das größte Eiland der Inselgruppe, und als Magellan ihn um einen Piloten dahin ersucht, bittet der Häuptling demütig um die Ehre, selber ihn führen und begleiten zu dürfen. Diese hohe Ehre königlicher Pilotierung verzögert zwar die Abreise, denn bei der Reisernte hat der wackere Calambu sich dermaßen überfressen und übertrunken, daß erst am 4. April die Flotte diesem pantagruelischen Piloten sich anvertrauen kann. Aber dann stoßen die Schiffe ab von dem gesegneten Strand, der sie aus letzter Not errettet. Durch stilles Meer steuern sie an vielen gastlich grüßenden Inseln und Inselchen vorbei, gerade der einen entgegen, die Magellan selber gewählt, denn – dies schreibt mit Trauer der treue Pigafetta – „cosi voleva la sua infelice sorte“, „so wollte es sein finsteres Geschick“.

## Tod vor dem letzten Triumph
## 7. April 1521 - 27. April 1521

Nach drei Tagen Meeresstille und glücklicher Fahrt, am 7. April 1521, nähert sich die Flotte der Insel Sebu; zahlreiche Dörfer zeigen von ferne schon, daß sie dicht bevölkert ist. Der königliche Pilot Calambu lenkt mit sicherer Hand das Steuer zur Hauptstadt hin, und bereits der erste Blick auf den Hafen belehrt Magellan, daß er es hier mit einem Rajah oder König höheren Ranges und kultivierterer Art zu tun haben wird, denn an der Reede liegen ausländische Dschunken und zahllose kleine einheimische Praus. Es gilt also, von vornherein imposant aufzutreten und sich als der Herr über Blitz und Donner zu erweisen. Magellan befiehlt allen Schiffen, eine Artilleriesalve zur Begrüßung abzugeben, und wie immer erregt dieses Wunder eines künstlichen Gewitters bei klarem Himmel zunächst ungeheures Entsetzen bei den Naturkindern; in schreiendem Schreck flüchten die Eingeborenen nach allen Seiten und verstecken sich. Aber sofort sendet Magellan seinen wackeren Dolmetsch Enrique ans Land, um dem Herrscher der Insel diplomatisch kundzutun, dieser Donner bedeute keineswegs ein Zeichen der Feindschaft, sondern mit solchem hohen Zauber wünsche der mächtige Kommandant dem mächtigen König von Sebu nur seinen besondern Respekt kundzutun. Der Herr dieser Schiffe sei selber bloß Diener, allerdings Diener des größten Herrn der Welt; auf dessen Befehl habe er das gewaltigste Meer der Erde durchfahren, um die Gewürzinseln aufzusuchen. Bei dieser Gelegenheit habe er aber nicht versäumen wollen, dem König von Sebu einen freundschaftlichen Besuch abzustatten, weil er in Massawa vernommen habe, ein wie weiser und freundlicher Fürst der König von Sebu sei. Gerne sei der Kommandant des Donnerschiffs bereit, dem Monarchen dieser Insel niegesehene köstliche Waren zu zeigen und mit ihm in Tauschhandel zu treten. Keinesfalls aber wolle er lange bleiben, sondern nach geschlossener Freundschaft sofort wieder die Inseln verlassen, ohne dem weisen und mächtigen König die mindeste Ungelegenheit bereitet zu haben.

Der König oder vielmehr der Rajah von Sebu, Humabon, ist nun kein so argloses Naturkind mehr wie die nackten Wilden der Ladronen und die „Riesen“ Patagoniens. Er hat bereits vom Baum der Erkenntnis gegessen, weiß um Geld und Geldeswert; dieser gelbbraune Fürst am andern Ende der Welt ist praktischer Nationalökonom, was sich dadurch bekundet, daß er die hochkultivierte Errungenschaft der Transitgebühren für seinen Hafen entweder von andern übernommen oder selbst erfunden hat. Dem gerissenen Handelsmann imponiert weder der Kanonendonner noch beschmeichelt ihn die Honigrede des Dolmetschers. Kühl erklärt er Enrique, er verweigere keineswegs diesen unbekannten Fremden die Einfahrt in seinen Hafen, und die neue Geschäftsverbindung sei ihm willkommen. Aber jedes Schiff, das anlege, müsse ausnahmslos eine Taxe, einen Hafenzoll bezahlen. Es möge also dieser große fremde Kapitän der drei großen fremden Schiffe, wenn er hier Tauschhandel treiben wolle, zunächst einmal die übliche Gebühr entrichten.

Der Sklave Enrique weiß sofort, daß sein Herr als Admiral einer königlichen Armada und Ritter von Santiago niemals einem solchen Duodezhäuptling Hafenzoll zahlen wird. Denn durch einen solchen Tribut würde er implicite die Oberhoheit oder Selbständigkeit eines Landes anerkennen, welches Spanien gemäß der päpstlichen Bulle von vornherein schon als seine Provinz betrachtet. Dringlich legt darum Enrique dem König Humabon nahe, in diesem besonderen Falle auf die Taxe zu verzichten und es nicht auf Feindschaft mit dem Herrn des Donners und des Blitzes ankommen zu lassen. Der kommerziell gesinnte Rajah wiederholt sein Bedauern. Erst Geld, dann die Freundschaft. Erst müsse man zahlen, da gäbe es keine Ausnahmen. Und als Zeugen läßt er einen mohammedanischen Händler rufen, der eben von Siam mit einer Dschunke gekommen ist und widerspruchslos den Zoll entrichtet hat.

In Bälde erscheint der maurische Händler und wird sofort blaß. Bei dem ersten Blick auf die großen Schiffe mit dem Kreuz von Santiago auf den gespannten Segeln hat er die schlimme Sachlage erfaßt. Wehe, auch diesen letzten, verborgensten Winkel des Ostens, wo man noch ungehindert von diesen Piraten sein redliches Geschäft treiben konnte, haben die Christen ausgekundschaftet! Auch hier sind sie schon mit ihren furchtbaren Kanonen und Arkebusen, diese Mörder und Feinde Mohammeds! Vorbei nun das friedliche Geschäft, vorbei der gute Gewinn! Hastig flüstert er dem König zu, vorsichtig zu sein und sich mit diesen unwillkommenen Gästen nicht in Streit einzulassen. Es seien dieselben – hier verwechselt er freilich die Spanier mit den Portugiesen –, die Calicut, ganz Indien und Malacca geplündert und erobert hätten. Niemand könne diesen weißen Teufeln widerstehen.

Abermals hat sich mit diesem Erkennen ein Kreis geschlossen: am andern Ende der Welt, unter andern Sternen, hat Europa wieder Europa berührt. Bisher hatte Magellan, nach Westen steuernd, fast überall von Europäern noch unbetretenes Land gefunden. Keiner der Eingeborenen, die ihm entgegengetreten waren, hatte je von weißen Männern gehört gehabt, keiner je vordem einen Europäer gesehen. Selbst Vasco da Gama war, in Indien landend, von einem Araber portugiesisch angesprochen worden; er aber hatte zwei Jahre nicht ein einziges Mal sich erkannt gefühlt, wie auf einem fremden, unbehausten Stern waren die Spanier im Leeren gewandert. Den Patagoniern waren sie wie himmlische Wesen erschienen, wie vor Teufeln oder bösen Geistern hatten die Bewohner der Diebsinseln sich vor ihnen in die Büsche geschlagen. Hier nun, am andern Ende des Erdkreises, stehen die Europäer endlich wieder einem gegenüber, der sie kennt, der sie erkennt – eine Brücke ist geschlagen von ihrer Welt zu diesen neuen Welten über ozeanische Fernen. Der Ring ist geschlossen: ein paar Tage, ein paar hundert Meilen noch, und er wird nach zwei Jahren wieder Europäern begegnen, Christen, Kameraden, Glaubensgefährten. Wenn Magellan noch zweifeln konnte, ob er wirklich schon nahe dem Ziele sei, nun wird es ihm abermals bekräftigt: denn Sphäre hat Sphäre berührt, das Ungeheure ist vollbracht, die Welt ist umrundet.

Die warnenden Worte des maurischen Händlers machen auf den König von Sebu sichtlichen Eindruck. Eingeschüchtert verzichtet er sofort auf die geforderte Hafengebühr. Als offenkundigen Beweis seiner gastfreundlichen Absicht lädt er die Abgesandten Magellans zu einem reichlichen Mahl, und – drittes unwiderlegliches Zeichen, daß die Argonauten nahe von Argos sind diese Speisen werden nicht mehr serviert auf Bastmatten oder Holzplatten, sondern auf Porzellan, das geradewegs aus China kommt, aus dem sagenhaften Cathai Marco Polos. Cipangu und Indien können also nur mehr eine Handbreit weit sein, die Spanier stehen bereits am Rande der orientalischen Kultur. Der Traum des Columbus, von Westen her Indien zu erreichen, ist erfüllt.

Nach Beilegung des diplomatischen Zwischenfalls beginnt ungehindert der offizielle Austausch von Höflichkeiten und Waren. Pigafetta wird als Bevollmächtigter ans Ufer gesandt; gerne erklärt der König von Sebu sich geneigt, mit dem mächtigen Kaiser Karl ein ewiges Friedensbündnis zu schließen, und Magellan tut alles, um diesen Frieden ehrlich zu bewahren. Im sichtlichsten Gegensatz zu den Cortez' und Pizarros, die sofort ihre Bluthunde von der Koppel lassen, barbarisch die Bevölkerung hinschlachten und versklaven, einzig darauf bedacht, so rücksichtslos und rasch als möglich das Land auszurauben, war es diesem weiter denkenden und humaneren Entdecker während der ganzen Reise ausschließlich um pazifistische Durchdringung zu tun; Magellan suchte von Anfang an die Einverleibung der neuen Provinzen lieber durch Freundlichkeit und Vertrag als durch Blut und Gewalt zu erreichen. Nichts gibt der Gestalt Magellans ein so außerordentliches moralisches Übergewicht über alle andern Konquistadoren der Zeit als dieser unbeugsame Wille zur Humanität. Magellan war persönlich eine harte, spröde Natur, er hielt – sein Verhalten bei der Meuterei hat es bewiesen – eherne Zucht in seiner Flotte, er kannte keine Nachsicht und keine Rücksicht. Aber wenn er auch hart war, so bleibt ihm doch die Ehre, niemals grausam gewesen zu sein; nicht eine einzige jener Barbareien, welche für immer die Großtaten eines Cortez, eines Pizarro beflecken, die Verbrennung der Kaziken, die Folterung Guatamozins, schändet sein Gedenken, kein Wortbruch, zu dem sich sonst die Konquistadoren gegenüber den „Heiden“ völlig befugt vermeinten, entehrt seinen Triumph. Bis zur Stunde seines Tods hat Magellan jeden Pakt mit jedem Häuptling streng und loyal eingehalten; diese Ehrlichkeit war seine beste Waffe und sie bleibt sein dauernder Ruhm.

Inzwischen hat der Handel begonnen, und zwar zu beiderseitiger Begeisterung. Die Insulaner bestaunen vor allem das Eisen, dieses harte, für Schwert und Speer und Hacke und Pflug so herrlich verwertbare Metall der Fremden – geringwertig scheint ihnen im Vergleich dazu das weiche, weißgelbe Gold, und wie im gesegneten Kriegsjahr 1914 geben sie begeistert Gold für Eisen. Vierzehn Pfund dieses in Europa fast wertlosen Metalls werden ausgewogen gegen fünfzehn Pfund Gold, und mit strengem Verbot muß Magellan die Matrosen hindern, welche bei dieser tollen Freigebigkeit der Goldverächter in Taumel der Begeisterung geraten, gleich auch ihre Kleider und Habe gegen Gold zu verkaufen, denn er will vermeiden, daß durch allzu ungestüme Nachfrage die Eingeborenen die Kostbarkeit dieses Metalls zu mutmaßen begännen und dadurch die Preise der Tauschware gedrückt würden. Magellan will den Vorteil der Unwissenheit wahren – im einzelnen aber sieht er strenge darauf, daß die Leute von Sebu in Maß und Gewicht nicht übervorteilt würden –, ihm, der immer in weiten Dimensionen denkt, geht es nicht um kleinen Geldvorteil, sondern darum, den Handel nicht auf die Dauer zu verderben und zugleich die Herzen, die Seelen dieser neuen Provinz zu gewinnen. Und wieder ist seine Rechnung richtig: bald gestalten sich die Beziehungen der Eingeborenen zu den freundlichen und mächtigen Fremden derart vertrauensvoll, daß freiwillig der König und mit ihm die meisten seiner Gefolgschaft erklären, sie wollten Christen werden. Was die andern spanischen Eroberer in Monaten und Jahren mit Daumschraube und Inquisition, mit grauenhaften Strafen und Feuerbrand erfolterten, das hat der tief religiöse und doch unfanatische Magellan in wenigen Tagen ohne jede Gewalt erreicht. Wie human, wie freigeistig er bei dieser Bekehrung zuwege gegangen, kann man bei Pigafetta nachlesen. „Der Kapitän sagte ihnen, sie sollten nicht Christen werden aus Furcht vor uns oder uns zu Gefallen, sondern wenn sie wirklich Christen werden wollten, so müßten sie es aus eigenem Wunsche tun und aus Liebe zu Gott. Aber auch, wenn sie nicht Christen werden wollten, so würde ihnen nichts Unfreundliches geschehen. Nur jene, welche Christen würden, sollten um so besser behandelt werden. Da riefen sie alle wie aus einem Munde, sie wollten Christen nicht aus Angst und nicht aus Gefälligkeit, sondern aus ihrem eigenen freien Willen werden. Sie gäben sich ganz in seine Hände, und er solle mit ihnen tun wie mit seinen eigenen Untergebenen. Daraufhin umarmte sie der Kapitän mit Tränen in den Augen, nahm die Hände des Prinzen und diejenigen des Königs von Massawa und sagte ihnen, so wahr er an Gott glaube und seinem Kaiser getreu sei, verspreche er ihnen, sie sollten von nun ab in ewigem Frieden mit dem König von Spanien leben, und sie versprachen ihm das gleiche."

Am nächsten Sonntag, dem 17. April 1521 – im Abschied leuchtet die Abendsonne von Magellans Glück –, feiern die Spanier ihren schönsten Triumph. Auf dem Marktplatz der Stadt erhebt sich ein Baldachin, Teppiche werden von den Schiffen geholt und auf sie feierlich zwei samtene Sessel gestellt, einer für Magellan, einer für den König. Vor dem Baldachin leuchtet weithin sichtbar der Altar, im weiten Kreise umstanden von Hunderten und Tausenden der braunen Leute, die des verkündeten Schauspiels harren. Mit bewußt opernhafter Großartigkeit inszeniert Magellan, der raffinierterweise das Land bisher noch nicht betreten hatte und alle Verhandlungen nur durch Pigafetta führen ließ, sein Nahen. Vierzig Soldaten in voller Rüstung marschieren ihm voraus, hinter ihnen schwingt der Fahnenträger das seidene Banner Kaiser Karls empor, das in der Kirche von Sevilla dem Admiral übergeben worden war und das zum erstenmal auf diesem neuen Krongute entfaltet wird; dann erst, ruhig, ernst und feierlich, schreitet Magellan mit dem Gefolge seiner Offiziere heran. Im Augenblick, da er aus dem Boote ans Land steigt, donnert eine Artilleriesalve von den Schiffen. Im ersten Schreck zerstieben die Zuschauer in alle Winde. Aber da sie ihren König (den man vorsorglich von diesem Donner früher verständigt hatte) gefaßt auf seinem Sessel verbleiben sehen, kehren sie zurück und sehen begeistert zu, wie ein riesiges Kreuz errichtet wird, vor dem ihr König mit dem Thronerben und vielen andern gesenkten Hauptes die Taufe empfängt. Magellan als sein Pate verleiht ihm bei diesem Anlaß statt des bisherigen heidnischen Humabon den Namen Carlos nach dem seines Lehensherrn. Die Königin wiederum, die hübsch ist und auch heute noch in bester Gesellschaft verkehren könnte – ihren europäischen und amerikanischen Schwestern um vierhundert Jahre in der Mode voraus, da sie geschminkte Lippen und rot gefärbte Fingernägel trägt –, empfangt den Namen Joanna, die Prinzessinnen werden gleichfalls mit den fürstlich-spanischen Namen Katharina und Isabella bedacht. Selbstverständlich will nun die übrige haute volée von Zubu und allen den Nachbarinseln nicht hinter ihren Königen und Häuptlingen zurückstehen – bis tief in die Nacht hat der Priester des Schiffs zu tun, um all die Hunderte, die sich herandrängen, zu taufen. Die Nachricht von den wunderbaren Fremden verbreitet sich schnell. Am nächsten Tage strömen bereits von den andern Inseln andere Eingeborene heran, kaum daß sie von den zauberischen Zeremonien dieses fremden Magiers vernehmen; in wenigen Tagen haben fast alle Häuptlinge der Nachbarinseln den Treubund mit Spanien besiegelt und ihr Haupt unter dem Weihwasser gebeugt.

Großartiger ist selten eine Tat vollendet worden. Magellan hat alles erreicht. Die Durchfahrt ist gefunden, das andere Ende der Erde berührt. Neue Inseln von großem Reichtum sind für die Krone von Kastilien gewonnen, unzählige Seelen von Heiden für seinen Gott, und all dies – Triumph im Triumph! –, ohne einen Tropfen Blut vergossen zu haben. Gott hat dem Gläubigen beigestanden. Er hat ihn errettet aus Nöten, wie sie schlimmer kein anderer Irdischer gekannt; unermeßlich fühlt Magellan sich durchdrungen von einem geradezu religiösen Gefühl der Sicherheit. Was kann nach den Schwierigkeiten, die er überstanden, noch Schweres zu leisten sein, was nach diesem herrlichen Sieg sein Werk noch gefährden? Zauberkräftig erfüllt ihn nun ein demütiger Glaube, alles wagen zu dürfen für Gott und seinen König.

Und dieser Glaube wird sein Verhängnis.

Alles ist Magellan gelungen, als hätten Engel den Weg ihm erhellt. Er hat ein neues Reich der spanischen Krone gewonnen, aber wie das Errungene nun dem König bewahren? Länger auf Sebu zu verweilen, ist ihm nicht möglich und ebensowenig, den ganzen Archipel, Insel für Insel, zu unterwerfen. So sieht Magellan – der immer in weiten Etappen denkt – nur einen Weg, um die spanische Macht auf den Philippinen möglichst dauerhaft zu konsolidieren, nämlich Carlos Humabon, den einzigen katholischen Großhäuptling, zum Herrscher über alle andern Häuptlinge zu erheben. Als Bundesgenosse des spanischen Königs soll von nun ab der König Carlos von Sebu ein höheres Prestige besitzen als alle andern. Nicht ein unüberlegter Leichtsinn, sondern ein wohlüberdachter politischer Meisterzug war es darum, wenn Magellan dem König von Sebu nun militärische Hilfe anbot, falls irgend jemand wagte, sich gegen seine Autorität aufzulehnen.

Zufälligerweise ergibt sich gerade in diesen Tagen Gelegenheit zu einer solchen Demonstration. Auf einer ganz winzigen Insel, Mactan, die Sebu gegenüberliegt, regiert ein Rajah namens Silapulapu, der sich von je gegen den König von Sebu aufsässig gezeigt hat. Auch diesmal untersagt er seinen Untertanen, die sonderbaren Gäste des Carlos Humabon mit Lebensmitteln zu verpflegen, und vielleicht hat diese feindselige Haltung eine gewisse Berechtigung. Irgendwo auf seinem Inselchen ist es – wahrscheinlich weil die Matrosen nach ihrer langen Enthaltsamkeit den Weibern wie toll nachjagten – zu einem Scharmützel gekommen, und dabei wurden ein paar Hütten niedergebrannt. Kein Wunder, daß er die Fremden möglichst bald fort wissen will. Aber sein störrisches Verhalten gegen die Gäste Humabons scheint Magellan eine treffliche Gelegenheit für eine demonstrative Machtprobe. Nicht nur der König von Sebu, sondern alle Häuptlinge im weiten Umkreis sollen einmal sehen, wie gut jeder tut, der zu den Spaniern hält, und wie bitter jeder büßt, der sich den Herren des Donners widersetzt: ein solches kleines, nicht sehr blutiges Schauspiel kann überzeugender als alle Worte wirken. Magellan bietet also Humabon an, er wolle jenem widerspenstigen Häuptling eine militärische Lektion erteilen, damit alle anderen Häuptlinge ein für allemal gründlichen Respekt bekämen. Merkwürdigerweise ist der König von Sebu nicht sehr begeistert von Magellans Angebot. Vielleicht fürchtet er, daß sofort nach der Abreise der Spanier die unterworfenen Stämme sich wieder gegen ihn erheben könnten; anderseits warnen auch Serrão und Barbosa den Admiral vor so unnötiger Kriegsexpedition.

Aber Magellan denkt gar nicht an einen wirklichen Kampf; unterwirft sich der rebellische Bursche freiwillig, um so besser für ihn und alle. Ein geschworener Feind alles unnötigen Blutvergießens, der wahre Antipode all der andern schlächterischen Konquistadoren, sendet Magellan zunächst seinen Sklaven Enrique und den maurischen Händler zu Silapulapu und bietet ihm redlichen Frieden an. Er verlange von ihm nichts, als daß er die Oberherrschaft des Königs von Sebu und die Schutzherrschaft Spaniens anerkenne. Willige der Häuptling ein, so wollten die Spanier mit ihm in bester Freundschaft leben; verweigere er dagegen die Anerkennung der Oberhoheit, dann würde man ihm zeigen, wie scharf die spanischen Lanzen beißen könnten.

Jedoch der Rajah antwortet, seine Leute hätten gleichfalls Lanzen. Wenn auch nur aus Rohr und Bambus gefertigt, seien ihre Spitzen doch gut im Feuer gehärtet, und die Spanier könnten sich selbst davon überzeugen. Auf diesen hochmütigen Bescheid hin bleibt Magellan, der Spaniens Machtstellung symbolisch zu verteidigen hat, keine andere Wahl als das Argument der Waffe.

Bei der Vorbereitung dieses kleinen Kriegszugs scheint zum erstenmal Magellan seine augenfälligste Eigenschaft im Stiche zu lassen: Vorsicht und Weitsicht. Zum erstenmal scheint der sonst genaue Rechner leichtfertig sich in eine Gefahr zu begeben. Denn der König von Sebu hat sich bereit erklärt, den Spaniern tausend Mann seiner eigenen Kriegsleute auf diese Expedition mitzuschicken, und ohne Schwierigkeit könnte seinerseits Magellan hundertfünfzig von seiner Mannschaft auf das Inselchen hinüberbeordern – kein Zweifel, daß der Rajah dieser Flohinsel, die man auf einer normalen Karte überhaupt nicht findet, dann eine zerschmetternde Niederlage erleidet. Aber Magellan will keine Schlächterei. Ihm geht es bei dieser Expedition um etwas anderes und Wichtigeres: um das Prestige Spaniens. Einem Admiral des Kaisers beider Welten scheint es unter seiner Würde, gegen einen solchen braunen Lümmel, der keine ungeflickte Matte in seiner dreckigen Hütte hat, eine ganze Armee ins Feld zu schicken und mit Übermacht gegen ein solches jämmerliches Pack von Insulanern zu kämpfen.

Gerade das Gegenteil bezweckt doch Magellan – nämlich sichtbar darzutun, daß schon ein einziger gut bewaffneter, gut gepanzerter Spanier allein mit hundert solcher Nackedeis im Spiel fertig wird. Diese Strafexpedition soll ausschließlich den Mythus der Unverwundbarkeit, der Gottähnlichkeit der Spanier über alle Inseln hin sichtbar machen, und was vor einigen Tagen den Königen von Massawa und Sebu auf seinem Schiff als erheiterndes Possenspiel gezeigt wurde, nämlich daß auf einen guten spanischen Eisenpanzer zwanzig Krieger gleichzeitig mit armseligen Lanzen und Dolchen losstoßen können, ohne den Mann darin zu verwunden, soll an diesem widerspenstigen Rajah in größerem Maßstab exemplifiziert werden. Nur aus diesem psychologischen Grunde nimmt der sonst Vorsichtige statt seiner ganzen Mannschaft nur sechzig Leute mit und ersucht den König von Sebu, mit seinen Hilfstruppen unbeteiligt auf den Kanus zu bleiben. Nur als Zeugen, nur als Zuschauer sollen sie an dem lehrhaften Schauspiel teilhaben, wie fünf Dutzend Spanier alle Häuptlinge und Rajahs und Könige dieser Inseln zu Paaren treiben.

Hat der erfahrenste Rechner diesmal falsch kalkuliert? Durchaus nicht. Historisch gesehen war die Proportion von sechzig geharnischten Europäern gegen tausend nackte, mit Fischknochenlanzen fechtende Indios keineswegs absurd. Denn mit vierhundert, fünfhundert Soldaten haben Cortez und Pizarro gegen Hunderttausende von Mexikanern und Peruanern ganze Reiche erobert; im Vergleich zu solchen Unternehmungen war Magellans Expedition nach einem stecknadelkopfgroßen Inselchen wirklich nur ein militärischer Spaziergang. Daß er an Gefahr ebensowenig gedacht hat wie der andere große Seefahrer, Kapitän Cook, der in einem genauso winzigen Gefecht mit Insulanern sein Leben verlor, tut uns schon der eine Umstand zur Genüge kund, daß der fromme Katholik Magellan, der vor jeder entscheidenden Aktion die

Mannschaft sonst das Abendmahl nehmen ließ, diesmal nichts dergleichen anordnet. Ein paar scharfe Schüsse, ein paar feste Schläge, und wie die Hasen werden die armen Burschen Silapulapus Fersengeld geben! Ohne richtiges Blutvergießen wird dann die Unantastbarkeit der spanischen Herrschaft für ewige Zeiten glorreich erwiesen sein.

In dieser Freitagnacht des 26. April 1521, da Magellan mit seinen sechzig Mann sich einschifft, um die schmale Meeresenge, welche die beiden Inseln trennt, zu überqueren, behaupten die Eingeborenen, einen seltsamen, schwarzen, unbekannten Vogel ähnlich einer Krähe auf einem Dach gesehen zu haben. Und wirklich, mit einemmal, niemand weiß warum, fangen alle Hunde an zu heulen; nicht minder abergläubisch als die Naturkinder, schlagen die Spanier ängstlich das Kreuz. Aber wie sollte der Mann, der die größte Seefahrt der Welt gewagt, weil irgendein Rabe kreischt, zurückschrecken vor einem Geplänkel mit einem nackten Häuptling und seinem armseligen Gesindel?

Verhängnisvollerweise findet dieser kleine Häuptling jedoch einen ausgezeichneten Bundesgenossen in der besonderen Struktur des Strands. Infolge der dicht vorgelagerten Korallenriffe können die Boote nicht nahe an das Ufer heran; damit ist den Spaniern von vorneweg die eindrucksvollste Kriegshandlung genommen: das mörderische Fernfeuer aus den Musketen und Armbrüsten, das meist schon mit dem bloßen Donner die Eingeborenen in die Flucht jagt. Aber unbedenklich auf diese Rückendeckung verzichtend, springen die schwerbewaffneten sechzig Mann – die übrigen bleiben in den Booten in das Wasser, Magellan an der Spitze, der, wie Pigafetta schreibt, „als guter Hirte seine Herde nicht verlassen wollte". Bis zur Hüfte in der Flut waten sie den langen Weg zur Küste, wo heulend und schreiend und ihreSchilde schwingend die riesige Horde der Indios sie erwartet. Bald stoßen die Gegner zusammen. Die verläßlichste von den verschiedenen Schilderungen des Kampfes dürfte jene Pigafettas sein, der, selbst ernstlich von einem Pfeil verwundet, bis zum letzten Augenblick neben seinem geliebten Kapitän ausgeharrt hatte. „Wir sprangen", berichtet er, „ins Wasser bis zu unseren Hüften und hatten zwei gute Bogenschuß weit durch die Flut zu waten bis an den Strand, während unsere Boote der Riffe halber uns nicht weiter folgen konnten. Am Ufer fanden wir fünfzehnhundert der Inselleute in drei Haufen aufgeteilt, und mit einem furchtbaren Geschrei rannten sie auf uns los. Zwei der Haufen griffen uns von den beiden Flanken an, der dritte von der Front. Unser Kapitän teilte die Mannschaft in zwei Gruppen. Unsere Musketiere und Armbrustschützen feuerten eine halbe Stunde lang von den Booten aus, aber sie erreichten nichts, weil ihre Kugeln und Pfeile und Lanzen auf so weite Entfernung Holzschilde nicht mehr durchdringen konnten oder höchstens den Feinden die Arme verwundeten. Der Kapitän gab darum laut das Kommando, nicht weiter zu schießen (offenbar um die Munition für den Endkampf zu sparen), aber man hörte nicht auf ihn. Als nun die Inselleute sahen, daß unsere Schüsse geringen oder gar keinen Schaden anrichteten, wichen sie nicht weiter zurück. Sie schrien nur immer lauter, und von einer zur andern Seite springend, um unseren Schüssen auszuweichen, kamen sie gleichzeitig, von ihren Schilden gedeckt, näher heran, schleuderten Pfeile, Wurfspieße, im Feuer gehärtete Holzspeere, Steine und auch Schmutz, so daß wir uns kaum erwehren konnten. Einige von ihnen warfen sogar Lanzen mit erzenen Spitzen gegen unseren Kapitän.

Um ihnen nun Schrecken einzujagen, sandte der Kapitän einige von unseren Leuten aus, damit sie die Wohnhäuserder Insulaner in Brand setzten. Aber das machte sie nur noch wilder. Einige von ihnen liefen dem Feuer zu, das zwanzig oder dreißig Häuser verzehrte, und erschlugen dort zwei von unseren Leuten. Der Rest stürzte sich auf uns mit noch größerer Wut. Als sie wahrnahmen, daß zwar unsere Körper geschützt, unsere Beine aber nicht gepanzert waren, zielten sie hauptsächlich auf diese. Dem Kapitän wurde sein rechter Fuß von einem vergifteten Pfeil durchbohrt, worauf er Befehl gab, schrittweise zurückzuweichen. Aber beinahe alle unsere Leute ergriffen jetzt in überstürzter Weise die Flucht, so daß kaum mehr als sechs oder acht von uns mit ihm blieben (der, seit Jahren lahm, offenbar den Rückzug verlangsamte). Nun waren wir von allen Seiten den Lanzen und Steinen ausgesetzt, welche der Feind auf uns schleuderte, und wir konnten keinen Widerstand mehr leisten. Die Bombarden, die wir in den Booten hatten, vermochten uns nicht zu helfen, denn das seichte Wasser hielt sie zu weit weg. So strebten wir immer mehr vom Strande fort, indem wir, unablässig kämpfend, Schritt um Schritt zurückwichen, und waren bereits einen Pfeilschuß weit weg vom Ufer und hatten das Wasser bereits zu unseren Knien. Doch die Inselleute folgten uns zäh und fischten immer wieder die Speere auf, welche sie schon früher gegen uns geworfen hatten, so daß sie denselben Speer fünf- oder sechsmal schleudern konnten. Da sie den Kapitän erkannt hatten, zielten sie hauptsächlich auf ihn; zweimal schlugen sie ihm bereits den Helm von seinem Haupte. Er aber, mit einigen wenigen von uns, blieb als ein tapferer Ritter auf seinem Posten, ohne weiteren Rückzug zu versuchen, und so fochten wir mehr als eine Stunde, bis es einem der Indios gelang, ein Rohrgeschoß in das Gesicht des Kapitäns zu schleudern. In seinem Zorn durchstieß der Kapitän sofort die

Brust des Angreifers mit seiner eigenen Lanze, diese aber blieb im Körper des Getöteten stecken, und als der Kapitän nun versuchte, sein Schwert zu ziehen, brachte er es nurmehr zur Hälfte heraus, weil eine Wurfspießverletzung ihm den rechten Arm gelähmt hatte. Als die Feinde das merkten, stürzten sie sich insgesamt auf ihn, und einer von ihnen schlug ihm mit einem Säbelhieb eine solche Wunde in das linke Bein, daß er nieder und auf sein Antlitz fiel. Sofort warfen sich alle die Indios über ihn und durchstießen ihn mit Lanzen und allen andern Waffen, die sie besaßen. Und so nahmen sie unserem Spiegel, unserem Licht, unserem Trost und treuen Führer das Leben."

Auf derart sinnlose Weise endet im höchsten und herrlichsten Augenblicke der Erfüllung der größte Seefahrer der Geschichte in einem kläglichen Geplänkel mit einer nackten Insulanerhorde – ein Genius, der wie Prospero die Elemente gemeistert, der alle Stürme besiegt und Menschen bezwungen, wird gefällt durch ein lächerliches Menscheninsekt Silapulapu! Aber nur das Leben kann dieser täppische Unfall ihm rauben, nicht mehr den Sieg, denn fast bis zum Ende ist seine Tat getan und beinahe gleichgültig nach so übermenschlicher Leistung das private Schicksal. Leider jedoch folgt der Tragödie seines heroischen Untergangs allzu rasch das Satyrspiel – dieselben Spanier, die vor wenigen Stunden noch wie Götter vom Himmel auf dieses winzige Fürstlein von Mactan herabgesehen, erniedrigen sich so tief, daß sie, statt sofort neue Mannschaft zu holen und den Mördern ihres Führers seinen Leichnam zu entreißen, feige einen Unterhändler an Silapulapu senden, er möge ihnen die Leiche verkaufen: für ein paar Glöckchen und bunte Tücher wollen sie den sterblichen Teil des Admirals zurückerhandeln. Aber, großzügiger als die nicht sehr heldischen Gefährten Magellans, weist der nackte Triumphator den Schacher zurück. Nicht für Spiegelchen und Glasperlen und bunten Samt will er die Leiche seines Gegners verkaufen. Die Trophäe ist ihm nicht feil. Denn kund ist es nun über alle Inseln, daß Silapulapu der Große so leicht wie einen Fisch oder einen Vogel den fremden Herrn des Donners und des Blitzes erlegt hat. Niemand weiß, was jene jämmerlichen Wilden mit der Leiche Magellans dann getan, welchem Element sie sein Sterbliches zurückgegeben, ob dem Feuer, der Flut, der Erde oder der zehrenden Luft. Kein Zeugnis ist uns geblieben, verschollen ist sein Grab und geheimnisvoll im Unbekannten die Spur des Mannes verloren, der dem unendlichen Ozean, der die Erde umrundet, sein letztes Geheimnis abgerungen.

## Die Heimfahrt ohne Führer

### 27. April 1521 - 6. September 1522

Insgesamt acht Tote haben die Spanier in dem kläglichen Scharmützel gegen Silapulapu gelassen, an sich eine unbeträchtliche Zahl. Aber der Verlust ihres Führers macht diesen Tag zur Katastrophe. Denn mit dem Tode Magellans bricht der magische Nimbus zusammen, der bisher die weißen Fremden zu einer Art von Göttern erhoben, und hauptsächlich auf dem Anschein ihrer Unbesiegbarkeit beruhte die Macht und der Erfolg all jener Konquistadoren. Trotz aller Tapferkeit, ihrer Ausdauer, trotz ihren Kriegstugenden und Kriegswaffen wäre es Cortez, wäre es Pizarro niemals gelungen, die Zehntausende und Hunderttausende ihrer Gegner zu besiegen, hätte nicht der Mythos der Unbesiegbarkeit und Unverwundbarkeit wie ein schützender Michaelsengel ihnen zur Seite gestanden. Die fremden allwissenden Wesen, die Blitz und Donner von ihren Keulen zu entsenden vermochten, galten den verstörten Eingeborenen als unverwundbar; man konnte sie nicht treffen, denn die Pfeile prallten ab von ihren Panzern, man konnte vor ihnen nicht fliehen, denn die riesigen vierbeinigen Tiere, mit denen sie zusammengewachsen waren, überrannten jede Flucht. Nichts bezeugt rührender die lähmende Macht dieser Angst als die Episode jener Konquistadorenzeit, da ein Spanier in einem Flusse ertrank. Drei Tage legten die Indios die Leiche in eine Hütte, starrten sie an, aber wagten nicht, an sie zu rühren, aus Furcht, der fremde Gott könnte wieder erwachen. Erst als die Leiche zu verwesen begann, faßten sie Mut und rotteten sich zum Aufstand zusammen. Ein einziger weißer Gott, der sich als verwundbar erwiesen, eine einzige Niederlage der Unbesiegbaren, und überall war der Bann gebrochen und der Mythos ihrer göttlichen Sendung dahin.

So auch diesmal. Der König von Sebu hatte sich widerspruchslos den Herren des Donners und des Blitzes unterworfen. Er hatte demütig ihren Glauben angenommen in der Meinung, ihr Gott müsse ein stärkerer sein als die hölzernen Götzen, die er bislang verehrt. Er hatte gehofft, wenn er diesen fremden übernatürlichen Wesen sich in Freundschaft verbinde, in kurzem der mächtigste Monarch aller umliegenden Inseln zu werden. Und nun hat er selbst und mit ihm seine tausend Krieger von den Kanus mitangesehen, wie Silapulapu, ein erbärmlicher kleiner Häuptling, die weißen Götter besiegte. Mit eigenen Augen hatte er gesehen, daß ihr Blitz und ihr Donner machtlos blieb, ja gesehen sogar, wie die angeblich Unverwundbaren in ihren glitzernden Kürassen jämmerlich flüchteten vor den nackten Kriegern Silapulapus und wie sie schließlich die Leiche ihres Herrn dem Jubelgeheul seiner mutigeren Landsleute preisgaben.

Vielleicht hätte ein energischer Entschluß das Prestige der Spanier noch retten können. Hätte ein entschlossener Führer jetzt alle zweihundert zusammengerufen, wären sie übergesetzt nach Mactan, hätten sie im Sturm die Leiche ihres großen Führers zurückgeholt, den nackten Banditenführer und seinen Stamm fürchterlich gezüchtigt, dann wäre vielleicht auch dem König von Sebu ein heilsamer Schrecken in die Seele gefahren. Aber statt dessen sieht Don Carlos Humabon (nicht lange mehr wird er den kaiserlichen Namen tragen), daß die besiegten Spanier demütig Boten hinüberschicken zu dem triumphierenden Häuptling, um die Leiche Magellans mit Waren und Geld zu erschachern. Aber siehe, der winzige Häuptling der winzigen Insel Mactan bietet den weißen Göttern Trotz und jagt ihre Unterhändler verächtlich zurück.

Dieses feige Verhalten der weißen Götter muß selbstverständlich den König Carlos Humabon auf sonderbare Gedanken bringen. Vielleicht hat er etwas von Calibans erbitterter Enttäuschung über Trinculo gefühlt, da der arme betrogene Narr erkennt, daß er einen Großtuer und Schwätzer voreilig für einen Gott gehalten. Auch sonst haben die Spanier allerhand getan, um das gute Einvernehmen mit den Insulanern zu zerstören; Peter Martyr, der sofort nach der Rückkehr die Matrosen ausfragte, um den wahren Grund des Stimmungsumschwungs nach dem Tode Magellans festzustellen, erhält von einem Augenzeugen („qui omnibus rebus interfuit"), wahrscheinlich von dem Genuesen Martin, die nur allzu stichhältige Auskunft: „Feminarum stupra causam perturbationis dedisse arbitrantur." Trotz aller Energie hat Magellan die von monatelanger Reise ausgehungerten Matrosen nicht zurückhalten können, sich auf die Frauen ihrer Gastfreunde zu stürzen; vergebens hatte er versucht, ihrer Gewalttätigkeit Einhalt zu gebieten, und sogar seinen eigenen Schwager Barbosa bestraft, weil er während dreier Nächte am Lande blieb; aber diese Zügellosigkeit scheint nach seinem Tode wahrscheinlich noch schlimmer geworden zu sein. Jedenfalls war mit dem Respekt vor den Kriegsleistungen jedwede Achtung des Königs für diese wilden Eindringlinge zu Ende. Etwas müssen die Spanier von dem wachsenden Mißtrauen gespürt haben, denn plötzlich werden sie ungeduldig. Nur rasch jetzt die Waren und den Gewinn wegschleppen und schleunigst zu den Gewürzinseln! Die Idee Magellans, durch Frieden und Freundschaft die philippinischen Inseln für das Reich und den Glauben zu erhalten, bekümmert wenig mehr seine merkantileren Nachfolger: nur Schluß jetzt und eilige Heimfahrt! Für diesen Abschluß der Geschäfte benötigen die Spanier aber dringlich Enrique, den Sklaven Magellans, weil er als einziger durch seine Sprachkenntnis Verkehr und Tausch mit den Eingeborenen vermitteln kann, und gleich bei diesem unbedeutsamen Anlaß erweist sich der Unterschied in der Kunst der Menschenbehandlung, dank welcher der humanere Magellan immer seine größten Erfolge errungen hatte. Sein treuer Enrique war bis zum letzten Augenblicke im Kampfe an seiner Seite geblieben. Verwundet haben ihn die Boote zurückgebracht auf das Schiff, und nun liegt er regungslos, eingehüllt in seine Matte, sei es um der Wunde willen, die er im Kampfe empfangen, sei es, weil er mit der Treue eines dumpfen Tierwesens in diesem starren Brüten den Verlust seines geliebten Herrn betrauert. Nun begeht Duarte Barbosa, den nach dem Tode Magellans gemeinsam mit Serrão die Mannschaft zum Oberbefehlshaber erwählt, die Torheit, den tierhaft treuen Diener Magellans auf das tödlichste zu kränken. Grob fährt er Enrique an, er solle nicht meinen, daß er jetzt nach dem Tode seines Herrn faulenzen dürfe und kein Sklave mehr wäre. In der Heimat werde man ihn sofort der Frau Magellans aushändigen, inzwischen habe er zu parieren. Wenn er jetzt nicht sogleich sich aufmache und als Dolmetscher am Lande die Waren verkaufen helfe, werde man an ihm die Hundspeitsche gründlich ausprobieren. Enrique, der von der gefährlichen Rasse der Malaien ist, die nie eine Beleidigung verzeihen, hört mit verhülltem Blick die Drohung. Zweifellos ist ihm bekannt, daß Magellan in seinem Testament ihn ausdrücklich von der Stunde seines Tods an für frei erklärt und sogar mit einem Legat bedacht hat. Heimlich beißt er darum die Zähne zusammen: diese frechen Nachfolger seines großen Herrn und Meisters, die ihn um seine Freiheit bestehlen wollen und seinen Schmerz nicht verstehen, sollen bezahlen dafür, ihn einen „perro“ genannt und wirklich wie einen Hund behandelt zu haben!

Äußerlich läßt der heimtückische Malaie allerdings nichts von seinem Rachegedanken erkennen. Gehorsam begibt er sich auf den Markt, gehorsam macht er den Dolmetscher bei Kauf und Verkauf, aber in gefährlicher Weise nützt er gleichzeitig seine Dolmetscherkunst. Denn er verständigt den König von Sebu, daß die Spanier schon Anstalten getroffen hätten, die unverkauften Waren auf ihre Schiffe zurückzuholen, und am nächsten Tage plötzlich mit Sack und Pack verschwinden wollten. Wenn der König jetzt geschickt zugreife, vermöchte er sich leicht aller Waren zu bemächtigen, ohne das Geringste dafür im Tausch geben zu müssen, und sogar die herrlichen drei Schiffe könne er bei dieser Gelegenheit erbeuten.

Wahrscheinlich hat Enrique mit seinem rachsüchtigen Vorschlag nur die innersten Wünsche des Königs von Sebu ausgesprochen; jedenfalls finden seine Worte willkommenes Gehör. Ein Plan wird zwischen den beiden vereinbart und vorsichtig vorbereitet. Äußerlich geht der Handel eifrig vorwärts; herzlicher als je zeigt sich der König von Sebu zu seinen neuen Glaubensbrüdern, und auch Enrique scheint, seit ihm Barbosa die Peitsche gezeigt, von seiner angeblichen Faulheit auf das gründlichste bekehrt. Drei Tage nach Magellans Tod, am 1. Mai, bringt er sogar strahlenden Gesichts besonders freudige Botschaft an die Kapitäne. Endlich habe der König von Sebu die Schmuckstücke erhalten, die er seinem Herrn und Freund, dem König, nach Spanien zu senden versprochen. Um die Übergabe besonders feierlich zu gestalten, hätte er bereits alle seine Häuptlinge und Untertanen berufen; so mögen die beiden Kapitäne Barbosa und Serrão gleichfalls mit den vornehmsten Edelleuten erscheinen, um die Geschenke des Königs Carlos von Sebu an seinen Oberherrn und Freund Carlos von Spanien mit eigener Hand entgegenzunehmen.

Wäre Magellan nun noch am Leben, er würde sich unbedingt aus seinen indischen Kriegsjahren an jene ähnlich liebevolle Einladung des Königs von Malacca erinnern, wo dann auf ein Signal die arglos gelandeten Kapitäne hingeschlachtet wurden und es nur seiner persönlichen Tapferkeit gelang, den Namensvetter Serrãos zu retten. Aber der andere Serrão und Duarte Barbosa gehen arglos dem neuen christlichen Bruder in die Falle. Sie nehmen die Einladung an, und abermals bezeugt es sich, daß Sterndeuter niemals auch nur einen Deut wissen von ihrem eigenen Geschick. Denn auch der Astrologe Andres de San Martin, der anscheinend vergessen hat, sich vorher das Horoskop zu stellen, schließt sich den beiden an, während dem sonst so neugierigen Pigafetta der Pfeilschuß, den er im Kampfe von Mactan erhalten, zum Segen wird. Er bleibt in seiner Krankenmatte und rettet damit sein Leben.

Im ganzen gehen neunundzwanzig Spanier ans Land, und unter ihnen befinden sich verhängnisvollerweise gerade die besten, die erfahrensten Führer und Piloten. Feierlich empfangen, werden sie in einen Palmenhain geführt, wo der König ein Festmahl gerüstet hat. Gewaltige Mengen von Eingeborenen sind scheinbar bloß neugierig versammelt und umdrängen in auffallender Herzlichkeit von allen Seiten die spanischen Gäste. Gerade die dringliche Art aber, mit welcher der König die Spanier in den Palmenhain führt, will dem Piloten Juan Carvalho nicht recht gefallen. Er teilt seinen Verdacht Gomez de Espinosa, dem Waffenmeister der Flotte, mit, und die beiden beschließen, noch rasch vom Schiff die restliche Mannschaft herüberzuholen, um im Fall einer Verräterei ihre Kameraden herausschlagen zu können. Unter einem geschickten Vorwand drücken sie sich aus dem Getümmel und rudern bis zu den Schiffen. Aber noch sind sie nicht an Bord, da erheben sich schon vom Lande her gräßliche Schreckensschreie. Genau wie seinerzeit in Malacca sind die Eingeborenen über die arglos beim Festmahl sitzenden Spanier hergefallen, ehe sie sich recht zur Wehr setzen konnten. Mit einem einzigen Hieb hat der hinterlistige König von Sebu sich aller seiner Gäste entledigt und zum Herrn der gelandeten Waren und Waffen sowie der unverwundbaren spanischen Rüstungen gemacht.

Die Kameraden auf den Schiffen sind im ersten Augenblick gelähmt von Entsetzen. Dann befiehlt Carvalho, den die Ermordung aller andern Kapitäne innerhalb einer Minute zum Oberkommandanten erhebt, näher heranzusteuern und alle Kanonen auf die Stadt zu richten. Eine Breitseite donnert nach der andern. Vielleicht hofft Carvalho mit dieser Repressalie noch ein paar Kameraden zu retten, vielleicht ist es nur ein spontaner Wutausbruch. Aber gerade, als bereits die ersten Kugeln gegen die Hütten schmettern, ereignet sich etwas Entsetzliches, eine jener Szenen, die jedem, der sie innerlich nachlebt, in ihrer Furchtbarkeit unvergeßlich bleiben. Ein einziger der Überfallenen, der Tapferste von allen, João Serrão, hat sich – geheimnisvolle Wiederkehr – genau wie Francisco Serrão am Strande von Malacca im letzten Augenblick den Mördern entrissen und ist zum Strand geflüchtet. Aber die Feinde setzen ihm nach, sie umringen, sie fesseln ihn. Und da steht er nun wehrlos, von Mördern umringt, und schreit mit letzter Kraft zu den Schiffen, sie mögen das Artilleriefeuer gegen die Stadt einstellen, sonst würden seine Peiniger ihn ermorden. Sie sollten um Himmels willen rasch ein Boot schicken mit Waren, um ihn loszukaufen.

Einen Augenblick scheint es, als ob der Handel gelingen wollte. Schon ist der Kaufpreis für den tapfersten Kapitän bestimmt: zwei Bombarden und einige Tonnen Kupfer. Aber die Eingeborenen verlangen, man solle die Waren an den Strand schicken, und Carvalho fürchtet vielleicht, diese Schurken, die schon einmal die Treue gebrochen, würden sich dann nicht nur der Waren, sondern auch des Boots bemächtigen. Vielleicht aber – Pigafetta selbst äußert diesen Verdacht – hat dieser ehrgeizige Geselle, der den plötzlich ihm zugefallenen Admiralsrang nicht mehr zurückgeben will, wenig Neigung, unter dem freigekauften Serrão dann wieder bloß als Pilot zu dienen. Jedenfalls, das Entsetzliche geschieht. An dem Strand windet sich, umschnürt von Fesseln, ein einzelner blutender Mensch, den Todesschweiß auf der Stirn, unter dem mordbereiten Zugriff einer ganzen Rotte. Seine einzige Hoffnung ist, daß kaum einen Steinwurf weit mit gebreiteten Segeln drei spanische gutbemannte Schiffe liegen und daß an der Brüstung des Flaggschiffs gerade sein

Landsmann Carvalho steht, sein compadre, sein Blutsfreund, mit dem er tausend Gefahren geteilt und der lieber das Letzte opfern wird, ehe er ihn im Stiche läßt. Immer wieder schreit er aus heiserer Kehle zu ihm hinüber, rasch, nur rasch solle er die Tauschware schicken und ihn erlösen. Gierig starrt und starrt er auf das Boot, das neben dem Schiffe schaukelt. Aber warum zögert Carvalho, warum zögert er so lang? Und mit einmal sieht mit seinem fiebernden Auge der Seemann Serrão, der jeden Handgriff an Bord eines Schiffs kennt, daß sie das Landungsboot an Bord hissen. Verrat! Verrat! Statt ihm das rettende Boot zu senden, beginnen die Schiffe klarzumachen und dem offenen Meer zuzusteuern. Das erste Schiff dreht ab, schon blähen die Segel sich in der Brise. Im ersten Augenblick kann und will der unglückliche Serrão noch nicht begreifen, daß ihn, den Führer, den Kommandanten, die eigenen Kameraden auf Befehl seines Blutsbruders in den Händen von Mördern feige zurücklassen. Noch einmal schreit er mit halb erstickter Stimme zu den Fliehenden hinüber, er bittet, er befiehlt, er tobt in letzter Todesnot und Verzweiflung. Doch da er endlich erkennt, daß die Schiffe schon abgedreht haben und die Reede verlassen, hebt er noch einmal mit letzter Kraft Atem aus seiner gefesselten Brust und schreit gellend über die Wellen Juan Carvalho den entsetzlichen Fluch nach: am Jüngsten Tage werde er ihn vor Gottes Gericht fordern für seinen schurkischen Verrat.

Jedoch dieser Fluch wird zugleich sein letztes Wort. Mit eigenen Augen müssen die ungetreuen Kameraden von Bord her noch mitansehen, wie ihr erwählter Kommandant hingeschlachtet wird. Und gleichzeitig, noch haben sie den Hafen nicht verlassen, stürzt unter dem Jubelgeheul das große Kreuz zu Boden; alles, was Magellan in Wochen vorsichtigster und geduldigster Arbeit aufgebaut, geht zugrunde an der leichtfertigen Torheit seiner Nachfolger. Mit Schmach bedeckt, den Fluchschrei ihres sterbenden Kapitäns im Ohr, den Hohn der tanzenden Wilden im flüchtenden Rücken, paschen wie gejagte Verbrecher die Spanier von der Insel weg, die sie unter Magellans Führung wie Götter betreten.

Traurige Heerschau, die jetzt die Geretteten, kaum dem Unglückshafen von Sebu entflüchtet, abhalten. Von allen Schicksalsschlägen, welche die Flotte seit ihrer Ausfahrt erlitten, war dieser Aufenthalt in Sebu der verhängnisvollste. Außer Magellan, dem unersetzlichen Führer, haben sie die bewährtesten Kapitäne Duarte Barbosa und João Serrão verloren, die als genaue Kenner der ostindischen Küste gerade für die beginnende Heimfahrt besonders wichtig gewesen wären; der Tod Andres de San Martins hat sie des nautischen Experten, die Flucht Enriques ihres Dolmetschers beraubt. Als man Mann für

Mann die Mannschaft nachzählt, melden sich von den zweihundertfünfundsechzig, die in Sevilla an Bord gegangen, im ganzen nur mehr hundertundfünfzehn, und dieser gelichtete Bestand erlaubt nicht mehr, drei Schiffe hinreichend zu bemannen. Besser also, um die übrigen zwei Galeonen wirklich seetüchtig zu erhalten, ein Schiff von den dreien zu opfern. Das Los der freiwilligen Versenkung trifft die „Concepcion", die schon lange Wasser gezogen hat und von der zu befürchten ist, sie würde die bevorstehende schwere Reise nicht überstehen. Nahe der Insel Bohol wird das Todesurteil vollstreckt. Bis auf den letzten Nagel und das dürftigste Tau holt man alles Brauchbare auf die andern Schiffe hinüber; der ausgeleerte hölzerne Leichnam wird dann in Brand gesteckt. Düstern Blicks starren die Matrosen hin, wie die Flamme erst klein und schwelend sich erhebt und dann mit Feuerarmen das ganze Schiff erfaßt, das durch zwei Jahre ihnen Haus und Heimat gewesen und als klägliches Wrack nun qualmend und verkohlt in einem fremden, feindlichen Meer versinkt. Fünf Schiffe, heiter bewimpelt und voll bemannt, waren sie ausgefahren vom Hafen von Sevilla. Das erste Opfer war der „Santiago", der an der patagonischen Küste zerschellte. In der Magellanstraße verließ sie feige der „San Antonio"; nun ward die „Concepcion" ihre eigene Feueresse und ihr eigener Sarg. Nur zwei Schiffe, die beiden letzten, steuern nun nebeneinander auf unbekannter Bahn: die „Trinidad", Magellans einstiges Flaggschiff, und jenes kleine unscheinbare, die „Victoria", deren Ruhm es sein wird, den stolzen Namen zu bekräftigen und Magellans Idee über sein eigenes Leben hinaus in die Unsterblichkeit zu tragen.

Daß dieser arg verminderten Flotte der wirkliche Führer, der erprobte Admiral Magellan fehlt, wird man bald an dem unentschlossenen Kurs gewahr, den die Schiffe nehmen. Wie Blinde, wie Verblendete tappen sie im Sundaarchipel herum. Statt geradewegs Südwest auf die Molukken zuzusteuern, denen sie doch schon ganz nahe sind, irren sie nordwest in unsicherem Zickzack vor und zurück. Ein ganzes Halbjahr wird völlig zwecklos vertan auf diesen Irrfahrten, die sie nach Mindanao und bis nach Borneo führen. Aber noch deutlicher als an dieser seemännischen Unsicherheit erkennt man das Fehlen des geborenen Führers an dem Sinken der Disziplin. Unter Magellans Zucht gab es auf dem Land keine willkürliche Plünderung, auf der See keine Piraterie. Genau wurde Ordnung gehalten und Rechnung geführt: nie ließ er einen Augenblick außer acht, daß er als Admiral seines Herrn und Königs verpflichtet war, die spanische Flagge auch auf den fernsten Enden der Erde in Ehren zu erhalten. Sein trister Nachfolger Carvalho aber, der nur der Ermordung seiner Vordermänner durch die Rajahs von Mactan und Sebu seinen Admiralsrang verdankt, kennt keinerlei moralische Bedenken. Er betreibt ungescheut Piraterie und nimmt, was ihm in den Weg kommt. Wo irgendeine Dschunke vorübersteuert, wird sie einfach angegriffen und geplündert; das Lösegeld, das Carvalho bei solchen Anlässen fordert, steckt dieser unbedenkliche Mann dann meist in die eigene Tasche. Er legt keine Rechnung, selber contador und tesorero in einer Person, und während Magellan der Disziplin halber nie eine Frau an Bord geduldet, holt er sich nicht weniger als drei aus einer geraubten Dschunke unter dem Vorwand, sie der Königin von Spanien zu überbringen. Allmählich wird der Mannschaft das Treiben dieses Paschas zu bunt. „Vedendo che non faceva cosa che non fosse in servitio del re" – da sie sahen (berichtet del Cano), daß er nicht für des Königs Sache sorgte, sondern für seinen eigenen Vorteil, jagen sie den Haremspascha einfach von seinem Kommando, und statt seiner wird ein Triumvirat eingesetzt, Gomez de Espinosa als Kapitän der „Trinidad", Sebastian del Cano als Kapitän der „Victoria" und der Pilot Poncero als „governador dell armata".

Aber nichts ändert sich damit an dem sinnlos Im-Kreis- und Zickzack-Fahren der beiden Schiffe. Mit Tausch und Raub füllen die Verirrten in diesen dicht besiedelten Gegenden zwar leicht die Vorräte wieder auf, aber schon scheint die eigentliche Aufgabe, um derentwillen Magellan seine Fahrt gewagt, vergessen; endlich erhellt ein glücklicher Griff ihnen den Ausweg aus dem Labyrinth des Sundaarchipels. Auf einer zufällig vorüberfahrenden Prau, die sie piratisch rauben, nehmen sie einen Mann gefangen, der aus Ternate stammt, der also den Weg in seine Heimat, den Weg zu den ersehnten Gewürzinseln genau kennen muß. Und wirklich, er kennt den Weg, er kennt auch Francisco Serrão, Magellans Freund – endlich ist der Wegweiser aus dem Irrsal gefunden. Die letzte Prüfung ist überstanden; nun können sie geradewegs lossteuern auf das Ziel, dem sie in all diesen unsinnigen Wochen öfters ganz nahe gewesen und das sie in Verblendung immer wieder umkreist. Jetzt bringen sie ein paar Tage müheloser Seefahrt näher als jene sechs Monate törichten Suchens. Am 6. November sehen sie ferne aus der See Berge sich erheben, die Höhen von Ternate und Tidore. Die seligen Inseln, sie sind erreicht.

„Der Pilot, der uns begleitete", schreibt Pigafetta, „sagte uns, daß es die Molukken seien. Wir dankten alle Gott, und um unsere Freude zu bezeugen, lösten wir unsere Geschütze. Man möge nicht staunen, daß wir so beglückt waren, denn wir hatten im ganzen siebenundzwanzig Monate weniger zwei Tage einzig mit der Suche nach diesen Inseln verbracht und waren kreuz und quer auf dieser Suche zwischen unzähligen Inseln hierher gesteuert."

Nun aber, am 8. November 1521, landen sie auf Tidore, einer der fünf seligen Inseln, von denen Magellan sein Leben lang geträumt. Wie der tote Cid, von seiner Mannschaft auf sein treues Schlachtroß gesetzt, noch einen letzten Sieg erkämpft, so erzwingt Magellans Energie über seinen Tod hinaus noch die errettende Tat. Seine Schiffe, seine Leute, sie schauen das gelobte Land, das er wie Moses seiner Gefolgschaft versprochen und das ihm selbst, dem Wegweiser, zu betreten nicht vergönnt war. Aber auch, der ihn über Ozeane zu sich gerufen, der ihn zur Idee und zur Tat ermutigt, auch Francisco Serrão ist nicht mehr am Leben: vergebens hätte der Freund der Freunde, dem er um die ganze Rundung der Erde nachgefahren, die Arme entgegengebreitet. Serrão ist wenige Wochen vorher gestorben, angeblich vergiftet – die beiden ersten Urheber des Gedankens einer vollen Umrundung der Erde haben den Preis der Unsterblichkeit vorzeitig mit ihrem Leben gezahlt. Aber Serrãos begeisterte Schilderungen erweisen sich nachträglich als voll berechtigt. Nicht nur die Landschaft ist herrlich und strotzend von allem Reichtum der Natur, auch die Menschen zeigen beglückende Freundlichkeit. „Was soll man von diesen Inseln sagen", schreibt Maximilian Transsylvanus in seinem berühmten Briefe. „Hier ist alles einfach und nichts hat hier hohen Wert außer Friede, Bequemlichkeit und Gewürz. Das beste dieser Dinge aber und vielleicht das beste Gut auf Erden, nämlich Friede, scheint durch die Schlechtigkeit der Menschen von unserer Welt ausgetrieben worden zu sein und hierhergeflüchtet." Der König, dessen Freund und Helfer Serrão gewesen, kommt eiligst unter einem seidenen Palankin herangefahren und empfängt wie ein Bruder die Gäste. Zwar hält er sich als gläubiger Mohammedaner die Nase an Bord des Schiffs zu, um den widrigen Geruch des verhaßten Schweinefleisches nicht zu spüren, aber in brüderlicher Liebe umarmt der König Almansor die Christen. „Kommt und erfreut euch", tröstet er sie, „nach so langem Herumirren auf der See und so vielen Gefahren an den Vergnügungen des Landes. Erfrischt euren Leib und denkt an nichts, als daß ihr in das Reich eures eigenen Herrschers gekommen seid." Willig erkennt er die Oberherrschaft des spanischen Königs an, und statt wie die andern Häuptlinge, denen sie begegnet, möglichst viel von ihnen zu erpressen, fordert dieser generöse Fürst sie auf, innezuhalten mit ihren Gaben, denn „er besitze nichts, was würdig genug wäre, um ihnen als Gegengeschenk zu dienen".

Selige Inseln: alles, was die Spanier begehrten, bekommen sie hier in Fülle, die kostbarsten Gewürze, Lebensmittel und Goldstaub, und was der freundliche König selbst nicht liefern kann, beschafft er von den Nachbarinseln. Die

Seeleute sind verzaubert von so viel Glück nach all den Leiden und Entbehrungen; wie toll kaufen sie Gewürz und die kostbaren Paradiesvögel (comperanno garofani a furia), sie geben ihre Hemden, ihre Flinten, ihre Armbrüste, ihre Mäntel, ihre Leibriemen in Tausch, denn jetzt geht es ja bald an die Heimkehr, und als reiche Leute kehren sie mit diesen lächerlich billig erhandelten Schätzen zurück. Manche freilich möchten lieber dem Beispiel Serrãos folgen und überhaupt in diesem Paradies bleiben. Ein gut Teil von ihnen heißt darum die schlimme Nachricht freudig willkommen, daß sich knapp vor der Abfahrt herausstellt, nur eines der Schiffe sei seetüchtig genug, um die Heimfahrt wagen zu können, und fünfzig Seeleute von den etwa hundert müßten vorläufig auf den seligen Inseln zurückbleiben, bis das andere neu aufgekielt sei.

Das Schiff, das zur unfreiwilligen Bleibe verurteilt wird, ist das alte Flaggschiff Magellans, die „Trinidad". Als erste ist die „capitana" ausgefahren aus San Lucar, als erste hat sie die Magellanstraße, als erste den Pazifischen Ozean durchsteuert, immer den andern voran, der verkörperte Wille ihres Führers und Meisters. Nun, da der Führer fehlt, mag sein Schiff nicht mehr weiter; wie ein treuer Hund sich nicht fortreißen läßt vom Grabe seines Herrn, so weigert sich die „Trinidad", weiterzufahren über das von Magellan gesetzte Ziel. Schon waren die Wassertonnen, schon Proviant, schon die vielen Zentner Gewürz an Bord geschafft gewesen, schon ist die Flagge des heiligen Jago gehißt mit der Inschrift: „Dies sei das Zeichen unserer glücklichen Heimkehr", schon hatte man die Segel gespannt, da stöhnt das alte morsche Schiff mit einmal auf und kracht in den Fugen. Wasser strömt ein, ohne daß man das Leck finden kann, und eiligst muß man die schwere Last ausladen, um das Wrack noch an den Strand zu retten. Aber Wochen und Wochen wird es dauern, den Schaden zu beheben, und so lange darf das andere Schwesterschiff, das einzig übriggebliebene der einstigen Armada, nicht mehr warten; nun, da der Ostmonsum so günstig weht, ist es Zeit, höchste Zeit, im dritten Jahr endlich dem Kaiser die Botschaft zu überbringen, daß Magellan sein Versprechen um den Preis seines Lebens eingelöst und die herrlichste Tat in der Geschichte der Seefahrt unter spanischer Flagge vollbracht hat. Einmütig wird beschlossen, daß die „Trinidad" versuchen möge, nach ihrer Wiederherstellung den Pazifischen Ozean zurückzuüberqueren, um bei Panama das überseeische Spanien zu erreichen, während die „Victoria", die günstigen Winde nutzend, sogleich nach Westen durch den Indischen Ozean nach Hause steuern soll.

Die Kommandanten der beiden Schiffe, die jetzt sich gegenüberstehen, um nach zweieinhalbjähriger Gemeinsamkeit für immer Abschied zu nehmen –

Gomez de Espinosa und Sebastian del Cano –, sind schon einmal in entscheidender Stunde einander gegenübergestanden. In jener Schicksalsnacht der großen Meuterei in Port Julian war der damalige Waffenmeister Gomez de Espinosa der treueste Helfer Magellans gewesen; sein verwegener Dolchstoß hatte die „Victoria" zurückerobert und damit die Weiterfahrt gerettet. Sebastian del Cano wiederum, damals noch ein junger baskischer Sobresaliente, hatte in jener Nacht auf Seiten der Meuterer gestanden; unter seiner tätigen Mithilfe hatten die andern Rebellen den „San Antonio" überwältigt. Dankbar hatte Magellan den getreuen Gomez de Espinosa belohnt, nachsichtig den verräterischen del Cano begnadigt. Wäre das Schicksal gerecht, es müßte jetzt Espinosa, der den Triumph von Magellans Idee gesichert, wählen, um Magellans Tat ruhmreich zu vollenden. Aber mehr großmütig als gerecht, entscheidet das Los für den Unverdienten. Und während Espinosa mit den Schicksalsgenossen der „Trinidad" nach unsäglichen Irrfahrten und Leiden ruhmlos zugrunde gehen wird und vergessen bleiben von der undankbaren Geschichte, krönen die Sterne gerade jenen, der die Tat Magellans verhindern wollte, den einstigen Aufrührer wider den Admiral, Sebastian del Cano, mit ihrem irdischen Widerglanz: der Unsterblichkeit.

Ergreifender Abschied am andern Ende der Erde: siebenundvierzig Männer, Offiziere und Matrosen, sollen die Fahrt in die Heimat mit der „Victoria" antreten, einundfünfzig mit der „Trinidad" auf Tidore zurückbleiben. Bis zur Abfahrtsstunde verweilen die Zurückbleibenden an Bord mit ihren Kameraden, noch einmal sie zu umarmen, ihnen Briefe, ihnen Grüße mitzugeben in die Heimat – zweieinhalb Jahre gemeinsamer Mühsal haben längst die aus allen Sprachen und Rassen zusammengeschüttelte Mannschaft der einstigen Armada zu einer unlösbaren Einheit verbunden. Kein Zwist, keine Zwietracht kann sie mehr trennen. Als die „Victoria" endlich die Anker hebt, wollen die Zurückbleibenden noch immer, noch immer nicht Abschied nehmen. Auf Booten und malaiischen Praus rudern sie dem langsam wegsteuernden Schiffe zur Seite, noch einmal einander zu sehen, noch einmal, irgend etwas Herzliches hinüberzurufen. Erst als der Abend niedersinkt und ihnen die Arme ermüden, wenden sie die Boote, und zum Abschied rollt eine Artilleriesalve als letzter Gruß der Brüder zum Strande hinüber. Und dann beginnt die „Victoria", das letzte übriggebliebene Schiff der Flotte Magellans, ihre unvergeßliche Fahrt.

Diese Heimfahrt des ausgeleierten, auf seiner zweieinhalbjährigen rastlosen Reise überalterten kleinen Segelschiffs um die halbe Erde gehört zu den großen Heldentaten der Seefahrt; ruhmreich hat del Cano sein Vergehen an Magellan wettgemacht, indem er den Willen des toten Führers verwirklicht. Auf den ersten Blick scheint die ihm gestellte Aufgabe, ein Schiff von den Molukken nach Spanien zu steuern, nicht so sonderlich schwer. Denn vom malaiischen Archipel fahren seit der Jahrhundertwende schon regelmäßig portugiesische Flotten jahraus und jahrein mit den Monsunen nach Portugal und im Pendelverkehr zurück; eine Indienreise, vor einem Jahrzehnt unter Albuquerque und Almeida noch ein Vorstoß ins Unbekannte, erfordert jetzt nur mehr die Kenntnis des genau abgesteckten Wegs, und im Notfall findet ein Kapitän an jeder Landungsstelle in Indien und Afrika, auf Malacca, Mozambique und Kap Verde portugiesische Faktoren, Piloten und Beamte, an jeder Station ist Proviant und Ersatzmaterial vorbereitet. Aber die immense Schwierigkeit, die del Cano zu bemeistern hat, besteht darin, daß er diese portugiesischen Retablierungsstationen nicht nur nicht benützen darf, sondern daß er ihnen sogar im allerweitesten Bogen ausweichen muß. Denn zu Tidore haben die Leute Magellans durch einen geflüchteten Portugiesen erfahren, daß König Manoel Auftrag gegeben hat, jedes der Schiffe Magellans abzufangen und die Mannschaft als Piraten gefangenzusetzen – in der Tat ist ihren unseligen Kameraden der „Trinidad“ dieses grausame Schicksal nicht erspart geblieben. Del Cano obliegt also die Aufgabe, mit seinem alten, wurmstichigen, ausgefahrenen und vollgeladenen Segelschiff, von dem vor fast drei Jahren im Hafen von Sevilla schon der Konsul Alvarez erklärte, er würde sich damit nicht bis zu den Kanarischen Inseln wagen, nicht mehr und nicht minder, als den ganzen Indischen Ozean auf einen Zug zu durchmessen und dann noch das Kap der Guten Hoffnung und dann noch ganz Afrika zu umfahren, ohne ein einziges Mal zu landen – ein Wagnis, das man auf der Karte anblicken muß, um die Aufgabe in ihrer ganzen Großartigkeit zu verstehen, ein Wagnis, das selbst noch heute nach vierhundert Jahren für einen modernen, mit den raffiniertesten Maschinen ausgerüsteten Dampfer eine außerordentliche Leistung bedeuten würde.

Dieser beispiellose Löwensprung vom malaiischen Archipel bis nach Sevilla hinüber beginnt – denkwürdiger Tag – am 13. Februar 1522 von einem Hafen der Insel Timor. Noch einmal hat del Cano Nahrungsmittel und Wasser gefrachtet, noch einmal, der Vorsichtslehre seines toten Meisters eingedenk, das Schiff von Grund auf kalfatert und überholt, ehe er es für Monate und Monate Wind und Wellen zum pausenlosen Spiele gibt. In den ersten Tagen fährt die „Victoria“ noch an Inseln vorbei, von fern grüßt sie tropisches Grün und die Konturen von ragenden Bergen. Aber die Jahreszeit ist zu vorgeschritten, um irgendwo zu rasten, und del Cano muß den Ostwind nützen; ohne zu landen, segelt die „Victoria" an all diesen verlockenden Eilanden vorüber, sehr zum Schmerz des unersättlich neugierigen Pigafetta, der noch immer nicht genug „wunderbare Dinge" gesehen. Aus Langeweile vertreibt er sich die Zeit, indem er sich von den mitgenommenen Eingeborenen (neunzehn neben den nur mehr siebenundvierzig Europäern der Besatzung) Bericht über jene vorüberdämmernden Inseln geben läßt, und die braunen Leute erzählen ihm die schönsten Märchen aus Tausendundeine Nacht. Auf jenem Eiland dort drüben wohnten Menschen, die nicht größer seien als eine Spanne, aber ihr Ohr sei so lang wie sie selber und beim Schlaf diene ihnen das eine als Unterbett und mit dem andern deckten sie sich zu. Auf diesem Inselchen wiederum hausten nur Frauen, und nie dürfe ein Mann es betreten. Dennoch aber würden sie schwanger, und zwar durch den Wind; alle Knaben, die sie zur Welt brächten, würden getötet und nur Mädchen am Leben gelassen und auferzogen. Aber allmählich schwinden auch die letzten Inseln im blauen Dunst, den die Malaien dem guten Pigafetta vormachen, und nur der offene Ozean umfängt das Schiff mit seinem peinigend gleichen Blau. Wochen- und wochenlang, während sie in leerem Lauf den Indischen Ozean durchqueren, sehen die Seefahrer nichts als Himmel und Meer in grauenhafter, ermüdender Monotonie. Kein Mensch, kein Schiff, kein Segel, kein Laut, immer nur blau, blau, blau und leer, leer, leer die endlose Fläche.

Keinen fremden Laut hören sie, kein fremdes Gesicht schauen sie in all diesen Wochen und Wochen. Aber plötzlich taucht aus der verborgenen Tiefe des Schiffs das alte wohlbekannte Gespenst auf, hohläugig und fahl, der Hunger. Der Hunger, ihr furchtbar treuer Begleiter auf dem Pazifischen Ozean, der unbarmherzige Marterer und Mörder alter vertrauter Kameraden, er muß sich wieder heimlich an Bord geschlichen haben, denn mitten unter ihnen steht er jetzt, höhnisch und gierig, und grinst in ihre verstörten Gesichter. Eine unvorhergesehene Katastrophe hat sich ereignet, die alle Berechnungen del Canos zerstört. Seine Leute haben zwar für fünf Monate Nahrungsmittel an Bord geschafft, vor allem viel Fleisch. Aber auf Timor fanden sie kein Salz, und in der sengenden Hitze der indischen Sonne beginnt das unzulänglich eingepökelte Fleisch zu faulen; um vor dem pestilenzialischen Gestank des zerquellenden Aases sich zu retten, müssen sie den ganzen Vorrat ins Meer werfen. Und nun bleibt nur Reis als Nahrung, Reis und Wasser, Wasser und Reis, Reis und Wasser, Wasser und Reis, und immer weniger Reis und immer weniger und immer stockigeres Wasser Woche für Woche. Neuerdings bricht Skorbut aus, abermals beginnt das Sterben unter der Mannschaft. So fürchterlich wird anfangs Mai die Not, daß ein Teil der Leute darauf drängt, lieber Kurs auf das nahe Mozambique zu nehmen und den Portugiesen dort das Schiff auszuliefern, statt weiterzufahren und dabei erbärmlich zu verhungern.

Aber mit dem Kommando ist auch unsichtbar der eherne Wille Magellans an den einstigen Meuterer übergegangen. Derselbe del Cano, der damals als Untergebener den Kommandanten zum Rückzug nötigen wollte, fordert als Kommandant nun von seinen Leuten den letzten, den äußersten Mut, und es gelingt ihm, sie seinem Willen zu beugen. „Ma inanti determinamo tutti morir che andar in mano dei portoghesi" – „Wir beschlossen, lieber zu sterben, als uns den Portugiesen in die Hand zu geben", wird er später stolz dem Kaiser berichten können. Eine versuchte Landung an der afrikanischen Ostküste erweist sich als vergeblich; sie finden weder Wasser noch Früchte in dem kahlen Land; ohne Linderung für ihre mörderische Not müssen sie die fürchterliche Fahrt wieder aufnehmen. Am Kap der Guten Hoffnung – unwillkürlich nennen sie es mit dem alten Namen Cabo tormentoso – springt tollwütig ein Sturm sie an, der ihnen den Vormast wegreißt und den Hauptmast zerspellt. Mühsam flicken die schwer übermüdeten, vor Erschöpfung schon taumelnden Matrosen den Schaden wieder leidlich zusammen; schwer, langsam und stöhnend schleppt das Schiff sich wie ein Verwundeter weiter die afrikanische Küste nach Norden empor. Nicht aber in Sturm und nicht in der Windstille, nicht bei Tag und nicht bei Nacht läßt der fürchterliche Peiniger von ihnen, höhnisch grinst das graue Gespenst des Hungers sie an – höhnisch, denn diesmal hat es noch eine neue, eine teuflischere Marter dazu ersonnen. Nicht wie damals, als die Weltfahrer den Pazifischen Ozean durchsteuerten, sind die Schiffskammern leer bis auf die letzte Krume – nein, diesmal ist der Schiffsbauch voll bis zum Rand. Siebenhundert Zentner Gewürz schleppt die „Victoria" mit sich, siebenhundert Zentner – genug also, um hunderttausenden und Millionen Menschen die üppigste Mahlzeit zu würzen – Spezereien hätte die hungernde Mannschaft in Hülle und Fülle. Aber kann man mit verdorrten Lippen Pfefferkörner beißen, kann man beizenden Zimt oder Muskatblüte schlingen statt Brot? Wie es grauenhafteste Ironie ist, auf dem Meer zu verdursten, höhnisch umgeben von unendlichen Wassermassen, so wird es an Bord der „Victoria" zur diabolischesten Qual in der Qual, inmitten eines Bergwerks von Spezereien elend zu hungern, elend zu verhungern. Jeden Tag wirft man andere ausgedörrte Menschenleichen über Bord. Einunddreißig Spanier von den siebenundvierzig und drei von den neunzehn Eingeborenen sind im ganzen noch übrig, als das müde Schiff sich endlich nach fünfmonatlicher ununterbrochener Fahrt am 9. Juli den Kap Verde-Inseln nähert.

Kap Verde ist portugiesische Kolonie und die Niederlassung Santiago ein portugiesischer Hafen. Hier Anker werfen, heißt eigentlich, den Rivalen, den Feinden sich gebunden überliefern, heißt kapitulieren einen Schritt vor dem Ziel. Aber die Rationen reichen höchstens noch für zwei oder drei Tage; der Hunger läßt keine andere Wahl, als einen kühnen Betrug zu wagen. Del Cano beschließt, ihn zu versuchen und die Portugiesen zu täuschen darüber, mit wem sie es zu tun hätten. Aber feierlich nimmt er, ehe er ein paar Leute in einem Boot ans Land setzt, um Nahrungsmittel zu kaufen, der Mannschaft den Eid ab, mit keinem Wort den Portugiesen zu verraten, daß sie der letzte verlorene Haufe von Magellans Flotte seien und den Weg um die Welt gemacht hätten. Eine Fabel wird den Matrosen vorgeschrieben, zu erzählen: ein Sturm habe ihr Schiff aus Amerika, also dem spanischen Hoheitsgebiet, herübergetrieben, und der zerspellte Mast, der fürchterliche Zustand des Wracks machen glücklicherweise das Märchen wahrscheinlich. Ohne viel zu fragen, ohne Beamte zur Überprüfung an Bord zu senden, nehmen die Portugiesen aus Seemannskameradschaft das herangeruderte Boot gastfreundlich auf. Sie schicken den Spaniern sofort Wasser und frische Lebensmittel hinüber, einmal, zweimal, dreimal kehrt mit reichlichem Proviant das Boot vom Ufer zurück. Schon scheint die List völlig gelungen; die Rast und noch mehr die langentbehrte Kost von Fleisch und Brot haben die Mannschaft erfrischt, und beinahe schon sind die Vorräte hinreichend aufgebessert, um damit Sevilla zu erreichen. Nur einmal; nur ein letztes Mal noch sendet darum del Cano das Boot nach einer letzten Ladung von Reis und Früchten – dann weiter und wahrhaft Victoria! Victoria! Aber sonderbar! Das Boot kehrt diesmal nicht zurück. Sofort ahnt del Cano, was geschehen ist. Einer der Matrosen muß am Lande unvorsichtig geschwätzt oder versucht haben, etwas Gewürz gegen den langentbehrten Branntwein zu verkaufen; daran haben die Portugiesen das Schiff ihres Erzfeindes Magellan erkannt. Schon merkt del Cano, daß man am Strande ein Fahrzeug bereit macht, um das ihre zu kapern. Nur entschlossene Verwegenheit kann die Reise jetzt retten. Lieber die andern am Ufer zurücklassen! Nur nicht sich abfangen lassen eine Handbreit vor dem Ziel! Nur verwegen bleiben nach Erfüllung der kühnsten Seefahrt, welche die Geschichte kennt! Obwohl die „Victoria" nur achtzehn Mann an Bord hat, wahrscheinlich zu wenig, um das lecke Schiff bis nach Spanien zu steuern, läßt del Cano hastig die Anker heben und Segel setzen. Es ist eine Flucht. Aber eine Flucht in den großen, den entscheidenden Sieg.

Jedoch so kurz und gefährlich der Aufenthalt auf Kap Verde gewesen, gerade hier ist es Pigafetta, dem wackeren Chronisten, im letzten Augenblicke gelungen, eines der Wunder, um derentwillen er ausgefahren, endlich zu erleben; denn in Kap Verde beobachtet er als erster ein Phänomen, das in seiner Neuheit und Wichtigkeit seine ganze Zeit erregen und beschäftigen wird. Die Mannschaft, die ans Ufer gerudert war, um Lebensmittel zu kaufen, bringt erstaunt die Nachricht mit, zu Lande sei es Donnerstag, während man am Schiff ihnen doch versichert habe, es sei Mittwoch. Pigafetta wundert sich sehr, denn Tag für Tag während der fast dreijährigen Reise hat er genau Tagebuch geführt. Ohne je zu unterbrechen, hat er weitergezählt, Montag, Dienstag, Mittwoch, die ganze Woche, die ganzen Jahre entlang – sollte er einen Tag übersehen haben? Er fragt Alvo, den Piloten, der gleichfalls in seinem Logbuch jeden Tag verzeichnet, und siehe, auch bei ihm ist es erst Mittwoch! Immer westwärts steuernd, muß den Weltumseglern auf unerklärliche Weise ein Tag aus dem Kalender gerutscht sein, und die Mitteilung Pigafettas über dies sonderbare Phänomen erstaunt die ganze gebildete Welt. Ein Geheimnis ist erschlossen, das weder die Weisen Griechenlands, das weder Ptolemäus noch Aristoteles zu ahnen vermochten und das erst Magellans Antrieb aufgedeckt; endgültig ist nun, was Heraklit von Pontus etwa 400 Jahre vor Christus als Hypothese aufgestellt, durch eine exakte Beobachtung erwiesen: daß die Erdkugel nicht starr im Weltraum ruht, sondern in regelmäßigem Rhythmus um die eigene Achse schwingt, und daß, wer westwärts steuernd ihr folgt auf ihrem rollenden Lauf, der Unendlichkeit Zeit abgewinnen kann. Diese neue Erkenntnis, daß in verschiedenen Weltteilen Zeit und Stunde verschieden sind, erregt die Humanisten des sechzehnten Jahrhunderts etwa so wie unsere heutige Welt die Relativitätstheorie. Peter Martyr läßt sich sofort von einem „weisen Mann" das Phänomen erklären und berichtet es an Kaiser und Papst; und so hat, während die andern nur Scheffel von Gewürz, gerade der kleine Rhodosritter das Kostbarste auf Erden als Gewinn von dieser Reise heimgebracht: eine neue Erkenntnis!

Aber noch ist das Schiff nicht daheim. Noch schleppt sich mit stöhnenden Gelenken, langsam, müde und morsch die „Victoria" mit letzter Kraft durch die Flut. Von all den Kameraden, mit denen sie von den Gewürzinseln abgefahren, sind nur mehr achtzehn an Bord, statt hundertundzwanzig Händen arbeiten bloß sechsunddreißig, und gerade jetzt täten kräftige Fäuste not! Denn knapp vor dem Ziel droht noch eine Katastrophe. Die altersschwachen Schiffsplanken schließen nicht mehr zusammen, ununterbrochen sickert Wasser durch die immer weiter klaffenden Fugen. Erst versucht man es mit einer Pumpe. Sie reicht nicht aus. Eigentlich müßte man jetzt etwas von den siebenhundert Zentnern Gewürz als Ballast über Bord werfen, um den gefährlichen Tiefgang zu entlasten; aber del Cano will des Kaisers Gut nicht verschwenden. An zwei Pumpen löst sich Tag und Nacht die abgemüdete Mannschaft ab, schwerste Verbrecherarbeit dies, doch gleichzeitig wollen noch die Segel gerafft, das Steuer geführt, der Ausguck besetzt und hunderterlei tägliche Arbeit getan sein. Allmählich wird es den Erschöpften zuviel. Wie Traumwandler taumeln und wanken die Matrosen, die seit Nacht und Nächten keinen Schlaf mehr kennen, an ihre Posten – „tanto debili quanto mai uomini furono", „so müde waren sie", schreibt del Cano an den Kaiser, „wie nie noch Menschen waren".

Und doch muß jeder doppelten, dreifachen Dienst tun. Und sie tun ihn mit letzten, schon versagenden Kräften, denn nah und näher kommt das Ziel. Am 13. Juli sind sie abgefahren, die achtzehn Helden, von Kap Verde: endlich am 4. September 1522 (bald werden es drei Jahre sein, daß sie die Heimat verlassen) hallt ein heiserer Jubelschrei vom Mastkorb: einer hat Kap Vincent erspäht. Am Kap Vincent endet für uns die europäische Erde, aber für sie, die Weltfahrer, beginnt hier Europa, beginnt hier die Heimat. Langsam steigt der schroffe Fels aus der Flut und zugleich in ihren Herzen der Mut. Vorwärts! Vorwärts! Nur mehr zwei Tage, zwei Nächte sind noch zu bestehen! Nur mehr zwei Nächte und ein Tag! Nur eine Nacht und ein Tag! Nur eine Nacht mehr, eine einzige Nacht. Und endlich – alle stürzen auf Deck und drängen sich schauernd vor Glück zusammen – ein silberner Streifen mitten im Land, der Guadalquivir, der bei San Lucar de Barrameda in das Meer einmündet. Hier sind sie vor drei Jahren unter Magellans Führung, fünf Schiffe und zweihundertfünfundsechzig Mann, ausgefahren. Und nun steuert ein einziges kleines Schiff heran, wirft Anker am gleichen Strande, und achtzehn Mann taumeln heraus, fallen ungelenk in die Knie und küssen die harte, die gute, die feste heimische Erde. Die größte Tat der Seefahrt aller Zeiten ist an diesem 6. September des Jahres 1522 zu Ende getan.

Del Canos erste Pflicht, kaum daß er das Ufer betreten, ist, einen Brief mit der großen Kunde an den Kaiser abzusenden. Unterdes greifen seine Leute mit gierigen Händen nach dem warmen, frischen Brot, das man ihnen gastlich bietet: seit Jahren haben sie diese weiche gute Krume nicht in den Fingern gefühlt, seit Jahren den Wein, das Fleisch, die Früchte der heimischen Erde nicht mehr geschmeckt. Erschüttert starren die andern sie an, als wären sie vom Hades heimgekehrt, und wollen das Wunderbare nicht glauben. Aber kaum haben sie sich gelabt, fallen die Übermüdeten schon hin auf die Matten und schlafen, schlafen die ganze Nacht, schlafen zum erstenmal wieder sorglos seit Jahren und Jahren, zum erstenmal wieder das Herz an das Herz der Heimat gepreßt. Am nächsten Morgen schleppt ein anderes Boot die „Victoria", das sieghafte Schiff, den Guadalquivir stromaufwärts nach Sevilla – sie selbst hat nicht mehr die Kraft, nachdem sie um die Welt gefahren, sich die Strömung empor zu kämpfen. Staunend blickt und ruft man von den begegnenden Barken und Booten; niemand besinnt sich des Schiffs mehr, das vor Jahren in die Ferne gefahren, längst hat Sevilla, hat Spanien, hat die Welt Magellans Flotte versunken und verloren gemeint, und siehe, da arbeitet sich mühsam und doch stolz das sieghafte Schiff dem Triumph entgegen! Endlich leuchtet von fern die Giralda, der weiße Glockenturm – Sevilla! Sevilla! Schon winkt der Strand, der porto de las Muelas, von wo sie ausgefahren. An die Bombarden, befiehlt del Cano: es ist der letzte Befehl dieser Reise! Und schon rollt breit eine Salve hin über den Fluß. So haben mit eisernem Munde sie Abschied genommen vor drei Jahren von der Heimat. So haben die Kanonen feierlich die neuentdeckte Straße Magellans gegrüßt, so den unbekannten Pazifischen Ozean. So haben sie Triumph gerufen, als sie den unbekannten Archipel der Philippinen gewahrten, so mit donnerndem Jubel die getane Pflicht gemeldet, als sie Magellans gebotenes Ziel, die Inseln der Gewürze, erreichten. So haben sie die Kameraden zum Abschied gegrüßt in Tidore, da sie das Schwesterschiff zurücklassen mußten in der mörderischen Ferne. Aber nie haben ihre erzenen Stimmen so hell und so jubelnd geklungen wie jetzt, da sie künden: „Wir sind zurück! Wir haben vollbracht, was vor uns keiner getan! Wir haben als erste Menschen aller Zeiten die Welt umrundet!"

## Die Toten behalten unrecht

Ungestüm versammelt sich die Menge am Strande von Sevilla, um (wie Oviedo schreibt) „dieses einzige und hochberühmte Schiff zu bestaunen, dessen Fahrt die wunderbarste Sache und das größte Geschehnis darstellte, das jemals gesehen ward, seit Gott den ersten Menschen und die Welt geschaffen". Erschüttert starren die Bürger, wie die achtzehn Männer die „Victoria" verlassen, wie sie, wandernde, wankende Skelette, einer nach dem andern schwanken Schritts das Land betreten, wie schwach, wie ausgemergelt, wie müde, wie krank, wie erschöpft sie vorwärtstaumeln, diese namenlosen Helden, jeder gealtert um ein Jahrzehnt in jenen drei unendlichen Jahren. Jubel und

Mitleid umfängt sie zugleich: man bietet ihnen Zehrung, man lädt sie in die Häuser, man drängt sie, zu erzählen, zu erzählen, zu erzählen von ihren Abenteuern und Leiden. Aber die Heimgekehrten lehnen ab. Später, später dies alles! Jetzt nur die erste Pflicht erfüllen, das Gelöbnis einlösen, das sie in höchster Todesnot geleistet: den Bußgang zur Kirche Santa Maria de la Victoria und Santa Maria Antigua! Ehrfürchtig schweigend bildet das Volk frommes Spalier, um zuzusehen, wie diese achtzehn Übriggebliebenen barfuß und im weißen Sterbehemde, jeder eine brennende Kerze in der Hand, der Kirche zuschreiten, um Gott an der Stelle, wo sie Abschied genommen, für die unverhoffte Gnade zu danken, daß er sie aus solcher Bedrängnis errettet und heimkehren ließ in die Heimat. Wieder braust die Orgel, wieder hebt der Priester im Dunkel der Kathedrale über die Hingeknieten die Monstranz wie eine kleine strahlende Sonne. Nachdem sie dem Allmächtigen und seinen Heiligen Dank für die eigene Rettung gesagt, sprechen die Matrosen vielleicht auch noch ein Totengebet für alle die Brüder und Kameraden, mit denen sie hier vor drei Jahren gemeinsam hinknieten im Gebet. Denn wo sind sie, die damals aufblickten zu Magellan, ihrem Admiral, da er die damastene Fahne entfaltete, vom König ihm verliehen und vom Priester gesegnet? Ertrunken im Meer, ermordet von den Indios, verhungert, verdurstet, verschollen oder gefangen. Nur sie allein, nur sie hat das Schicksal in unerforschlicher Wahl auserlesen zum Triumph, nur sie gesegnet. Und so sprechen die Achtzehn mit leisen und zuckenden Lippen gemeinsam das Totengebet für den gefallenen Führer und die zweihundert Toten der Armada.

Mit feurigen Schwingen stürmt unterdes die Nachricht ihrer glücklichen Heimkehr über ganz Europa hin, zuerst maßloses Staunen erweckend und dann maßlose Bewunderung. Seit der Fahrt des Columbus hat kein Ereignis ähnlich die zeitgenössische Welt begeistert. Nun ist alle Unsicherheit zu Ende. Der Zweifel, dieser grimmigste Feind alles menschlichen Wissens, ist im geographischen Felde besiegt. Seit ein Schiff vom Hafen von Sevilla ausfuhr und in gerader Fahrt wieder in den Hafen von Sevilla zurückkehrte, ist unwiderleglich bewiesen, daß die Erde ein runder rotierender Ball ist und ein einziges verbundenes Meer alle Meere. Endgültig ist die Kosmographie der Griechen und Römer überflügelt, ein für allemal der Einspruch der Kirche und die einfältige Fabel von den Antipoden, die auf den Köpfen gehen, abgetan. Festgestellt ist für alle Zeiten die Weite des Erdumfangs, und damit endlich gewisses Maß des irdischen Kosmos gewonnen; noch können, noch werden andere kühne Entdecker manche Einzelheit im Erdbild ergänzen, aber die Grundform ist durch Magellan gegeben, unverändert bis auf den heutigen Tag und alle kommenden Tage. Ein abgegrenztes Revier ist nun die Erde, und die Menschheit hat es sich erobert. Glorreich erhebt sich mit diesem historischen Tage der Stolz der spanischen Nation. Unter ihrer Flagge hat Columbus das Werk der Weltentdeckung begonnen, unter ihrer Flagge Magellan es vollendet: ein einziges Vierteljahrhundert hat die Menschheit mehr über ihre Wohnstatt gelehrt als tausende und tausende Jahre vorher. Und unbewußt fühlt die Generation, die beglückt und berauscht diese Wandlung im Raum eines einzigen Lebensalters miterlebt: eine neue Zeit, die Neuzeit, hat begonnen.

Allgemein ist die Begeisterung über die große geistige Errungenschaft dieser Reise. Sogar die kommerziellen Unternehmer, welche die Flotte ausgerüstet haben, die Casa de Contratacion und Christopher de Haro, können guter Laune sein. Schon hatten sie die acht Millionen Maravedis, welche für die fünf Schiffe ausgelegt worden waren, in den Rauchfang geschrieben, und nun plötzlich löst dies eine heimgekehrte Schiff nicht nur alle Rechnungen ein, sondern bringt noch unvermuteten Überschuß. Die fünfhundertzwanzig „Quintals" (ungefähr sechsundzwanzig Tonnen) Gewürze, welche die „Victoria" von den Molukken heimgebracht, ergeben einen blanken Gewinn von etwa fünfhundert Golddukaten über die Kosten; die eine Schiffsladung hat voll den Verlust der vier andern Schiffe entschädigt – eine Rechnung freilich, in welcher der Verlust von zweihundert Menschenleben mit Null eingesetzt ist.

Nur ein Dutzend Männer im ganzen Weltall fühlen das Herz plötzlich vor Schrecken stocken, da sie die Nachricht vernehmen, ein Schiff von Magellans Armada habe die Welt umrundet und sei glücklich heimgekehrt. Es sind die meuterischen Kapitäne und ihr Pilot, die mit dem „San Antonio" desertiert und ein Jahr früher in Sevilla gelandet waren; wie Totengeläut klingt ihnen die freudige Botschaft in die Ohren. Längst hatten sie sich schon in der Hoffnung gewiegt, niemals werde dieser gefährliche Zeuge und Ankläger nach Spanien zurückkehren, offen hatten sie im Gerichtsprotokoll den kühnen Argonauten den Totenschein ausgestellt („al juicio y parecer que han venido no volverá a Castilla el dielo Magellanes"). Mit solcher Sicherheit hatten sie angenommen, Schiffe und Mannschaften faulten längst auf dem Grunde des Ozeans, daß sie sich ihrer Rebellion unbekümmert als eines patriotischen Akts vor der königlichen Untersuchungskommission rühmten und sorgfältig dabei verschwiegen, daß Magellan die Durchfahrt in dem kritischen Augenblick schon gefunden hatte, da sie ihn verließen. Nur von einer „Bucht" erzählten sie etwas, in die sie eingefahren wären („entraron in una bahia"), und daß der von Magellan gesuchte Weg zwecklos und ohne Vorteil sei („inutil e sin prorecho“). Um so gründlicher klagen sie aber den Abwesenden an. Er habe die Vertrauensleute des Königs heimtückisch ermordet, um die Flotte den Portugiesen in die Hände zu spielen, und ihr eigenes Schiff hätten sie nur retten können, indem sie sich des eingeschmuggelten Vetters Mesquita bemächtigten.

Ganz hatte das königliche Gericht der Aussage der Meuterer freilich nicht Glauben geschenkt und mit anerkennenswerter Unparteilichkeit beide Teile für verdächtig erklärt. Sowohl die meuterischen Kapitäne und Piloten als auch der getreue Mesquita wurden gefangengesetzt, gleichzeitig aber auch der Frau Magellans – noch wußte sie nicht, daß sie seine Witwe war – verboten, die Stadt zu verlassen. Man solle abwarten, hatte das königliche Gericht beschlossen, bis die andern Schiffe und der Admiral als Zeugen zurückkehrten; als aber ein Jahr verging und fast ein zweites ohne Botschaft von Magellan, war den Meuterern das Herz wieder fest geworden. Doch mörderisch donnern die Salutschüsse, welche die Heimkehr eines Magellanschiffs melden, ihnen nun ins Gewissen. Jetzt sind sie verloren. Magellan ist seine Tat gelungen, fürchterlich wird er Rache nehmen an jenen, die gegen Eid und Seerecht ihn feige verlassen und seinen Kapitän meuterisch in Fesseln gelegt.

Welches Aufatmen aber dann, da sie erfahren, Magellan sei tot. Der Hauptankläger ist stumm. Und noch sicherer fühlen sie sich, sobald sie vernehmen, del Cano habe die „Victoria“ heimgeführt. Del Cano – das ist ja ihr Komplice, ihr Mitmeuterer gewesen in jener Nacht von Port San Julian! Ach, der wird, der kann sie nicht anklagen eines Vergehens, das er selber begangen. Nicht gegen sie, nur für sie wird er Zeugenschaft leisten. Gesegnet darum Magellans Tod, gesegnet del Canos Zeugenschaft! Und sie behalten recht; zwar wird Mesquita aus dem Kerker entlassen und sogar entschädigt. Aber sie selbst gehen dank del Canos Hilfe straflos aus, und ihre Revolte bleibt vergessen in der allgemeinen Freude; immer behalten die Lebenden recht gegen die Toten.

Unterdes hat der Eilbote del Canos die Nachricht der glücklichen Heimkehr in das Schloß von Valladolid gebracht. Kaiser Karl ist eben aus Deutschland zurückgekehrt; von einem welthistorischen Augenblick schreitet er jetzt zum andern. Auf dem Reichstag zu Worms hat er mitangesehen, wie durch Luthers entschlossene Hand die geistige Einheit der Kirche für immer zerrissen wurde; hier erfährt er, daß gleichzeitig ein anderer Mann das Weltbild neu umgeschaffen und mit dem Opfer seines Lebens die räumliche Einheit der Ozeane erwiesen. Ungeduldig, mehr von der ruhmreichen Tat zu erfahren –

denn an dieser Tat hat er persönlich mitgewirkt und sie ist vielleicht der vollkommenste, der dauerhafteste Triumph, den er erlebt –, sendet der Kaiser noch am gleichen Tage, am 13. September, an del Cano den Befehl, eiligst mit zwei seiner bewährtesten und intelligentesten Leute („las mas cuerdas y de mejor razon") zu Hofe zu kommen und ihm alle Schriften mitzubringen, die sich auf die Reise bezögen.

Die beiden Leute, die Sebastian del Cano nach Valladolid mitnimmt, dürften tatsächlich die bewährtesten, nämlich Pigafetta und der Pilot Alvaro, gewesen sein; dunkler dagegen erscheint del Canos Verhalten gegenüber dem andern Wunsch des Kaisers, ihm alle Papiere der Flotte einzuhändigen. Ein gewisser Verdacht beschattet hier seine menschliche Haltung, denn nicht eine einzige Zeile von Magellans Hand hat del Cano übermittelt (das einzige von Magellan gefertigte Dokument während der Fahrt dankt seine Erhaltung dem Umstand, daß es mit der „Trinidad" in die Hände der Portugiesen fiel). Nun kann man kaum ernstlich bezweifeln, daß Magellan, dieser exakte, pflichtfanatische Mann, im Bewußtsein der Wichtigkeit seiner Mission ein regelmäßiges Tagebuch geführt hat; nur eine eifersüchtige Hand kann es heimlich vernichtet haben. Wahrscheinlich schien es doch all jenen, die sich während der Reise gegen ihren Führer aufgelehnt hatten, allzu gefährlich, daß der Kaiser unparteiische Kunde von jenen üblen Vorgängen erhalten könne; so verschwindet mysteriös nach Magellans Tode jede Zeile von seiner Hand, und nicht minder merkwürdig verliert sich jenes große Tagebuch, das Pigafetta geführt und dessen eigenhändiges Original er dem Kaiser bei diesem Anlaß persönlich übergeben („Fra le altre cose li detti uno libro, scritto de mia mano, de tutte le cose passate de giorno in giorno nel viaggio nostro"). Denn dieses Originaltagebuch kann auf keinen Fall mit der späteren, uns bekannten Reisebeschreibung identisch gewesen sein, die sichtbar nur einen zusammenfassenden Auszug jenes Diariums bildet, und daß es sich tatsächlich um zwei verschiedene Bücher handelt, beweist der Bericht des mantuanischen Botschafters, der am 21. Oktober ausdrücklich von einem Tag für Tag geführten Buch Pigafettas berichtet („libro molto bello che de zorno in zorno li e scritto el viagio e paese che anno ricercato"), um dann drei Wochen später bloß einen kurzen Auszug daraus zu versprechen („un breve extracto o summario del libro che hano portato quelli de le Indie") – also genau das, was wir als Pigafettas Bericht heute kennen, der nur unzulänglich durch die Aufzeichnungen der verschiedenen Piloten sowie den Brief Peter Martyrs und Maximilian Transsylvanus' ergänzt wird. Aus welchen Gründen dies eigenhändige Tagebuch Pigafettas so spurlos verschwunden ist, können wir nur vermuten; offenbar sollte nachträglich alles abgedunkelt werden, was über den Widerstand der spanischen Offiziere gegen den Portugiesen Magellan berichtete, um den Triumph del Canos, des baskischen Edelmanns, heller ins Licht zu setzen. Auch hier hat wie so oft in der Geschichte nationale Eitelkeit über die Gerechtigkeit obgesiegt.

Dieses bewußte In-den-Hintergrund-Stellen Magellans scheint schon den treuen Pigafetta schwer verstimmt zu haben. Er spürt, daß hier mit vertauschten Gewichten gewogen wird. Immer belohnt ja die Welt nur den Letzten, den Glückgetragenen, der eine Tat vollendet, und vergißt alle jene, die sie aus ihrem Geist und Blut vorausgestaltet und ermöglicht haben. Diesmal aber ist die Verteilung besonders und geradezu aufreizend ungerecht. Gerade derjenige, welcher Magellans Tat im entscheidenden Augenblicke verhindern wollte, der einstige Meuterer wider Magellan, Sebastian del Cano, scheffelt allen Ruhm, alle Ehren, alle Würden ein. Ein früheres Delikt (um dessentwillen er auf die Flotte Magellans gewissermaßen geflüchtet war), nämlich: ein Schiff an einen Ausländer verkauft zu haben, wird feierlich als abgegolten erklärt und ihm eine Pension von fünfhundert Goldgulden lebenslänglich bewilligt. Der Kaiser erhebt ihn in den Ritterstand und verleiht ihm ein Wappen, das sinnfällig del Cano als den Vollbringer der unsterblichen Tat bezeichnet. Zwei gekreuzte Zimtstäbe mit Muskatnüssen und Gewürznelken füllen das innere Schild, und ein Helm überhöht es, der die Erdkugel trägt mit der stolzen Rundschrift „Primus circumdedisti me“, „Als erster hast du mich umfahren“. Und noch toller wird die Ungerechtigkeit durch die Belohnung jenes Estevão Gomez, der in der Magellanstraße desertiert war und in Sevilla vor Gericht erzählt hatte, man habe gar keine Durchfahrt gefunden, nur eine offene Bucht. Gerade er, Estevão Gomez, der Magellans Entdeckung so frech abgeleugnet hatte, erhält den Adelstitel für das Verdienst, „als Führer und oberster Pilot die Durchfahrt gefunden zu haben“. Aller Ruhm, alle Leistung Magellans wird boshafterweise gerade jenen zugerechnet, die am erbittertsten während der Reise sein Lebenswerk zu hemmen gesucht hatten.

Pigafetta schweigt und denkt sich sein Teil. Zum erstenmal ahnt der bisher rührend gläubige, dieser wunderbar treue junge Mensch etwas von der ewigen Ungerechtigkeit, die unsere Welt erfüllt. Leise wendet er sich ab. „Me ne partii de lì al meglio potei“ – „ich machte mich so rasch als möglich davon“. Mögen die Schranzen am Hofe von Magellan schweigen, mögen Unberufene sich vordrängen, die ihm gebührende Ehrung zu empfangen – er weiß, wessen Idee, wessen Werk, wessen Verdienst diese unsterbliche Tat gewesen. Hier bei Hof kann er nicht sprechen, aber um der Gerechtigkeit willen nimmt er sich vor, den großen Vergessenen vor der Nachwelt zu rühmen. Mit keinem Worte wird er in seiner Schilderung der Heimfahrt del Canos Namen erwähnen; nur „wir fuhren", „wir beschlossen", schreibt er, um anzudeuten, daß del Cano nicht mehr als alle anderen geleistet und getan. Möge jenen Zufallsgewinner der Hof belohnen, nur Magellan gebührt der wahre Ruhm, ihm, den keine andere Ehre mehr belohnen kann. Mit ergreifender Treue stellt Pigafetta sich auf die Seite des Besiegten und zeugt mit beredtem Wort für des Verstummten Recht. „Ich hoffe", schreibt Pigafetta in der Widmung seines Buches an den Großmeister von Rhodos, „daß der Ruhm eines so großmütigen Kapitäns in unseren Zeiten nicht mehr erlöschen wird. Unter den vielen andern Tugenden, die ihn schmückten, war eine besonders bemerkenswert, daß er immer der Standhafteste von allen auch im größten Unglück geblieben ist. Er ertrug geduldiger den Hunger als jeder. Es gab keinen Mann auf der ganzen Erde, der mehr von der Wissenschaft der Karten und der Seefahrt verstand. Und daß dies wahr ist, ersieht man daraus, daß er Dinge zutage gebracht, die vor ihm niemand zu sehen oder zu entdecken gewagt."

Immer erst enträtselt der Tod das letzte Lebensgeheimnis einer Gestalt; erst in dem letzten Augenblicke, da seine Idee sich sieghaft erfüllt, wird die innere Tragik dieses einsamen Menschen offenbar, dem immer bloß verstattet war, die Last der Aufgabe zu tragen, und nie, sich ihres endlichen Gelingens zu freuen. Nur zur Tat hatte das Schicksal aus der Masse unzählbarer Millionen diesen dunklen, schweigsamen, in sich selbst vermauerten Mann gewählt, der unbeugsam bereit war, alles, was er im Irdischen besaß, und dazu noch sein Leben für diese Idee einzusetzen. Nur zur Fron rief es ihn heran, nicht zur Freude, und wie einen Taglöhner schickte es ihn ohne Dank und Gnade vom vollbrachten Werke. Andere ernten den Ruhm seines Werks, andere raffen den Gewinn, andere feiern die Feste, denn streng, wie er selbst in allemund zu allen gewesen, wollte das Schicksal wider diesen harten Soldaten sein. Nur das eine, das er mit allen Kräften seiner Seele gewollt, verstattet es ihm: den Weg um die Erde zu finden. Aber den Triumph der Heimkehr, den seligeren Teil seiner Tat, gönnt es ihm nicht mehr. Nur schauen, nur fassen darf er den Kranz des Siegs, aber da er ihn sich auf das Haupt drücken will, sagt das Schicksal „genug", und nieder schlägt es ihm die sehnsüchtig erhobene Hand.

Nur dies eine, dies einzige ist Magellan gegönnt, nur die Tat selbst, nicht ihr goldener Schatten, der zeitliche Ruhm. Nichts erschütternder darum, als in diesem Augenblicke, da sein Lebenswille Wahrheit geworden ist, Magellans

Testament noch einmal zu überlesen. Alles, was er in jener Stunde der Ausfahrt erbeten, verweigert ihm das Geschick. Nichts von dem, was er für sich und die Seinen in jener „Capitulacion" erkämpft, fallt ihm zu. Nicht eine einzige – wahrhaft und wörtlich: nicht eine einzige! – Verfügung von all jenen, die er mit soviel Vorsicht und Bedacht in seinem letzten Willen festgelegt, bewilligt nach seinem heroischen Sterben das Leben seinen Nachfahren, unbarmherzig wird jeder, auch der reinste, der frömmste Wunsch ihm verwehrt. Magellan hatte bestimmt, in der Kathedrale von Sevilla begraben zu werden – und sein Leichnam fault an fremdem Strand. Dreißig Messen wollte er gelesen wissen über seinem Sarg – statt dessen heulte um den schamlos verstümmelten Leib die Horde Silapulapus Triumph. Drei Arme sollten bekleidet werden und gespeist an seinem Begräbnistage – aber nicht ein einziger erhält Schuh und grauen Rock und Zehrung. Niemand wird berufen, nicht der geringste Bettler, um für „das Heil seiner Seele zu beten". Die Silberreale, die er dem heiligen Kreuzzug, die Almosen, die er den Gefangenen, die Stiftungen, die er den Klöstern und Siechenhäusern zugedacht, sie werden nicht ausbezahlt. Denn nichts und niemand ist da, seinen letzten Willen einzulösen, und hätten die Kameraden seine Leiche heimgebracht, es wäre kein Maravedi zur Stelle, ihr ein Sterbelinnen zu kaufen. Aber sind nicht Magellans Erben wenigstens reiche Leute? Gebührt nicht nach dem Vertrage seinen Nachfahren ein Fünftteil aller Gewinne? Ist seine Witwe nicht eine der wohlhabendsten Frauen Sevillas? Werden seine Söhne, seine Enkel und Urenkel nicht Adelantados, nicht die erblichen Gouverneure der neuentdeckten Inseln sein? Nein, niemand erbt von Magellan, denn niemand seines Bluts ist mehr am Leben, sein Erbe anzufordern. In jenen drei Jahren sind Beatrix, seine Frau, und die beiden unmündigen Söhne ihm nachgestorben – erloschen ist mit einem Schlage Magellans ganzes Geschlecht. Nicht Bruder, nicht Neffe, kein Blutsverbundener ist da, das Wappen zu tragen, keiner, keiner, keiner! Vergebens war die Sorge des Edelmanns, vergebens die Sorge des Gatten, des Vaters, vergebens der fromme Wunsch des gläubigen Christen. Einzig Barbosa überlebt ihn noch, sein Schwiegervater, aber wie muß er den Tag verfluchen, da dieser dunkle Gast, dieser „fliegende Holländer" sein Haus betreten. Er hat die Tochter genommen, und sie ist gestorben, er hat den Sohn, den einzigen, mitgeführt auf die Fahrt und nicht wieder heimgebracht. Furchtbare Atmosphäre des Unglücks um diesen einen Mann! Wer ihm Freund war und Helfer, den hat er mitgerissen in sein dunkles Geschick, wer ihm vertraute, der hat es gebüßt. Allen, die um ihn, die für ihn waren, hat seine Tat vampirisch das

Glück weggezehrt und das Leben; Faleiro, sein einstiger Partner, wird eingekerkert, da er Portugal betritt, Aranda, der ihm den Weg geebnet, in schimpfliche Untersuchung gezogen und verliert alles Geld, das er für Magellan gewagt. Enrique, dem er die Freiheit versprochen, wird sofort wieder als Sklave behandelt, Mesquita, sein Vetter, dreimal in Ketten gelegt, weil er ihm treu geblieben, Barbosa und Serrão reißt sein eigenes Verhängnis nach drei Tagen mit in seinen eigenen Tod, und nur der eine, der gegen ihn gewesen, Sebastian del Cano, rafft allen Ruhm der Treuen, der Toten, und allen Gewinn.

Und noch tragischer: selbst die Tat, der Magellan all dies und sich selber hingeopfert, auch sie scheint im äußern Sinne vergeblich getan. Die Gewürzinseln wollte Magellan Spanien gewinnen und gewinnt sie mit dem Einsatz seines Lebens, aber was er als heroische Unternehmung begonnen, endet als klägliches Maklergeschäft: um dreihundertfünfzigtausend Dukaten verkauft Kaiser Karl die Molukken an Portugal zurück. Der Weg nach Westen, den Magellan gefunden, wird kaum weiter beschritten, die Straße, die er eröffnet, sie bringt weder Geld noch Gewinn. Auch nach seinem Tode ist Unheil jedwedem nachgefolgt, der Magellan vertraute; fast alle spanischen Flotten, welche seine kühne Seemannstat wiederholen wollen, scheitern in der Magellanstraße; ängstlich meiden sie bald die Seefahrer, und lieber schleppen die Spanier ihre Waren in langen Karawanen über die Enge von Panama, statt sich in die finstern Fjorde Patagoniens zu wagen. So vollkommen wird schließlich um ihrer Gefährlichkeit willen die Straße Magellans geächtet, deren Entdeckung die ganze Welt mit Jubel begrüßte, daß sie noch innerhalb derselben Generation völlig in Vergessenheit gerät und wieder wie vordem zum Mythos wird. Achtunddreißig Jahre nach Magellans Durchfahrt findet man in dem berühmten Gedicht der „Araucana“ ganz offen ausgesprochen, daß die Magellanstraße nicht mehr existiere, daß sie unauffindbar und unpassierbar geworden sei, weil entweder ein Berg sie verlegt oder eine Insel sich ihr vorgeschoben habe.

„Esta secreta senda descubierta
Quedó para nosotros escondida
Ora sea yerro de la altura cierta,
Ora que alguna isleta removida
Del tempestuoso mar y viento airado
Encallando en la boca la ha cerrado.“

So unbeachtet bleibt sie, so sagenhaft wird sie, daß der kühne Pirat Francis Drake ein halbes Jahrhundert später sie als sicheres Versteck nutzen, daß er aus ihr wie ein Habicht auf die ahnungslosen spanischen Kolonien der Westküste vorbrechen und die Silberschiffe plündern kann – dann erst besinnen sich die Spanier wieder ihres Vorhandenseins und bauen hastig eine Festung, um anderen Flibustiern den Durchzug zu hemmen. Aber Unglück verfolgt jeden, der Magellan nachfolgt. Die Flotte, die Sarmiento im Auftrag des Königs in die Meerenge führt, scheitert, die Festung, die er errichtet, geht erbärmlich zugrunde, und ihr Name porto hambre, der Hungerhafen, mahnt grauenhaft an den Hungertod seiner Kolonisten. Ein paar Walfischfänger, ab und zu ein verwegenes Segelschiff durchstreifen seitdem nur mehr die Straße, von der Magellan träumte, sie würde der große Handelsweg von Europa nach dem Orient werden. Und als an einem Herbsttag 1913 Präsident Wilson in Washington auf den elektrischen Knopf drückt, der die Schleusen des Panamakanals auftut und damit die beiden Ozeane, den Atlantischen und den Pazifischen, für immer verbindet, ist die Magellanstraße völlig überflüssig geworden. Endgültig ist ihr Schicksal besiegelt, und sie sinkt herab zu einem bloß historischen, zu einem bloß geographischen Begriff. Nicht die Bahn für tausende und tausende Schiffe ist der langgesuchte „paso“ geworden, nicht der nächste und schnellste Weg nach Indien, nicht reicher Spanien, nicht mächtiger Europa an seiner Entdeckung: von allen Zonen der bewohnbaren Welt zählen noch heute die Küsten zwischen Patagonien und dem Feuerland zu den verlassensten und ärmsten der Erde.

Aber niemals bestimmt in der Geschichte die praktische Nützlichkeit den moralischen Wert einer Leistung. Nur jener bereichert dauerhaft die Menschheit, der ihr Wissen um sich selber vermehrt und ihr schöpferisches Bewußtsein steigert. In diesem Sinn aber übertrifft Magellans Tat alle Taten seiner Zeit, und besonderen Ruhm inmitten seines Ruhmes bedeutet es uns, daß er nicht wie die meisten Führer das Leben von Tausenden und Hunderttausenden für seine Idee aufgeopfert, sondern nur das eigene. Unvergeßlich um solcher wahrhaft heroischer Selbstaufopferung willen wird es bleiben, das herrliche Wagnis dieser fünf winzigen, schwächlichen, einsamen Schiffe, die ausfuhren zum heiligen Menschheitskrieg wider das Unbekannte, unvergeßlich er selbst, der diesen kühnsten Gedanken der Weltumrundung als erster gewagt und den das letzte seiner Schiffe bewältigt. Denn mit dem seit einem Jahrtausend vergeblich gesuchten Maß des Umfangs unserer Erde gewinnt die ganze Menschheit zum erstenmal ein neues Maß ihrer Kraft, an der Größe des überwundenen Weltraums wurde ihr erst mit neuer Lust und neuem Mut ihre eigene Größe bewußt. Immer gibt ein Mensch nur dann das Höchste, wenn er ein Beispiel gibt, und wenn eine, so hat diese eine fast vergessene Tat Magellans für alle Zeiten erwiesen, daß eine Idee, wenn vom Genius beschwingt, wenn von Leidenschaft entschlossen vorwärtsgetragen, sich stärker erweist als alle Elemente der Natur, daß immer wieder ein einziger Mensch mit seinem kleinen vergänglichen Leben, was hunderten Geschlechtern bloßer Wunschtraum gewesen, zu einer Wirklichkeit und unvergänglichen Wahrheit umzuschaffen vermag.

*Magellan. Kupferstich aus Drappers Amerikabuch (1673)*